企业战略与风险管理

主　编　王柏慧
副主编　Gooi Leong Mow　Chong Kim Mee
魏　荣　刘　飞　张楷婕
刘　慧　曹　雪

湖南大学出版社
·长　沙·

图书在版编目(CIP)数据

企业战略与风险管理/王柏慧主编. —长沙:湖南大学出版社,2024. 8. --ISBN 978-7-5667-3690-1

Ⅰ. F272

中国国家版本馆 CIP 数据核字第 2024X1D909 号

企业战略与风险管理

QIYE ZHANLÜE YU FENGXIAN GUANLI

主　　编: 王柏慧

责任编辑: 吴颖辉　高壮壮

印　　装: 河北创联印刷有限公司

开　　本: 787 mm×1092 mm　1/16　**印　　张:** 12. 75　**字　　数:** 332 千字

版　　次: 2024 年 8 月第 1 版　**印　　次:** 2024 年 8 月第 1 次印刷

书　　号: ISBN 978-7-5667-3690-1

定　　价: 58. 80 元

出 版 人: 李文邦

出版发行: 湖南大学出版社

社　　址: 湖南・长沙・岳麓山　**邮　　编:** 410082

电　　话: 0731-88822559(营销部),88821174(编辑室),88821006(出版部)

传　　真: 0731-88822264(总编室)

网　　址: http://press. hnu. edu. cn

电子邮箱: 912316382@qq. com

前　言

企业战略与风险管理作为一门综合性强的课程，有别于其他管理课程，不局限于某一领域，而是横跨企业经营和管理的整个范畴，重点研究和解决企业长远性、全局性的战略管理问题，深入探讨企业战略与风险管理的核心概念和实践内容。同时，我们将介绍各种类型的风险，并提供实用的分析框架和管理工具，帮助读者识别、评估和应对不同层面的风险挑战。本教材旨在为读者提供关于企业战略与风险管理的理论和应用知识，主要适用于本科层次财经、管理等相关专业。

我们组织了国内外企业战略与风险管理课程资深教师编写这本教材，力求将理论和实践相结合，知识性和实用性融为一体，为高校师生和管理工作者提供一本便于学习的企业战略与风险管理教材。

本教材主编王柏慧，河北东方学院财务管理学科（专业）带头人，副教授，作为教材编写的主要作者，撰写了 20 万字的内容。已出版《基础会计》《中级财务会计》《财务管理》等多本教材。

本教材副主编：Gooi Leong Mow（SEGi University），管理学方向博士生导师；Chong Kim Mee（Taylor's University），管理学方向博士生导师；魏荣、刘飞、张楷婕、刘慧、曹雪均为河北东方学院经济管理学院专业课教师。

本教材具有以下特色：语言阐述力求简洁、平实，力争用有限的章节来高效、准确地阐述企业战略与风险管理的知识体系，重点突出。全书根据不同章节设计了很多案例，这些案例涉及的内容都是在企业战略与风险管理实践中实际发生的成功或失败的典型事例，有很大的研究价值和借鉴意义。

希望本教材成为对学习者和从业者有价值的资源，为他们在企业和战略风险管理领域取得成功提供支持和指导。通过深入学习本教材，读者能够在日益复杂和变化的商业环境中，更好地应对风险。

最后，感谢所有为本教材做出贡献的人员，特别是我们的出版团队，没有他们的支持和帮助，本教材的完成将会是一项艰巨的任务。衷心希望读者从教材中获得丰富的知识并受到启发，在实践中不断提升自己的风险管理能力。

目　录

第一章

企业战略管理概论

学习目标

了解企业战略管理的基本概念、类型和构成要素；理解企业战略管理的特点及作用；掌握企业战略管理的过程，能对企业战略管理水平进行综合分析与评价。

思政目标

培养学生祖国至上、团结协作、顽强拼搏、永不言败的奋斗精神。

第一节　企业战略管理基本概念

一、战略与企业战略

(一)战略概念源于军事

我们首先要了解什么是战略及其发展过程。“战略”一词早已存在，它源于战争和军事活动，是战争实践、军事活动的理论概括，是指导战争的谋略，是克敌制胜的良策。在西方，战略(strategy)一词源于希腊语“strategos”或由其演变出的“stragia”，前者的意思是“将军”，后者的意思是“战役”“谋略”，都是指挥军队的科学和艺术。

在中国，早在春秋时代，齐人孙武在总结过去战争经验的基础上写成了《孙子兵法》，虽未用“战略”命名，但其内容蕴含着丰富的战略思想，流传至今，并被世界各国运用，颇有影响。《隆中对》是我国历史上军事战略系统分析的典范。我国以“战略”命名的专著，从西晋司马彪的《战略》之后不断出现，著名的有明代军事家茅元仪编著的《廿一史战略考》等。

在人类社会的不断发展中，人们逐步把战略应用于广泛的领域：政治活动，如政党和政府的某一时期为实现总体目标所进行的力量部署、对策措施等战略规划；经济活动，如指导国民经济或某些重要产业发展的战略等。

(二)战略概念引入企业经营管理领域

战略被引入经济领域的历史并不算长，最早把战略的思想内容引进企业经营管理领域的是美国的管理学家切斯特·巴纳德(1886—1961)。他在代表作《经理的职能》(1938 年出版)一书中，说明了企业的组织构成系统是由合作的意愿、共同的目标和沟通等要素构成。为了说明企业组织的决策机制，他开始运用战略因素这一思想对企业诸因素及它们相互之间的影响进行分析。

国外企业在经营管理领域中广泛使用战略概念是在 1965 年，以安索夫的主要著作《企业战略》的问世为代表。在此之前，人们总认为企业战略是偶然的决定，或者认为它是最高决策者的信念、直觉的产物。在以往的管理理论中，和战略相关的内容仅仅是以“企业家活动”“企业政策”“长期计划”等名称出现的。安索夫针对 20 世纪 50 年代末期出现的企业规模扩大和转向多种经营的形势，分析了产品—市场战略的意义。他把“经营决策结构”和“战略决策模式”摆在首位，以确定企业目标作为决策的出发点，建立了自己的企业战略规划理论，继而又在 1979 年出版了《战略管理》，研究从战略计划推向战略管理，从现代组织理论的立场出发，分析环境、战略、组织三者之间的对应关系，进一步发展了企业战略模式的理论。

20 世纪 80 年代，战略管理得到了较大发展，以产业结构分析为基础的竞争战略理论占据了主导地位。近十年来，企业注重对自身独特资源和知识的积累，以形成以资源、知识为基础的核心竞争力。

(三)企业战略的定义

关于战略的定义至今仍没有统一的认识，许多学者从多种角度进行探讨，赋予企业战略不同的含义。20 世纪 80 年代以后，明茨伯格以其独特的认识归纳总结了“战略”的五个定义：计划、策略、模式、定位和观念。

(1)战略是一种计划。大多数人认为战略是一种计划，它代表了用各种各样精心构建的行动或一套准则来处理各种情况。战略的这个定义具有两个特点：第一，战略是在企业经营活动之前制定的，战略先于行动；第二，战略是有意识、有目的地开发和制定的计划。在企业的管理领域中，战略计划与其他计划不同，它是关于企业长远发展方向和范围的计划，其适用时限长，通常在 1 年以上。战略确定了企业的发展方向(如巩固目前的地位、开发新产品、拓展新市场或者实施多元化经营等)和范围(如行业、产品或地域等)。战略涉及企业的全局，是一种统一的、综合的、一体化的计划，其目的是实现企业的基本目标。著名的松下电器公司的创始人松下幸之助曾经制定了一个 250 年的战略规划，并详细说明了这个计划分为十个阶段，每个阶段 25 年，如此方式推行下去，近乎愚公移山之举。

(2)战略是一种计谋。战略也是一种计谋，是要在竞争中取胜竞争对手、令竞争对手处于不利地位及受到威胁的智谋。这种计谋是有准备和意图的。例如，当企业知道竞争对手正在制定一项计划来提高市场份额时，企业就可以准备增加投资去研发更新、更尖端的产品，从而增加自身的竞争力。因此，战略是一种计谋，使之能对竞争对手构成威胁。

(3)战略是一种模式。有的学者认为，将战略定义为计划是不充分的，它还应包括由计划导致的行为，即战略是一种模式，是一系列行动的模式或行为的模式，或者是与企业的行为相一致的模式。“一系列行动”是指企业为实现基本目的而进行竞争、分配资源、建立优势等决策与执行活动，它是独立于计划的。计划是有意图的战略，而模式则是已经实现的战略。从这个角度来看，战略可以区分为经过深思熟虑的战略和应急战略。在经过深思熟虑的战略中，先前的意图得以实现；在应急战略中，模式的发展与目的无关。沃尔玛当年以小城镇为选址对象的战略并非决策者神明般预见的结果，而是由一系列行动和因素所促成的，兼有理性、意图、偶然和运气，主要原因之一还有创始人的太太不愿意到大城市生活。

(4)战略是一种定位。将战略作为一种定位，涉及企业如何适应所处环境的问题。定位包括相对于其他企业的市场定位，如生产或销售什么类型的产品或服务给哪些特定的部门，或以什么样的方式满足客户和市场的需求，如何分配内部资源以保持企业的竞争优势。战略的定位观认为，一个事物是否属于战略，取决于它所处的时间和情况。今天的战术问题，明天就可能成为战略问题。在细节可以决定成败的时候，细节就成为战略问题。战略问题是确定自己在市场中的位置，并据此正确配置资源，以形成可以持续的竞争优势。因此，战略是协调企业内部资源与外部环境的力量。比如，新东方的初始定位在于提供迅速有效的短期英语培训。

(5)战略是一种观念。从这个角度来看，战略不仅仅包含既定的定位，还包括感知世界的一种根深蒂固的认识方式。这个角度指出了战略观念通过个人的期望和行为而形成共享，变成企业共同的期望和行为。

那么企业战略应如何定义呢？

根据理论界和企业界多数人的看法，企业战略可定义为：企业面对激烈变化、严峻挑战的环境，为求得生存和发展而做出的带有长远性、全局性的谋划或方案。它是企业经营思想的体现，是一系列战略性决策的结果，又是制定中长期计划的依据。

这个定义包括了以下含义：

第一，企业战略是在市场经济条件下，企业在激烈竞争、严峻挑战的形势下所做出的对策集合。例如，英国最早实行的是自由市场经济模式，在第二次世界大战时市场竞争日益激烈的条件下，英国企业才真正有了制定和实施战略的考虑。

第二，企业战略是企业为了长期生存和发展所做出的谋划。显然，企业战略关系着企业的成败兴衰，决定着企业能否不断成长。

第三，企业战略是一系列战略性决策的成果。为了正确制定企业战略，企业必须从实际出发，正确总结历史经验，深入分析企业内外情况，科学预测未来发展，绝不能靠主观设想或单凭过去经验来制定企业战略。

第四，企业战略同经营思想、决策、计划等概念有密切关系，但不可以把它们混同。

三、企业战略的特点

尽管管理学派和经理们对战略定义的认识有很多分歧，但是对战略特点的认识基本一致。概括起来，企业战略具有以下特点：

企业战略的特点

(一)全局性

企业战略以企业全局为研究对象，按照企业总体发展的需要，规定企业的总体目标，确定企业的总体行动方向，追求企业的总体效果。虽然它必然包括企业的局部活动，如下属经营单位的活动、职能部门的活动等，但是这些局部活动都是作为总体行动的有机组成部分在战略中出现的。也就是说，企业战略不是专为企业某一局部或单项活动谋划的方案，而是把注意力放在企业的总体发展上。这也就决定了企业战略具有综合性和系统性。

(二)长远性

企业战略既是企业谋取长远发展的反映，又是企业在未来较长时期(3 年或 5 年以上)内如何生存和发展的通盘筹划。这就是说，企业战略着眼于企业的未来，是为了谋求企业的长远发展和长远利益。因此，那种不顾企业长远发展的一切短期行为，都是缺乏战略眼光的行为。虽然在制定战略时，要以企业内外条件的当前情况为出发点，在战略实施中必须搞好当前的生产经营活动，因为这一切不仅是为了当前，更是为了长远发展。企业的长远发展决定了企业战略的方向性和阶段性。

(三)竞争性

这是指企业战略是关于企业在竞争中如何与竞争对手抗衡的行动总方案，同时也是针对来自各方的各种冲击、压力、威胁和困难，迎接挑战的行动方案。它不同于那些单纯以改善企业现状、增加效益、提高管理水平等为目的，而不考虑如何竞争、如何迎接挑战的行动方案。应当明确的是，现代的市场总是与激烈竞争密不可分的，企业只有正视竞争，参与竞争，准确地谋划具有竞争取胜性的战略，才能保证自己的生存和发展。企业战略的产生和发展，就是因为企业面临激烈竞争和严峻挑战，否则企业就不需要战略了。

(四)纲领性

这是指企业战略所规定的关于企业的总体长远目标、发展方向、前进道路、发展重点，以及应采取的基本行动方针、重大措施和基本步骤，都充分体现原则性、概括性的特点，是企业的行动纲领。要将企业战略变成实际行动，还需要进一步将其展开、分解和具体化，形成企业计划。

(五)动态性

这是指企业战略必须是稳定性与灵活性密切结合的行动方案。企业战略是关于企业长远发展的行动纲领，不能频繁变化，使企业员工无所适从，其必须是稳定的。同时，企业战略又必须在其执行过程中，根据企业内外条件的重大变化，尤其是那些原来未预料到的重大变化，及时调整战略方案的内容，甚至在必要时废弃原来的，重新制定新的。

(六)风险性

企业战略是对未来发展的规划，然而环境总是处于不确定的和变化莫测的态势中，任何企业战略都伴随风险，如财务风险与经营风险。企业管理者必须习惯于管理各种不确定性，正确地认识、化解乃至创造并利用不确定性。企业战略规划一般流程是从战略分析、战略选择、战略实施到战略控制，是一个渐进螺旋式调整上升的过程，整个过程都存在各种各样的不确定性风险。

(七)相对稳定性

企业战略一经制定，在较长时期内要保持稳定(不排除局部调整)，以利于企业各级单位和部门努力贯彻执行。战略的稳定性是由战略的全局性和长远性决定的。不论是何种战略，它的生命周期的终结都依赖于战略目标的最后实现，这是战略之所以具有稳定性的重要原因。当然，战略的稳定性也是一个相对概念。任何战略只是大致的谋划，其本身就是粗线条的、有弹性的。战略出现明显错误或战略赖以存在的条件发生了重大变化，就需要对战略进行调整和修正。但这种情况应该尽量避免，要提高战略的科学性和适应性。否则，战略朝令夕改势必失去战略的实际价值，并且会造成不必要的损失。

(八)复杂性

企业战略是企业高层领导人价值观念的反映，是一种高智慧的复杂脑力劳动和集体决策的结果，是一种非程序性决策。依靠战略咨询专家及企业高层领导团队的政治敏感、远见卓识、捕捉机遇、战略技巧的有机组合才能制定出好的企业战略，因此战略制定过程是非常复杂的。新战略的贯彻实施会牵扯到企业产品结构、组织机构、人事安排的调整，关系到企业内部干部和员工的切身利益、权力、地位等问题。实际上，企业战略的实施是企业内部高层领导者政治权力平衡的结果，因此企业的董事长或总经理如果没有坚定的决心，即使企业战略制定得很好，也未必能贯彻到底。事实也证明，有的企业战略贯彻困难，就是因为阻力太大，被迫停下来。只有企业的董事长或总经理具有贯彻战略的坚定决心，排除企业内外一切干扰，又制定了切实可行的措施，企业战略才能得到贯彻，因此战略的贯彻实施也是非常复杂的。

经典案例

华为手机的技术领先发展战略

华为公司是全球领先的信息与通信技术(ICT)解决方案供应商，拥有通信网络设备(运营商)、企业网和消费电子三大业务板块。近年来，华为依靠自己的资金技术优势加大了对智能手机的研发力度，出货量稳居全球前5位。

技术创新是华为手机不断进步的关键因素，在技术研发上华为将收入的15%用于新产品的研发。在2017年国内科技公司获得专利的数量上，华为排在第一，共获得了1 474项专利。

华为的竞争优势来自不断的技术创新，这是其他企业难以模仿的。相比其他公司利用投资进行资源整合开发自己的产品而言，华为公司则是通过对手机处理器的研发，在手机芯片设计方面有一定的自主能力，这也是华为公司不断成长和赢得市场信任的主要原因。

资料来源：汪洋．企业的核心竞争力与竞争战略选择[J]．时代金融，2017(7)．节选．

分析：企业战略的制定是企业谋取长远发展的直接反映，是企业在未来较长时期如何生存和发展的通盘筹划。企业战略应着眼于企业的未来，谋求企业的长远发展和长远利益，华为正是以技术领先战略保证了企业的可持续发展。

四、企业战略管理的特征及观念

(一)企业战略管理的特征

基于上述企业战略的内涵，企业战略管理具有以下主要特征：

1. 一般来讲，企业战略管理的主体是企业管理者

由于企业战略既涉及企业的整体，又涉及资源的调配和使用，还涉及内部的各项职能和各个经营单位，只有高层领导才能全面、综合考虑到企业的各个方面，有权对资源进行调度，因而高层领导参与决策是必不可少的。

2. 战略性决策通常是涉及面很广的决策

企业中很多战略性问题的决策都涉及企业内部的各个部门，如用户构成、竞争重点、组织结构等，各个部门都会受到由这种决策所引起的资源调配和职责分工的影响。

3. 企业战略管理要体现对未来的预见性

企业战略的制定是基于高层领导人员的预测和判断，而不是基于已知事实，为此必须考虑多种方案并做出权衡选择。在变动和竞争的环境中，企业若要取得成功，就不能对未来的变革被动地做出反应，而是要秉持主动出击的态度。

4. 企业战略管理要适应企业内外部环境的变化

企业战略受到外部环境因素的制约，所有的企业都处于一个开放系统之中，受到环境的影响，也影响环境，而这些环境因素基本上都不受企业控制。企业在未来的环境中要取得成功，不仅要看自己的经营，而且要注意竞争对手、用户和供应商等的行动。

(二)从战略管理的角度讲，企业应该树立的几个观念

1. 系统总体优化的观念

企业作为系统，其战略性的决策应从系统总体出发进行优化，尽量防止从局部出发的优化。运用系统辩证思维方法，将企业看作一个系统整体，研究企业内部人、财、物各子系统的协调，使生产资源得到合理配置，才能使企业系统整体化，提高企业经济效益，以最小的人、财、物消耗，获得最佳的经济效益。

2. 有限合理性的观念

从企业总体出发对战略进行优化是一个重要原则，但在贯彻中必然涉及诸多复杂因素，其中还有相当多的因素是不确定的。由于决策受到时间和信息不充分的限制，往往只能在可取得的信息和时间许可的范围内寻求令人满意的方案。此外，战略决策除理性因素外，还要受非理性因素如组织结构和人的行为因素等的制约，因此以有限合理性为基础，考虑非理性的因素，是又一个重要的战略观念。

3. 资源有限的观念

企业在经营中具有的和可取得的资源是有限的，为此，在战略决策中必须有所取舍，不能贪多求全，

应把有限的资源有重点地用在建立某些方面的优势上，而不是追求建立全面优势。对资源的调配使用还应该分轻重缓急，制定出先后顺序，避免因某些偶然事件导致资源的调配偏离企业的方向和战略部署。

4. 权变的观念

所谓权变，指的是要对环境所发生的变化以及这些变化会对企业产生的后果进行比较准确地估计，以便为随时采取适当的应变战略方案做好准备。企业经营所处的环境总是或多或少地在发生变化，企业的战略必须适应环境的变化，但是只从原则上承认要随着环境条件的变化而变化是远远不够的。

第二节　企业战略的构成要素、内容与分类

一、企业战略的构成要素

从企业为达到战略目标所采用的途径、手段来看，企业战略的构成要素有四种。

企业战略的构成要素

(一)经营范围

经营范围是指企业生产经营活动所包括的领域，可以是单一领域，也可以是多个领域。按照时间的不同，企业的经营范围可分为两种：一种是现时经营范围，即企业现时生产经营活动所包括的领域；另一种是未来经营范围，即根据企业内外发展变化在战略中所确定的生产经营活动包括的未来领域。

一个企业在战略中应该以自己所能涉及的经营领域中与自己最密切的领域作为经营范围。因此，对于大多数企业来说，应根据自己可以涉及的行业、自己的产品和市场来确定经营范围。

界定经营范围的方式有如下几种：

(1)从产品角度看，企业可以按照自己产品系列的特点来定义自己的经营范围，如橡胶产品、机床等；或者从产品系列内含的技术来定义自己的经营范围，如光导纤维、半导体器件等。

(2)从市场角度看，企业可以根据自己所在市场来定义自己的经营范围，具体方法又分为两种：一种是以“企业的顾客是谁”来定义；另一种是以“可以满足顾客的什么需求”来定义。

(3)在多种经营情况下，企业不能仅从某一种行业角度或产品、市场角度来定义自己的经营范围，这时就需要多方位、多层次地研究自己的市场与顾客，以便更准确地定义经营范围。

(二)资源配置

企业资源是企业实现生产经营活动的支撑点。企业不仅应获得必要的资源，还应善于合理地配置与运用资源，这样才能很好地开展生产经营活动，否则，企业的经营范围就要受到限制。资源配置是指企业对所拥有资源(包括财力资源、物力资源、人力资源和技术资源等)是按什么水平和模式进行配置的，它是企业的一种特殊能力。当企业针对外部环境的变化考虑采取相应的战略行动时，一般都要对已有的

资源配置模式进行或大或小的调整，以支持企业总体战略行动。

(三)竞争优势

竞争优势是指企业在竞争中高于竞争对手的、关系经营全局成败的优势地位和强大实力，具有战胜竞争对手的作用。比如，领先于时代的技术水平、享誉全球的产品品牌、独特的生产工艺及产品配方等。

20 世纪 60 年代，美国等主要西方发达国家的一些传统产业逐渐变成夕阳产业，销售额和利润都在下降。同时，随着新技术的不断出现，产品更新换代加速，竞争问题在国内外市场上变得更为突出。在这种情况下，一些企业管理者和企业战略研究学者把注意力转向了企业的竞争行为，开始了对企业战略优势的研究。70 年代末 80 年代初，一些西方管理学者得出这样的结论：竞争优势思想将成为战略管理的指导思想，会有越来越多的人把竞争优势的思想作为管理哲学来看待。

从战略角度看，企业竞争优势主要是由以下因素构成的：

(1)企业具有的得天独厚的客观条件，包括对企业经营活动非常有利的自然条件和政策条件。

(2)实力雄厚的物质基础。一个企业若有雄厚的物质基础，就会使竞争对手无法与之抗衡。

(3)高超非凡的生产经营能力，包括技术开发能力、经营管理能力和公共关系能力等。它集中表现为企业开拓市场、占领市场并赢得市场的能力。

(4)出奇制胜的竞争行动，包括通过深入谋划、巧妙设计所产生的策略高明、手段强劲、时机恰当，使竞争对手始料不及、无法招架的各种竞争行动。

拓展阅读

7-Eleven 长期竞争优势构建过程

7-Eleven 是日本第一大便利店连锁企业。截至 2015 年，7-Eleven 在日本国内已开设了 17 491 家门店，年销售额突破 4 兆日元，占据日本便利店业态 39%的市场份额。

网购为消费者提供了时间和空间上的购物便利，吸引了职业女性、育儿家庭和单身人士等消费群体，这与便利店顾客群体高度重复。为了应对新的挑战，7-Eleven 不断开发与网络相关的各类服务，如电子钱包及手机支付、网络优惠券等。2014 年，7-Eleven 提出了“全渠道零售”战略，集团整合旗下各业态，投入巨资构建库存信息一体化系统，接受所有门店订单。

线上线下销售融合，统一配送，以此来打造不受时空限制的无缝式购物模式。2015 年，7-Eleven 正式启动的专门全渠道服务网整合了便利店，专设线上物流对应中心，结合其现有完善的物流配送网络，顾客可以从网上下单购买商品，在便利店取货或配送到家。同时，通过网上收集顾客需求，获取顾客资源，推出有针对性的促销策略，引导顾客到店，实现了线上线下的互相引流。

资料来源：郑斌斌．日本 7-Eleven 便利店长期竞争优势构建机制[J]．商业经济研究，2018(3)．节选．

(四)协同作用

协同作用是指两个以上事物如果能够有机地结合、协调，共同发挥作用，会使效果大于各个事物分别作用的效果之和。它具体落实到企业战略，就是指企业进行资源配置、确定经营范围和创建企业优势决策时，要追求匹配、协调、互利、互补，使企业总体资源的收益大于各部分资源收益之和，使企业全局效益大于企业各个局部效益之和。

一般来讲，协同作用有以下四种：

(1)投资协同。这是指通过企业内各单位联合利用企业的设备、共同的原材料储备、共同的研究开发能力，以及分享企业专用工具和专有技术等所产生的增效作用。

(2)作业协同。这是指充分利用已有人员、设备，使企业内部尽最大可能共享信息，并且让共享的信息渗透到企业的业务流程中，从而使企业成本降低。

(3)销售协同。这是指通过使用共司的销售渠道、销售机构和推销手段等所产生的增效作用。

(4)管理协同。这是指通过共同运用企业内部某一单位管理经验(包括原有的和新近总结的)产生的增效作用。

上述四种协同作用发挥的基本过程是通过协同机会识别、信息沟通、要素整合、信息反馈等一系列协同活动共同作用，最终实现协同效应。协同作用机制模型框架如图 1-1 所示。

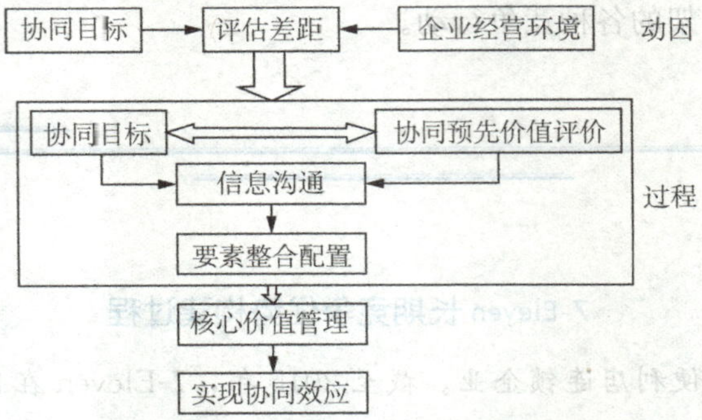

图 1-1　协同作用机制模型框架

企业战略构成的要素中，前三项主要决定着企业效能的发挥程度，后一项是决定企业效益的首要因素。

二、企业战略的内容

一个完整的战略至少包含三层面的内容：

首先，它是一种规划，即应规划出企业发展的未来之路。战略为企业的经营方向描绘了一幅蓝图，因而必须具有前瞻性，必须用于指导企业的业务经营，而不应是业务经营的附属品。

其次，战略作为一种规划具有很强的策略性，它的目的在于赢得相对于竞争对手的持续竞争优势。而且，战略还应成为将企业各事业部、各职能部门、不同管理人员、不同员工的决策和行动统一为一种覆盖全企业协调一致的决策和行动的策略方法。在战略框架下，企业内跨部门分散的行动将形成一个以统一的目标和策略为中心的整体，个人的努力也将被汇聚成方向一致的团队力量。

最后，对于成功的企业而言，仅仅拥有完美的策略规划是远远不够的，要根据战略合理配置企业资源，并确保在战略的指引下自始至终采取协调一致的行动同样至关重要。

三、企业战略的类型

企业战略一般分为企业总体战略和企业经营战略两大类。企业总体战略考虑的是企业应该选择进入哪种类型的经营业务，经营战略考虑的则是企业一旦选定某种类型的经营业务，应该如何在这一领域里进行竞争或运行。

(一)企业总体战略的基本职能与分类

(1)企业总体战略是涉及企业经营发展全局的战略，是企业制定经营战略的基础。企业总体战略主要有以下几个基本职能：

1)全局性、长远性重大战略问题的决策。企业总体战略首先要解决的问题是，通过对目前经营结构的分析评价，确定扩大那些处于成长期、收益性好的市场或事业；缩减那些处于衰退期、收益性差的市场或事业，还要通过对未来环境的分析预测，寻找有利的发展机会，确定应该积极发展的市场与事业。这种经营结构的变革，还涉及其他一系列重大决策。例如，企业使命和企业目标的确定；企业生产经营规模的确定；增强企业优势、提高企业竞争能力的决策；新技术、新产品开发的决策；搞好对外协作、合作经营、营销活动的决策等。

2)协调所属各经营单位的经营活动。这种协调工作会使企业的整体竞争能力和发展能力提高，使企业战略的有效性大大超过各个独立经营单位经营活动效果的简单总和。其主要内容是使企业或所属经营单位具有的资源和能力共同享用，各经营单位之间在生产经营活动中能够紧密配合、相互支持。

3)合理有效地配置资源。一个企业的资源是有限的，因此必须把有限的资源运用到最有可能使企业获得最大利润、保证企业能得到最大发展的项目上。同时，还要使企业的资源有良好的流动性，从经营差的经营单位及时流向经营好、迫切需要发展壮大的经营单位，使企业的资源经常处于充分发挥作用的优化状态。

(2)一般来说，企业总体战略可分为以下几种类型：

1)单一经营战略。单一经营战略是企业把自己的经营范围限定在某一种或某一类产品上。这种战略使企业的经营方向明确、力量集中，具有较强的竞争能力和优势。单一经营战略的优点是：把企业有限的资源集中在同一经营方向上，形成较强的核心竞争力；有助于企业通过专业化的知识和技能提供满意而有效的产品和服务；在产品技术、客户服务、产品创新和整个业务活动的其他领域开辟新的途径；有利于各部门制定简明、精确的发展目标；可以使企业的高层管理人员减少管理工作量，集中精力，掌握该领域的经营知识和有效经验，提高企业的经营能力。单一经营战略的风险是：由于企业的资源都集中于某一种或某一类产品，当行业出现衰退或停滞时，难以维持企业的长远发展。

2)纵向一体化战略。纵向一体化战略是指企业在同一行业内扩大企业经营范围，后向扩大供给资源，前向扩大最终产品的直接使用者。企业实行纵向一体化战略的目标是提高企业的市场地位和保障企业的竞争优势。后向一体化可以在原材料供给需求大、利润高的情况下，把一个成本中心变成利润中心，还可以摆脱企业对外界供应商的依赖。纵向一体化战略的不足之处是需要的投资成本较大。

3)多元化战略。多元化战略是指企业通过开发新产品、开拓新市场相配合而扩大经营范围的战略。

这种战略适用于各种类型的企业。其作用主要是分散风险和有效地利用企业的资源。

多元化战略的优点：实施这一战略不仅能使企业挖掘现有资源潜力，节约成本，增加利润，分散风险，而且能把企业原有的经验运用到新的领域，通过资源共享和经营匹配，迅速建立起比单一经营企业更强的竞争优势，获得更多的利润。

多元化战略的缺点：企业运营成本高；多元化经营的人才资源需求量很大，管理成本很高；有限的资源过于分散；实行多元化经营的时机难以掌握；产业选择失误的代价高等。

拓展阅读

雅戈尔公司的多元化战略

雅戈尔集团股份有限公司从成立起经过40多年的发展，除了从事服装设计、制造与销售，还涉及了房地产开发、投资、康养、文旅、国际贸易等板块，形成多元化发展的经营格局。在宏观经济不景气及房地产市场受严格调控的情况下，房地产开发和投资两大业务对公司净利润的贡献率依然很高，充分体现了多元化经营对公司整体业绩的重要性。

资料来源：陈建．多元化战略分析——以雅戈尔公司为例[J]．商场现代化，2016(13)．节选．

4)集团化战略。集团化战略是指企业通过组建企业集团来推动企业发展的一种企业发展战略。对企业来说，集团化经营有利于通过相互协作、相互渗透和相互扶助，扬长避短；有利于促进技术和生产的发展，提高管理水平，获得规模经济，提高企业的综合经济效益。

5)国际化战略。国际化战略是指实力雄厚的大企业把生产经营的方向指向国际市场，从而推动企业进一步发展的战略。实施国际化战略的主要方式有商品输出和建立跨国公司两种。从国际上看，商品输出往往是企业国际化的起点，由于实施跨国经营会面临各种关税和非关税壁垒，因此一些资金雄厚、生产技术和经营能力强的企业，在开拓并巩固地占领了国外市场后，常常会在国外建立独资或合资企业，以充分利用当地政府的各种优惠政策，绕过所在国的贸易壁垒，降低生产和营销成本，强化竞争能力。

(二)企业经营战略的分类

企业经营战略是指企业为了实现自己的目标，在一定时期内对企业的经营发展的总体设想与谋划。经营战略是企业总体战略的具体化，其目的是使企业的经营结构、资源和经营目标等要素，在可以接受的风险限度内，与市场环境所提供的各种机会取得动态的平衡，实现经营目标。

人们按照不同的标准对企业的经营战略进行了不同的分类：

(1)按照战略的目的性，可把企业经营战略划分为成长战略和竞争战略。成长战略的重点是产品和市场战略，即选择具体的产品和市场领域，规定其开拓方向和幅度。竞争战略是企业在特定的产品与市场范围内，为了取得差别优势，维持和扩大市场占有率所采取的战略。从企业的一般竞争角度看，竞争战略大致有三种可供选择的战略：低成本战略、产品差异战略和集中重点战略。

(2)按照战略的领域，可以把企业的经营战略划分为产品战略、市场战略和投资战略。产品战略主要包括产品的扩展、维持、收缩、更新换代、多样化、产品组合等。市场战略主要有市场渗透、市场开拓、新产品市场、混合市场、产品生命周期、市场细分和市场营销组合等。投资战略是一种资源分配战略，主要包括产品投资、市场投资、技术发展投资、规模化投资和企业联合与兼并等。

(3)按照战略对市场环境变化的适应程度，可以把企业经营战略划分为进攻战略、防守战略和撤退战略。进攻战略的特点是企业不断开发新产品和开拓新市场，力图掌握市场竞争的主动权，不断提高市场占有率；进攻战略的着眼点是技术、产品、质量、市场和规模。防守战略也称维持战略，其特点是以守为攻，后发制人。它所采取的战略是避实就虚，不与对手正面竞争；在技术上实行拿来主义，以购买专利为主；在产品开发上实行紧跟主义，后发制人；在生产方面着眼于提高效率，降低成本。撤退战略是一种收缩战略，目的是积蓄优势力量，以保证在重点进攻方向取得胜利。

(4)按照战略的层次性，可把企业经营战略划分为公司战略、事业部战略和职能战略。公司战略是企业最高层次的战略，其侧重点是确定企业经营的范围和在企业内各事业部间进行资源分配。事业部战略是企业在分散经营的条件下，各事业部根据企业战略赋予的任务而确定战略。职能战略是各职能部门根据各自的性质、职能制定的部门战略，其目的在于保证企业战略的实现。

第三节　企业战略的作用与任务

一、企业战略的作用

(一)可作为决策的支持

战略是企业成功的一个关键因素，因为战略可以使个人或组织所做的决策前后一致，统一在一个主题之下。即使在一个很小的企业里，每天都得做出数以百计的决策，对于每一个决策，都要充分考虑决策变动的可能后果。但是，由于获取的信息具有不对称性，不可能掌握做出决策的所有信息，即使掌握所有需要的信息，其决策者做出战略决策也不一定准确，战略决策过程中存在有限理性。

(二)可作为协调和沟通的载体

战略有助于使决策前后一致，保持连贯性。相应地，在一个结构复杂的组织中，战略可以起到载体作用，使不同部门和个人的决策保持一致。组织是由大量个体构成的，而这些个体都会做出决策，这就使组织面临着一个大问题：如何协调这些不同的决策？在这种情况下，要使战略能够协调不同的决策，使它能在公司内发挥沟通的作用。

(三)强化了企业经营的目标性

在表述公司的未来目标时，战略起着连接当前任务和未来前景的作用。确立公司的未来目标不仅可以为战略制定提供指导方针，还能为公司展示未来的远大宏图，因此，战略的第三个作用就是它可以作为组织的目标。进入21世纪以来，我国有些国有企业竞争力下降，同时一部分乡镇企业失去了20世纪80年代的经营活力，说到底也就是没有明确的企业发展战略，当市场需求发生变化、竞争进一步加剧时束手无策，很快就失去了竞争能力。

(四)强化了塑造自我的主动性

企业战略是把不适应(或适应)当前环境的企业，塑造成适应未来环境的企业，这是对企业进行的改造，是对企业的重塑。强化战略管理，就是得到了塑造企业的有效工具，强化了企业的自我塑造能力。对于塑造企业者来说，有了这样良好的塑造工具，当然会增强其从事企业自我塑造的主动性。这种主动性会推动企业从小到大、从弱到强，走上持续成长的道路。

(五)有利于创造富有特色的企业文化

每一个企业都有自己独特的文化，这种文化是一股无形的力量，它影响并规定着企业成员的思维和行为方式，从而对落实企业战略产生重大的影响。因此，创造富有特色和活力的企业文化是实施战略的重要内容。

企业在一定时期所实施的战略与原有企业文化有时是一致的，有时可能发生冲突。高层管理人员必须根据不同的情况，采取不同的对策。如果企业现有的企业文化能够适应战略的变化，企业战略的实施就处于非常有利的地位，企业高层管理人员的职责是运用企业文化支持战略的实施；如果企业文化与企业现行的战略不相一致，企业高层管理人员应首先考虑制定新的战略，或者对已有战略做出适当的修正，以防止原有文化阻碍新战略的实施；如果企业文化不符合环境的变化，企业高层管理人员就要考虑改变原有的企业文化，使之适应企业战略实施的要求。

经典案例

宁波银行：故事传播推动企业文化建设

宁波银行成立于1997年4月，2007年7月成为国内首家在深圳证券交易所挂牌上市的城市商业银行。经过18年持之以恒地努力，2015年已发展成为一家总资产超6 500亿元，年税后净利润超60亿元的股份制上市银行。

宁波银行多年的稳健发展，离不开其对“诚信敬业、合规高效、融合创新”的企业文化的坚守。然而近年来，随着分支机构和员工数量的不断增加，企业文化建设面临诸多考验，使企业文化建设的“知、信、行”三个目标难以有效落地。

2014年，由《经济日报》出版社公开出版了《宁波银行的故事与哲理》一书，通过讲述宁波银行经营发展过程中的生动故事，阐述了宁波银行的文化价值观与经营管理哲学。

从2015年下半年开始，宁波银行连续6年在全行范围内开展“感动宁行·榜样力量”的企业文化先进巡回演讲活动，通过先进人物的感人故事传播企业文化，号召向榜样学习，推动价值观引领员工行为。超过7 000名员工参与该活动，有效推动了企业文化入脑入心，全面推进了企业文化建设在“知、信、行”三方面有效落地。

资料来源：徐雪松，沈佳，钟勇．宁波银行：故事传播推动企业文化建设[J]．中外企业文化，2018(8)．节选．

分析：企业文化不能只落在书面上，而是要落到员工心里，指引员工行为。宁波银行除了传统的传播方式外，探索出了一条通过故事传播企业文化建设的新思路。

(六)可推动企业领导和员工树立新的经营观念

战略管理是企业制定和实施战略的一系列的管理决策与行动，是对企业的生产经营活动实施总体性管理的过程，其核心是为了企业的长远生存发展，使企业能更好地适应不断变化的环境。实施这种总体性的管理，必须以新的经营观念为基础，又要在实施这种总体性管理过程中树立新的经营观念。这些新经营观念包括：适应环境变化的观念；不断强化竞争优势、核心能力的观念；适时重组企业结构的观念；与企业外部组织建立战略同盟的观念等。

(七)可提高员工对企业的责任心

实施战略管理，重要的目的是使企业全体员工了解企业当前和未来面临的经营形势，企业要进一步分析应解决的重大问题，企业下一步的发展目标和措施，企业各部门、各单位应当完成的任务，每个员工个人应当担负的责任，以及员工个人在企业发展过程中可能获得的成长和利益。实践经验表明，如果企业在战略制定过程中能够达到此项目标，那么企业员工的凝聚力就强，士气就旺，积极性和创造性就高。其根本原因就是通过战略管理过程，特别是通过员工参与企业战略的制定，使员工了解上述情况，提高了员工的主动性，增强了员工的责任心。

二、企业战略的任务

企业战略管理包括六项相互联系的基本任务，即制定企业的远景规划和业务使命、建立目标体系、战略制定、战略实施、战略评价。

(一)制定企业的远景规划和业务使命

远景是企业对其前景所进行的广泛的、综合的和前瞻性的设想，即要成为什么样的企业，这是企业为自己制定的长期为之奋斗的目标。它是用文字描绘的企业未来远景，使人们对未来产生的向往，从而使人们团结在这个伟大的理想之下，集中他们的力量和智慧来共同奋斗。远景规划描绘的是企业未来发展的蓝图，即企业前进的方向、企业的定位及将要占领的市场位置和计划发展的业务能力。在未来的5～10年或更长的时间里，企业究竟要成为什么类型的企业？在企业决定进入的业务领域，究竟要占领什么样的市场位置？企业管理者对这两个问题的清晰回答就构成了企业的远景规划。明确的企业远景规划是制定战略的前提条件，如果企业前进的方向尚不明确，要在竞争中获得成功需要建立哪些能力也不明确，那么企业战略的制定及经营决策便缺乏明确的指导。

企业当前的业务选择及要为顾客所做的一切便构成了企业的业务使命。明确的业务使命应清晰地表达企业现在正从事的业务及要满足的顾客需求。与远景规划相比，业务使命主要描述的是“企业现在正在从事的业务是什么”，而对“企业未来的业务将是什么”涉及不多；而远景规划更多地关注企业未来发展的业务选择。当然，有些企业在进行战略描述时也会将二者合二为一，即不但清晰地描述企业现在的业务，还明确企业未来的前进方向和业务范围。定位清晰的企业远景规划和业务使命可以将其与行业中的其他企业区别开来，使自己拥有独特的形象、独特的业务以及独特的发展道路，从而使顾客更容易识别和记忆。

使命是企业存在的目的和理由。企业只有以某种技术，在某些地区，以某种可获利的价格，向某些顾客提供了某种产品或服务，满足了他们的某种需求，才能盈利。集中考察刚刚起步的企业可能会更好地理解企业使命。开办一个新企业时，不是决定利润多少，而是决定要满足的顾客需求、顾客和所采用的技术和活动。所以，要想获得一个在战略的角度上清晰明了的业务界定，必须包括下面三个要素：

(1)顾客的需求。企业需要满足的需求是什么？仅仅知道企业所提供的产品和服务是远远不够的。顾客需要的不是产品和服务本身，而是产品和服务提供的功能，而这种功能能够满足他们的某种需求。没有需求，也就没有业务可言。

(2)顾客。需要满足的对象是谁？企业定位的顾客群是什么范围？顾客群这个因素之所以重要，是因为他们代表了一个需要提供的市场，即企业打算在哪些地理区域内展开竞争以及企业追逐的购买者类型如何。

(3)技术和活动。企业在满足目标市场时所采用的技术和开展的活动。这个因素表明企业是如何满足顾客需求的，以及企业所覆盖的活动是行业的生产—分销价值链的哪些部分。例如，大型的跨国石油公司(如埃克森石油公司)所做的业务包括：租赁采油厂、钻油井、实地采油，用自有的油轮和管道将原油输送到自己的炼油厂，以及通过自己的品牌分销商和服务分店网络销售石油与其他精炼产品。这些业务覆盖了整个行业生产—分销价值链的各个阶段。

(二)建立目标体系

公司的远景规划描述的往往是一段较长时间后公司的理想状态，要达到这种理想状态需要公司的管理者和员工付出持久、积极地努力。在这个过程中，需要不断地对公司的运营状况进行评估与监控，衡量公司的现实运营是否保持正确的方向，前进的速度是否足够快。

明确一致的目标是高效率企业共同的特征之一。建立目标体系就是要将企业的远景规划和业务使命转换成明确、具体的业绩目标，从而使企业的发展过程有一个可以衡量的标准。好的目标体系使企业的各级执行者在采取行动时方向更加明确，努力更有成效。同时，好的目标体系应具有一定的挑战性。具有挑战性的目标往往能使企业更具创造力，使员工的紧迫感和自豪感更强烈。也就是说，如果想获得卓越的结果，就应该制定卓越的目标。

企业的目标体系还需要层层分解，使企业的每一个业务部门及每一个员工都能清晰地知道自己的组织及本人的具体子目标，而且这些子目标完全承接了企业的战略目标。这样，只要企业中每一个部门或员工都能努力完成其职责范围内的任务和目标，那么企业的战略目标及远景规划的实现都不会有什么问题。正是由于企业的战略目标会最终落实在每个部门和员工的身上，因此企业目标体系的建立需要所有管理人员的参与，目标体系的分解则需要所有员工的参与，所以企业目标的有效分解有助于在整个组织范围内形成一种以业绩为导向的工作氛围。

企业的目标体系应该既包括着眼于提高企业的短期经营业绩的短期目标，又包括关注企业在更长的时期内持续发展的长期目标。如果企业的短期目标和长期目标发生冲突，那么在大多数情况下，企业的领导者在经营策略及资源配置上应优先考虑企业的长期目标，这应该成为企业一条基本的管理准则。

（三）战略制定

制定一个能带动企业走向胜利的战略是每一个企业的高层管理团队最优先的管理任务。如果没有战略，或者战略不够清晰，那么企业的经营运作就没有一个明确的指导，就难以形成满足市场需求、获取竞争优势、达成企业目标的具体策略。如果没有战略，就会缺乏一种整体性的策略原则而无法将不同部门的运作凝聚成统一的团队力量，企业的管理者将难以协调各部门的分散决策和行动，无法形成合力，从而有可能使企业的各种努力互相抵消。

战略制定包括确定企业任务、认定企业的外部机会与威胁、认定企业内部优势与弱点、建立长期目标、制定供选择的战略以及选择特定的实施战略等内容。战略制定过程所要决定的问题包括企业进入何种新产业、放弃何种产业、如何配置资源、是否扩大经营或进行多元经营、是否进入国际市场、是否进行合并或建立合资企业等。

任何企业都不可能拥有无限的资源，战略制定者必须明确，在可选择的战略中，哪一种能够使企业获得最大收益。战略决策一旦做出，企业将在相当长的时期内与特定的产品、市场、资源和技术相联系。经营战略决定了企业的长期竞争优势。无论结果好坏，战略决策对企业都具有持久性的影响，它决定了企业各主要经营活动的成败。

在战略制定过程中会有多个选择，企业要进行挑选。战略要获得成功，应该建立在企业的独特技能以及与供应商、客户及分销商之间已经形成或可以形成的特殊关系之上。对于很多企业来说，这意味着形成相对于竞争对手的竞争优势，这些优势是可以持续的；或者是某种产品—市场战略，如市场渗透、新产品的开发以及多元化经营等。

战略的另一个方面是形成相对于竞争对手的竞争优势，利用自己的强项，克服或最小化自己的弱项。强项包括使企业具有竞争优势的技能、专业技术和资源。弱项是指使企业处于不利地位的某个条件或领域。如图 1-2 所示，在公司和业务单位层面上可以制定不同的战略。

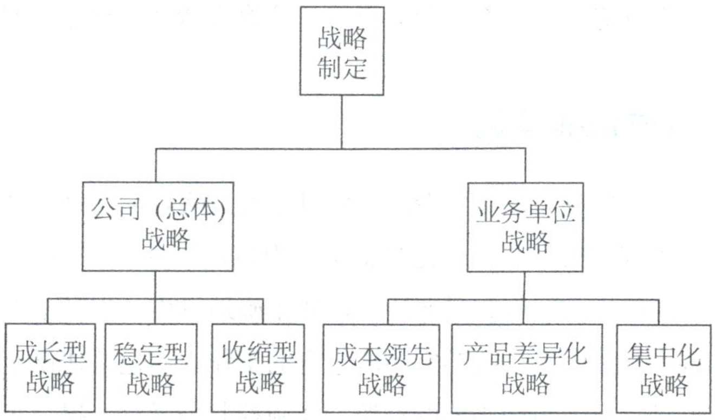

图 1-2　企业战略的制定

（1）公司（总体）战略选择。公司层面的战略选择包括成长型战略、稳定型战略和收缩型战略。成长型战略是以扩大经营范围或规模为导向的战略，包括一体化战略、多元化战略和密集型成长战略；稳定型战略是以巩固经营范围或规模为导向的战略，包括暂停战略、无变战略和维持利润战略；收缩型战略是以缩小经营范围或规模为导向的战略，包括扭转战略、剥离战略和清算战略。

(2)业务单位战略选择。业务单位层面的战略主要包括成本领先战略、产品差异化战略和集中化战略三种基本类型。

在上述战略中进行选择的标准包括：该战略是否适应企业环境；是否符合利益相关者的预期；从企业的资源和能力来看是否切实可行。

拓展阅读

阿里巴巴发展战略

阿里巴巴采用的是纵向一体化的发展战略，它将B2B业务作为切入点，构建了包括天猫和淘宝(交易平台)、支付宝(交易平台)、阿里妈妈(推广平台)、阿里云计算(数据平台)以及新加入的菜鸟物流(第四方物流)等业务领域的电子商务圈，囊括了电子商务业务过程中的各大环节。自雅虎中国被阿里巴巴收购以后，阿里巴巴开始不断通过并购的方式扩大自身的业务范围，实现其多元化发展战略。

1. 发展全球化

从阿里巴巴的现有战略分析我们可以看出阿里巴巴已经完成其在国内市场上的多元化、纵向一体化战略，实现了其成长为行业局部市场领导者的早期目标。在国内的电子商务服务市场上，已经很难有一家企业能够做得比阿里巴巴更加细致和广泛。

2. 加大力度发展“云端”模式

早在2004年，阿里巴巴就提出要从“Meet at Alibaba”向“Work at Alibaba”转型，但是因为技术的阻碍，进行得并不顺利。阿里巴巴明白，只有将崭新的技术和强大的需求实现完美结合，才能创造出广阔的市场，获取绝对有利的市场地位。

3. 建立更加完善的信用评价体系

阿里巴巴需要对其信用评价方法做出系统性修改，量化评估交易双方在交易过程中的行为，动态跟踪信用评价记录，建立公开、公平、健全的信用评价体系，通过与其他企业在生态系统中的合作，形成“诚信”的电子商务运行环境。

资料来源：李珊珊．阿里巴巴战略研究分析[J]．财讯，2016(34)．节选．

(四)战略实施

战略实施是指将企业的战略计划变成实际的行动，然后转化成有效的结果，完成战略目标。战略实施是战略管理中最复杂、最耗时也是最艰巨的工作。在性质上与战略制定不同，战略实施完全是以行动为导向的，它的全部工作就是要让事情能正确地发生。它基本上包含管理的所有内容，必须从企业内外的各个层次和各个职能入手。战略实施所包含的工作内容包括建设企业文化、完善企业规章和制度、制定策略方针、拟定各种预算、组织必要的资源、实施控制与激励、提高企业的战略能力与组织能力等。

战略实施的关键在于其有效性。要保证战略的有效实施，首先要通过计划活动，将企业的总体战略方案从空间上和时间上进行分解，形成企业各层次、各子系统的具体战略或策略、政策，在企业各部门之间分配资源，制定职能战略和计划；制定年度计划，分阶段、分步骤来贯彻和执行战略。为了实施新的战略，要设计与战略相一致的组织结构。这个组织结构应能保证战略任务、责任和决策权力在企业中的合理分配。一个新战略的实施对组织而言是一次重大的变革，变革总会有阻力，所以对变革的领导是很重要的。这包括培养支持战略实施的企业文化和激励系统，克服变革阻力等。

虽然不同的企业实施战略的方式并不完全一样，所承担的主要任务也不尽相同，但不管怎样，战略实施都应包含如下几项基础任务：

(1)建立一个成功实施战略所必备的富有经验和能力的强有力的组织；

(2)组织获得实施战略所必备的资源，并分配到关键性的战略环节和价值链活动中；

(3)制定支持战略的程序和政策，包括战略业务流程与激励政策等；

(4)按照计划开展战略实施过程中的实践活动，并采取措施促进活动效果的改善；

(5)建立起有效的沟通、信息及运作系统，使企业的所有人员都能更好地扮演他们在战略管理中的角色；

(6)在适当的时机以适当的方式进行适当地激励，以鼓励战略目标的实现；

(7)建立一种与企业战略相匹配的组织文化和工作环境；

(8)充分发挥战略实施过程中企业中高层管理人员的领导作用，在他们的带动下不断提高战略实施的水平。

战略实施往往被认为是战略管理的行动阶段。战略实施意味着动员雇员和管理者将已制定的战略付诸行动。战略实施往往被看成战略管理过程中难度最大的阶段，它要求企业雇员遵守纪律、有敬业和牺牲精神。战略实施的成功与否取决于管理者激励雇员能力的大小，它与其说是一门科学，还不如说是一种艺术。已经制定的战略无论多么好，如未能实施，便不会有任何实际作用。

(五)战略评价

战略评价是战略管理过程的最后阶段。管理者非常需要知道哪一个特定的战略管理阶段出了问题，而战略评价便是获得这一信息的主要方法。由于外部及内部因素处于不断变化之中，所有战略都将面临不断调整与修改。几项基本的战略评价活动包括：

(1)重新审视外部与内部因素，这是决定现时战略的基础；

(2)评估业绩；

(3)采取纠正措施。

在大型企业中，战略的制定、实施与评价活动发生在三个层次：企业层次、分部(分企业)或事业部层次、职能部门层次。通过促进企业各层次管理者和雇员间的相互交流与沟通，战略管理有助于使企业形成一个竞争集体。很多小企业和一些大企业不设立分部或事业部，它们只分企业层次和职能部门层次，处于这两个层次的管理者和雇员也应共同参与战略管理活动。

第四节　战略创新管理

一、战略创新

(一)含义

企业战略创新是指企业为了获得可持续竞争优势，根据所处的内外部环境已经发生或预测会发生的变化，结合环境、战略、组织三者之间的动态协调性原则，并涉及企业组织各要素同步支持性变化，对新的创意进行搜索、选择、实施、获取的系统性过程。

(二)与创新相关的概念辨析

(1)变革与创新——有无新的构想。

1)变革：企业转化成新的状况和不断变化的过程，在这一过程中企业可能沿用现行的计划和概念而未必产生新的构想；

2)创新：产生新的构想和概念，并将它们付诸企业管理的过程。

(2)发明与创新——是单独的行为还是一系列活动。

1)发明：将充满智慧的新创意转化为有形的产物(例如一件产品、一个流程、一种模式)；

2)创新：不是一种单独的行为，而是对新创意的产生、开发、实施和获取过程所涉及的所有活动(创新是一个过程)。

(三)创新的重要性

(1)适应环境(外部)—— 创新是企业适应不断变化的外部环境、确保自身生存发展至关重要的能力。

举例：政府和社会要求生产环保型产品的政策法规日益增多；科学技术的发展，推动着企业产生新的创意以满足社会不断增长的新需求；竞争者推出的新产品也可能会构成对企业既有市场地位的重大威胁。

(2)获取优势(内部)——创新是企业获得持续竞争优势最主要的来源。

创新对企业竞争优势的贡献体现在以下几个方面：

1)新产品能够帮助企业占领与保持市场份额，提高企业在市场上的盈利能力；

2)成熟产品单纯依靠低价竞争无法在市场竞争中实现销售额增长；

3)产品生命周期日益缩短的今天，经常用更好的产品替代原有产品的能力变得越来越重要。所谓“时间竞争”表明，企业不仅面对推出新产品的压力，而且要比竞争对手更快地推出新产品。

(3)维持优势——持续不断地创新是维持企业竞争优势的根本保障：

1)对原创企业而言：只有持续不断地创新，才能维持企业在市场上难以被超越的竞争优势；

2)对模仿创新企业而言：企业会及时主动地改变产品(服务)、业务流程或基础商业模式，甚至能够获得“后来者居上”的优势。模仿创新企业也只能从模仿创新提升为原始创新和自主创新，并培养自身持续创新的能力，才能在残酷的市场竞争中超越竞争对手，获得真正的竞争优势。

(四)战略创新的类型

战略创新有产品创新、流程创新、定位创新、模式创新等，如表 1-1 所示。

表 1-1　战略创新的类型

类型	含义	举例
产品创新	组织提供的产品和服务的变化	1. 向市场推出一款新设计的轿车 2. 为容易发生事故的婴儿提供新的保险种类 3. 提供安装新的家庭娱乐系统服务
流程创新	产品和服务的生产和交付方式的变化。	1. 生产汽车及家庭娱乐系统的制造方法和设备的变化 2. 保险业务办理手续和任务排序的变化
定位创新	重新定位对既有产品和流程的感知来实现的创新	脑白金：保健品＋送礼 猴菇饼干：饼干＋养胃 好想你：大枣＋表白
模式创新	影响组织业务的潜在思维模式的变化	特斯拉的成功被业界认为是互联网思维的成功，而马斯克的开放专利之举，也正是体现了互联网“自由、平等、开放、分享”的精神。特斯拉开放所有专利的目的就在于让更多的企业，在一个较低的门槛上，就可以站在巨人的肩膀上，投入到世界电动汽车发展和普及的浪潮当中。从开放专利表面上看，是让竞争对手占了便宜，然而此举却无形中提高了特斯拉技术的普适性，使得它在未来标准制定中抢占了有利的地位

(五)探索战略创新的不同方面

(1)创新的新颖程度——渐进性还是突破性。

(2)创新的平台和产品家族。要使持续地创新达到理想的效果，途径之一是借助“基础平台”或“产品家族”这一概念。这种方法的基本思路是，依托一个稳健的基础平台或可以扩展的产品家族，为创新提供一定范围的延展空间。

举例：小米公司围绕其核心主业手机业务，建成了全球最大的消费类万物互联平台，连接超过 1 亿台智能设备，构建起手机配件、智能硬件、生活消费产品三层产品矩阵。小米公司也从一家手机厂商发展成为一个涵盖众多消费电子产品、软硬件和内容全覆盖的互联网企业(即小米生态圈)。

(3)创新的层面——组件层面还是架构层面。成功的创新要求管理者能够掌握和使用关于组件的知识，也要掌握如何将这些组件组合在一起的架构的知识。

(4)创新的时机——创新生命周期。创新模式的三个不同的发展阶段。

阶段 1：流变(这个阶段有很大的不确定性)。没有人知道技术手段和市场需要的“正确”配置是怎样的，因此许多市场参与者(包括大量新创企业)都在进行大量的实验(伴随着许多失败)和快速学习。

特征：新旧技术的共存和两者的快速提高。这一阶段常常可以观察到“帆船效应”，即成熟的技术加快自己的改进速度，以此作为新的竞争技术的回应。

阶段 2：过渡。创新的主要活动从根本概念的开发转向关注产品差异化，以及更稳定、更廉价、更高质量和更多样的功能等。

特征：开始形成“主导设计”确定游戏的规则。

阶段 3：成熟。

特征：渐进性创新变得更加重要，重点也转向价格等因素。

(六)战略创新的情境

(1)建立创新型组织。

(2)制定创新的战略。蒂德和贝赞特提出如下关于公司战略与创新之间关系的核心观点：

1)企业特定的知识，包括探索知识的能力，是企业在竞争中取得成功的本质特征。

2)公司战略的本质特征应该是一种创新战略，其目的就是积累这种企业特定的知识。

3)一种创新战略必须能够应对外部复杂的千变万化的环境。

4)内部结构和过程必须与可能的冲突性需求保持平衡：在技术领域、业务职能和产品部门中识别并开发专业知识；通过对技术领域、业务职能和产品部门进行整合来探索专门知识。

(七)创新管理的主要过程

(1)探索阶段。主要涉及搜索环境中有关潜在变革的信号。

(2)选择阶段。主要涉及对不同的机会和市场做出选择。

(3)实施阶段。主要涉及将潜在的想法变成现实，逐渐汇集各种知识并产生创新的过程。

(4)获取阶段。主要涉及从创新中获取一些价值。

第五节　战略管理中的权力与利益相关者

公司的使命与目标也是公司主要的利益相关者利益与权力均衡的结果。

因此，权力与利益相关者分析是公司战略分析的重要组成部分，公司战略的制定与实施和各利益相关者利益与权力的均衡密不可分。

(一)企业主要的利益相关者

企业主要的利益相关者如表 1-2 所示。

表 1-2 企业利益相关者分类

利益相关者分类		利益期望
内部利益相关者	向企业投资的利益相关者，包括股东与机构投资者	1. 资本收益，股息、红利 2. 利润最大化/股东价值最大化 3. 争得多数股权(企业的投资者不止一方)
	经理阶层	销售额最大化
	企业员工	是多方面的，普遍需求是追求个人收入和职业稳定(钱多、事儿少、离家近)
外部利益相关者	政府	最直接的是对企业税收人、创新、社会责任、经济增长的期望
	购买者和供应者	在他们各自所处的阶段增加更多的价值
	债权人	企业有理想的现金流量管理状况，以及较高的偿付贷款和利息的能力
	社会公众	企业能够承担的一系列社会责任

(二)企业利益相关者的利益矛盾与均衡

企业的发展是企业各种利益实现的根本条件，是企业利益相关者的共同利益所在。但是，由于利益相关者的利益期望不同，他们对企业发展的方向和路径也就有不同的要求，因而会产生利益的矛盾和冲突。这些矛盾和冲突主要表现在以下几个方面：

(1)投资者与经理人员的矛盾与均衡。

(2)企业员工与企业之间的矛盾与均衡。

(3)企业利益与社会效益的矛盾与均衡。

(三)权力与战略过程

权力：个人或利益相关者能够采取(或者说服其他有关方面采取)某些行动的能力。不同于职权(authority)，主要有以下 4 点区别：

(1)权力影响力在各个方面，而职权沿着管理层次方向自上而下。

(2)受制权力的人不一定能够接受这种权力，职权一般能够被下属接受。

(3)权力来自各个方面，而职权包含在企业指定的职位或功能之内。

(4)权力来自各个方面，所以很难识别和标榜，而职权在企业的组织结构图上很容易确定。

1. 企业利益相关者的权力来源

(1)对资源的控制与交换的权力。

(2)在管理层次中的地位。(法定权、奖励权和强制权)

(3)个人的素质和影响。榜样权和专家权(强调的是专业性)，更具有持久性。

(4)参与或影响企业的战略决策与实施过程。

(5)利益相关者集中或联合的程度。团结就是力量。

2. 在战略决策与实施过程中的权力运用

政治性策略代表了企业各方利益相关者在企业战略决策与实施过程中权力的应用。

如果用合作性和坚定性两维坐标来描述企业某一利益相关者在企业战略决策与实施过程中的行为模式，可以将政治性策略分为以下五种类型，如表 1-3 所示。

表 1-3　政治性策略的五种类型

类型	特点
对抗	坚定行为＋不合作行为 企业利益相关者运用这种模式处理矛盾与冲突，目的在于使对方彻底就范，根本不考虑对方的要求，并坚信自己有能力实现所追求的目标
和解	不坚定行为＋合作行为 一方利益相关者面对利益矛盾与冲突时，设法满足对方的要求，目的在于保持或改进现存的关系。和解模式通常表现为默认和让步
协作	坚定行为＋合作行为 在对待利益矛盾与冲突时，既考虑自己利益的满足，也考虑对方的利益，力图寻求相互利益的最佳结合点，并借助于这种合作，使双方的利益都得到满足
折中	中等程度的坚定性＋中等程度的合作性行为 通过各方利益相关者之间的讨价还价，相互做出让步，达成双方都能接受的协议。折中模式既可以采取积极的方式，也可以采取消极的方式。前者是指对冲突的另一方做出承诺，给予一定的补偿，以求得对方的让步；后者则以威胁、惩罚等要挟对方做出让步。多数场合，则是双管齐下
规避	不坚定行为＋不合作行为 以时机选择的早晚区分为两种情况：一种是当预期将要发生矛盾与冲突时，通过调整来躲避冲突；另一种情况是当矛盾与冲突实际发生时主动或被动撤出

拓展阅读

战略管理的过程

战略管理是一个循环往复、永远没有终点的过程，它不是一个既有起点又有终点的简单事件。战略管理的各项任务无论从内容上还是从时间上来讲都不存在完全明确、可以分割的界限，也没有严格的先后顺序，它们之间只是一种概念上的区别。在战略管理的过程中，各项任务必须作为一个整体来进行，不能人为地将其割裂开来。无论是企业的远景规划、业务使命、目标体系和具体战略，还是战略实施的过程，在外部环境或内部运作发生变化时，都应根据实际需要对其本身进行适应性地调整。企业领导者和战略管理者的重要责任之一就是跟踪战略执行进度、评估企业业绩、监测环境变化，并根据需要采取调整性措施。这种调整可能会涉及战略管理的各个方面，可能需要调整企业的长远发展方向，可能需要重新界定企业的业务内容，可能需要提高或者降低企业的总体目标，也可能需要对企业的战略及其实施策略和行动进行修改和调整。

资料来源：佚名．战略管理的过程［EB/OL］．http：//www. canet. com. cn/jingjishi/jjsfd/201207/12—252583. html.

思考与练习

1. 企业总体战略的职能有哪些？
2. 企业战略的构成要素有哪些？
3. 企业战略的作用有哪些？
4. 企业战略管理的特征有哪些？
5. 我国企业战略的类型有哪些？

第二章

企业内部条件分析

学习目标

学会发现企业的优势和劣势，扬长避短，应用实践。

掌握企业内部条件分析的内容和方法。

思政目标

培养学生弘扬中华优秀传统文化，为国争光的精神。

第一节 企业内部条件的内涵

“败莫大于不自知。”(吕不韦《吕氏春秋》)不了解自己是导致失败的最重要原因。因此，企业在进行战略规划之前首先要对自身所具有的内部条件进行分析。企业内部条件是指企业所具有的资源和能力的总和。企业内部条件具有动态性和可控性。

一、企业内部条件分析框架

“功者难成而易败，时者难得而易失也。”(司马迁《史记》)机会很难遇到并且容易失去，企业应利用所遇到的机会进行战略谋划。企业战略选择有两条基本的思路：一是以外部环境提供的机遇为出发点来制定战略，通过调整内部条件以适应外部环境所提供的机遇；二是以所具有的内部条件为出发点来制定战略，选择符合自身内部条件的外部环境所提供的机遇作为战略制订的基点。无论是根据外部环境来调整内部条件，还是根据内部条件来选择外部机遇，都改变不了企业内部条件是战略制订与实现的重要基础与根本保障这一基本事实。因此，内部环境分析越深刻、越彻底、越客观，制订的战略就越切实可行。作为企业战略的决策者，只有充分考虑自身条件，认清自身在行业竞争中的优势及劣势，才会“量身定做”地制定出既符合自身条件又适应外部环境的发展与竞争战略。

企业内部条件分析是对企业资源、能力以及竞争优势的分析。图 2-1 描述了企业内部条件分析的基本框架。事实上，真正客观地认识企业的内部条件是一件很困难的事情，正如“知人者智，自知者明。胜人者有力，自胜者强。”(老子《道德经》)在实际工作中，无论使用什么分析工具与方法都要尽量将主观因素的影响降到最低水平。

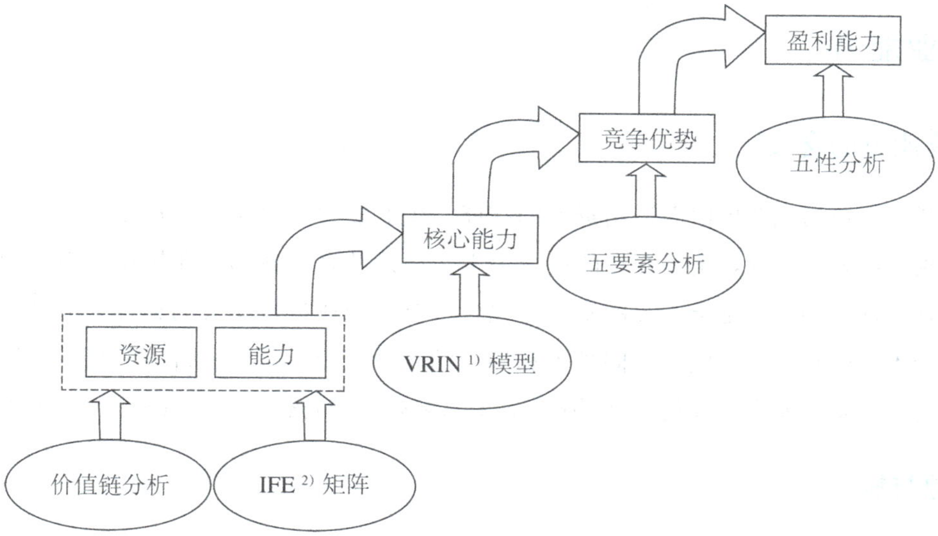

图 2-1 企业内部条件分析的基本框架

1)VRIN 模型即 value(价值性)、rarity(稀缺性)、inimitability(难模仿性)和 non-substitutability(不可替代性)四个英文单词首字母组成

2)IFE 即内部因素评价(internal factor evaluation)

二、企业资源

(一)有形资源

企业资源是指企业所拥有或控制的、能够用于为客户创造价值的各种有形资源和无形资源。资源中的有形资源包括财务资源、实物资源、人力资源和组织资源。财务资源代表企业的资金、债权(务)、投资人；实物资源反映企业的装备水平和生产能力；人力资源来自企业员工的专业知识与特殊技能；组织资源则体现企业的组织结构、管理制度和企业文化等。孙膑曰：“间于天地之间，莫贵于人。”在企业所拥有的各种资源中，企业的员工队伍是最活跃、最重要和最有创造力的资源。

(二)无形资源

企业资源中的无形资源包括技术储备(专利、知识产权、商业秘密)、创新能力(开发人员与知识)和商业信誉(品牌)。无形资源具有排他性，在法律保护下禁止非持有人无偿地取得和使用。因此，无形资源往往能给企业带来超额的回报。企业无形资源越丰富，其获利能力越强；相反，企业的无形资源越短缺，则企业的获利能力越弱。

需要注意的是，有形资源与无形资源并不是相互独立的，而是相互联系、交织在一起的。例如，一些设备是有形资源，但这些设备的使用流程却是无形的，“人”是有形的，但人的知识和技能是无形的，有形资源和无形资源共同构成了企业的资源基础。

三、企业能力

(一)企业能力的含义

企业能力是指企业为创造价值而运用资源的技能。企业能力的含义可以从多个角度进行理解，美国乔治城大学的格兰特教授认为，企业存在的一个根本作用是整合个体的专业知识，而企业能力正是这种知识整合的表现。这里的知识是指广义的知识，包含所有与企业运行相关的显性和隐性的知识。企业根据自身需要整合不同的知识，形成了不同种类和层级的企业能力。从企业行为的角度，演化经济学创始人纳尔逊和温特认为企业能力不仅仅是“惯例”，还有多样性、遗传性、自然选择性等其他机制。

(二)资源与能力

资源与能力的关联：

(1)能力是不同公司所特有的，因为能力是嵌入组织及其流程中的，而不同公司却可以有相同的资源。

(2)能力的主要作用是提高企业资源的利用效率，提升企业的生产力。

(3)可以将能力看作企业的一种特殊的资源，一种嵌入企业中、难以在企业间转移的独特资源。

(4)资源是企业能力的源泉。

(三)企业能力的划分

企业能力体现在各个职能领域，通常包括研发、制造、营销、组织、财务、人力等方面，如表2-1所示。

表 2-1　企业能力的划分

职能领域	能力体现
研发	技术转化、产品开发、技术创新
制造	生产规模、装备水平、制造工艺、质量保障
营销	品牌、促销、分销、客服、供应链
组织	组织结构、业务流程、规章制度、管理技能、管理信息系统
财务	成本控制、投融资
人力	员工激励、业绩考核

第二节 核心能力分析

一、核心能力的内涵

(一)核心能力的含义

核心能力的概念是普拉哈拉德和哈默尔两人在《公司核心竞争力》一文中首次提出的，该文在 1990 年发表于《哈佛商业评论》。他们认为，核心能力是能够为企业带来长期竞争优势的独特技能。

(二)核心能力的识别

普拉哈拉德和哈默尔教授给出了三种识别核心能力的"测验"。

(1)核心能力具有让企业进入广阔市场的潜力。

(2)核心能力能为顾客对产品的感知受益提供重要支撑。

(3)核心能力对于竞争对手来说难以模仿。

二、核心能力的特征

如前文所述，企业能力也可以看作企业的一种独特资源，那么核心能力就是能为企业带来持续竞争优势的资源。杰恩·巴尼概括了能为企业带来持续竞争优势的资源四种特征：价值性、稀缺性、难模仿性和不可替代性。表 2-2 概括了核心能力特征与竞争优势及绩效的关系。

表 2-2 核心能力特征与竞争优势及绩效的关系

特征	评价	竞争优势	绩效
价值性	资源或能力能满足市场需求或使企业免受市场不确定性的影响吗	如果是，那就满足了价值性这个标准，在产业中进行竞争需要能创造价值的资源，但资源的价值并不能产生竞争优势	有价值的资源和能力能产生平均利润
稀缺性	假设某种资源或能力具有价值性，那么它相对于需求是稀缺的吗？或者竞争者是否普遍拥有这种资源或能力	有价值并且是稀缺的资源或能力能够创造竞争优势，但这种竞争优势可能只是暂时的	暂时的竞争优势能够产生高于平均利润的回报，直到竞争者的活动使这种优势失去效用

续表

特征	评价	竞争优势	绩效
难模仿性	假设这种资源或能力既有价值又稀缺，那么竞争者在一定时间内模仿这种资源或能力是否存在很大困难	有价值且稀缺的资源或能力如果难以模仿，就能带来竞争优势(直到竞争对手能够模仿这种优势，或者由于环境变化使这种优势失去效用)	持续的竞争优势能够在相当长的时期内给企业带来超额收益
不可替代性	假设这种资源或能力既有价值又稀缺，是否存在能够产生相同收益和取而代之的其他资源或能力	有价值且稀缺的资源或能力如果不可替代，就能带来竞争优势(直到竞争者能够找到这种资源或能力的替代品，或者由于环境变化使这种优势失去效用)	持续的竞争优势能够在相当长的时期内给企业带来超额收益

1. 价值性

价值性体现在能够显著地降低成本、提高产品质量、提高服务效率、增加顾客的效用等方面。即使是有价值的资产，也要尽量避免被滥用。如果企业不能运用资源来减少威胁或利用机会，就不可能提升其在行业中的竞争地位。

2. 稀缺性

“然物以少者为贵，多者为贱。”(葛洪《抱朴子》)事物因稀少且有益，从而显得珍贵。在经济学上，稀缺性是指相对于需求的资源不足的状态，有价值的资源或能力如果不是稀缺的，也就是说大部分竞争对手都能够获得这种资源或能力，它将不会对竞争优势有所贡献。稀缺性并不意味着独占，但是控制了有价值的稀缺资源的企业就可能创造出竞争优势。

3. 难模仿性

“战略易于复制，执行不可复制”(毛泽东)。难模仿性是指竞争对手无法迅速获取某些有价值的稀缺资源或能力。使企业资源难以模仿的主要因素体现在以下四个方面。

(1)高成本。模仿的高昂代价使竞争者望而却步，除资金成本外，模仿还需要付出时间成本。

(2)知识产权保护。企业可以用知识产权来防止资源被无偿复制，专利的产品或流程在专利保护期内不能被直接模仿，模仿者会受到法律的严厉制裁。

(3)复杂的因果关系。资源或能力有价值的因素往往复杂地组合在一起，可能很难识别或理解其成因，因为企业可能享有由复杂活动汇聚而成的资源或能力，连企业自身都不能完全理清其优势的成因，模仿者则更无从谈起。

(4)特定的历史条件。企业的资源可能是由独特历史事件带来的利益。例如，历史造就了茅台“国酒”的至尊地位，“国酒”是茅台酒的品牌核心价值，尊贵、历史、厚重是茅台酒鲜明的个性。

4. 不可替代性

不可替代性是指企业所拥有的核心能力或资源无法被轻易地用其他资源或能力替代。例如，石头科技的核心能力是技术，其掌握了激光雷达、定位算法、运动控制模块等先进技术，这些技术无法轻易地被替代，为其在市场上获得了竞争优势。因而，不可替代性是企业核心能力的重要特征。

三、核心能力的形成

1. 自身培养

“我非生而知之者，好古，敏以求之者也。”(孔子《论语》)企业的核心能力可以通过企业自身的努力逐渐培养，普拉哈拉德和哈默尔认为，核心能力是组织内的集体学习的能力，尤其是如何协调各种生产技能并且把多种技术整合在一起的能力。组织学习是培养企业核心能力的重要途径，是指企业为提高核心竞争力而围绕知识和技能所采取的各种行动。从学习过程来看，组织学习可以分为两种形式。

(1)单环学习，即在发现错误并立即改正错误的过程中进行学习。单环学习适用于例行性、重复性的问题。

(2)双环学习，是指在遇到问题时，不仅仅寻求解决方案，而是更深入地挖掘为什么会出现问题，系统地梳理相关环节并进行系统地改进。双环学习适用于复杂的、非程序性的问题，是一种较高水平的学习，能够对企业能力产生较大的提升作用。

2. 外部购买

“善学者，假人之长以补其短。”(吕不韦《吕氏春秋》)意思是说，善于学习的人，总是可以利用别人的长处来弥补自己的不足。企业也是一样，可以通过外部购买等方式来形成自身的核心能力，获得持续竞争优势。例如，有时企业为了抓住市场机遇，急需某种重要的核心能力，而自身培养需要花费较长时间，在资源充足的前提下，为了在短时间内获取重要的核心能力，并购就成为一种方便的选择。

拓展阅读

汇顶科技的核心能力

汇顶科技成立于2002年，公司是国家级高新技术企业，致力于人机交互技术及生物识别技术的研究与开发，包括芯片设计、软件开发以及向客户提供完整解决方案。目前，产品和解决方案主要应用于华为、OPPO、vivo、小米、中兴、魅族、锤子、三星、TCL、Nokia、Dell、HP、LG、ASUS、acer、TOSHIBA、Panasonic等国际国内知名品牌。

汇顶科技已成为安卓指纹识别手机芯片市占率最高的厂商。2017年Q3汇顶科技指纹识别芯片市占率已超FPC成为市占率最大厂商。公司近年先后推出全球领先的单层多点触控芯片、全球首创的触摸屏近场通信技术(Goodix Link)、全球首家应用于Android手机正面的按压式指纹识别芯片、全球首创的IFS(Invisible Fingerprint Sensor，触控与指纹识别一体化技术)、全球首创支持玻璃盖板的指纹识别芯片、全球首创应用于移动终端的活体指纹检测技术(Live Finger Detection)、全球首创的显示屏内指纹识别技术等。作为全球人机交互及生物识别技术的领导者，汇顶科技目前已在包括手机、平板电脑和可穿戴产品等在内的智能移动终端领域构筑了领先优势，其中，Live Finger Detection(活体指纹检测技术)凭借其卓越的创新应用价值斩获了2017年CES(International Consumer Electronics Show，国际消费电子展)全球创新金奖，这是汇顶科技继2016年凭借IFS和触摸屏近场通信技术两项技术获得CES创新大奖后再次得到CES创新奖项。

汇顶科技的成功离不开核心能力的构建，汇顶科技是一家研发实力很强的芯片设计公司。汇顶科技注重自主知识产权及专利积累，截至 2017 年 12 月，汇顶科技已申请和取得的国际、国内专利共计 1879 件。由此可见，企业要想超越竞争对手，必须具有自己的核心能力和竞争优势。

资料来源：半导体行业细分龙头——汇顶科技深度解读 . https：//www. moet. cn/articleDetails. htm? articleId=229327(有改动)

第三节　竞争优势分析

一、竞争优势的内涵

1. 竞争优势的含义

“君子心和，然其所见各异。”(何晏《论语集解》)与许多其他有关战略管理的概念一样，对于企业竞争优势的定义也是莫衷一是、各有千秋。我们在这里将竞争优势理解为企业以自身资源和能力为基础，在为消费者创造价值的过程中所表现出来的超越竞争对手，并且能够在一定时期之内获取超额或高于行业平均水平利润的一种形式。竞争优势是企业核心能力的综合体现，是企业参与市场竞争的结果。企业只有获得持久的竞争优势，才能保持长盛不衰。

2. 竞争优势的基本要素

创建和保持企业竞争优势包括以下五个基本要素(图 2-2)。

(1)卓越的管理能力。“战略管理是对资源的有效配置”(彼得·德鲁克)。卓越的管理能力体现为合理的公司治理结构、决策过程、业务流程、报告系统和控制系统。一家企业也许可以拥有专有的和有价值的资源，但是除非它有能力有效地使用这些资源，否则它仍然无法创造出独特的核心能力。

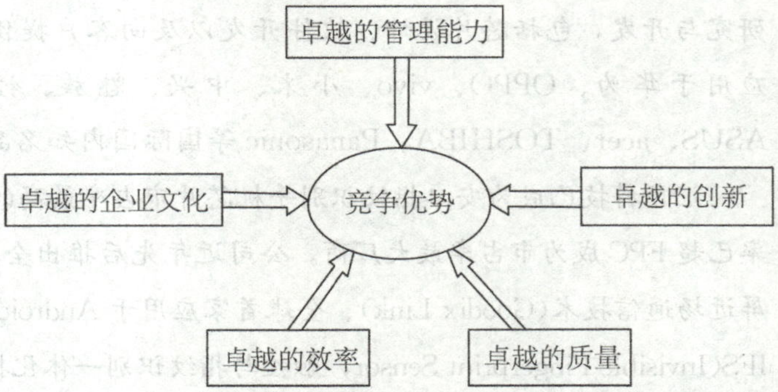

图 2-2　形成竞争优势的基本要素

(2)卓越的创新。皇甫湜云：“体无常轨，言无常宗，物无常用，景无常取。”此以文学创作为喻，说明了这样一个哲理：凡事要有勇于创新的精神。创新是创造新产品、新流程的活动。创新主要有两种形式：产品创新和流程创新。产品创新意味着设计出前所未有的或具有显著优质属性的产品，流程创新是产品制造或销售的方法的创新。从长期来看，产品和流程的创新可能是竞争优势最重要的构成要素，尽管并非所有的创新都是成功的，但是成功的创新却是竞争优势的重要源泉。

(3)卓越的质量。卓越的质量意味着顾客对设计与风格、特性与功能、外观与包装、销售与服务等的认可，当产品体现出卓越的属性时，消费者会愿意支付更高的价格，高质量增加了顾客眼中的产品价值，使企业有机会为自己的产品收取更高的价格，获取更大的利润。

(4)卓越的效率。“工作中最重要的是提高效率”(约·艾迪生)。效率是衡量企业将投入转化为产出的比率，企业的效率越高，单位产出所需要的投入就越少。企业效率越高，所拥有的价格选择就越多，所处的市场竞争优势就越明显。卓越的效率也体现在对顾客的需求的快速响应上，顾客响应时间的概念越来越受到重视，正如古人所言“先发制人，后发制于人”(班固《汉书》)，企业必须比竞争对手更善于识别和及时满足顾客的需求。

(5)卓越的企业文化。“激水之疾，至于漂石者，势也”(孙武《孙子兵法》)，说明了“势”的重要性。在知识经济时代，企业需要“造势治众”，而良好的企业文化是营造核心竞争优势必不可少的因素。企业文化是企业在生产经营活动中逐步形成的，为全体员工所认同并遵守的，带有本组织特点的信念、使命、精神、价值观和经营理念。卓越的企业文化是企业的灵魂，它不但是推动企业发展的不竭动力，也是孕育、培养、增强与整合企业优势资源和核心能力的摇篮，在提升企业的竞争优势方面发挥着极大的促进和支撑作用。

这些要素之间具有很强的相关性，因而必须了解它们相互影响的方式。例如，创新可能带来卓越的效率和质量，而卓越的效率和管理能力有助于企业的创新。同样，卓越的质量意味着企业不会花更多的时间在生产次品或者低标准的服务上，这将体现为更高的员工生产率和更低的单位成本。

二、竞争优势的种类

竞争优势有以下四种类型。

(1)成本和质量方面的竞争优势。低成本可以为企业带来价格优势，有利于企业占领大众市场；高质量可以为企业带来商誉优势，帮助企业吸引高端市场用户。

(2)时间和专有知识方面的竞争优势。一些企业经过长时间的发展，积累了大量的专有知识，而存在时间长本身也意味着企业有更长的时间积累商誉，对后成立的竞争者形成先发优势。

(3)进入障碍和技术壁垒方面的竞争优势。企业可以通过设置障碍和技术壁垒来阻止竞争者的进入，如企业可以通过引导制定技术标准、技术指标、推动设立技术法规等方式来获取独占区域市场的优势。

(4)资本实力优势。充足的资本可以为企业进行各种战略行动提供保障，如企业可以通过并购等方式迅速构建新的能力，抓住市场机遇。

三、竞争优势的形成与持续

1. 竞争优势的形成

竞争优势的形成和持续

企业竞争优势的形成主要来源于两个方面：从内生的角度来看，竞争优势的形成主要依赖于企业内部系统的创新；从外生的角度来看，竞争优势的形成离不开企业对外部环境的适应。

(1)内部系统创新。“创新是一个民族进步的灵魂，是国家兴旺发达的不竭动力”(江泽民)。创新同样也是一个企业进步的灵魂和发展的不竭动力。企业通过自身内部系统的组织学习，所产生的突破性科研成果、先进的生产工艺、高效的管理方式、创新的商业模式等都能支撑企业竞争优势的形成。

(2)适应外部环境。“善战者因其势而利导之。”(司马迁《史记》)在知识经济的背景下，市场环境瞬息万变，企业内部的创新不能与外部环境的变化脱节，内部的创新应该紧跟市场的脉动，只有抓住市场需求，才能形成竞争优势。

2. 竞争优势的持续

没有永恒的竞争优势。企业只有不断地创新，不断地适应环境，才有可能保持长久的竞争优势。企业想要保持竞争优势，可以从以下三个方面进行考虑。

(1)防止他人模仿。企业的创新成果是竞争优势的重要来源，一些核心的商业秘密、专利是企业优势得以保持的重要基础。企业可以通过加强内部流程管理等方式防止商业秘密的泄露。同时，一旦发现企业的商业秘密或专利权等受到侵害，要及时通过法律手段维护自身权益，这样在弥补部分损失的同时还能起到法律威慑作用，防止损失进一步扩大。

(2)保持企业家精神。企业家精神，就是不断开拓进取、不断创新的精神。保持企业家精神，就是要让企业不能安于现状，要居安思危，这样企业才能持久地保持竞争优势，诺基亚、柯达经营失败的例子充分说明了这一点。

(3)培养动态能力。“穷则变，变则通，通则久。”(《周易》)如前文所述，竞争优势的形成离不开对外部环境的适应。蒂斯提出了“动态能力”的概念，即企业通过整合、建立和重构内外部能力以适应快速多变的外部环境的能力。动态能力是一种高阶能力，换句话说，是“运用能力的能力”，强调通过对企业能力的灵活运用以适应外部环境，形成可持续的竞争优势。

第四节　盈利能力分析

为了有效地分析企业的优势与劣势，需要将企业的财务绩效同竞争者、标杆企业以及本企业的历史数据进行对比，由此了解本企业的成本结构是否比竞争对手更优越，本企业的资源是否得到了最有效地利用。企业财务绩效的关键指标是盈利能力，它反映了企业从投资中所能够获得的回报。衡量企业盈利能力的方法有很多种，投资回报率被公认为是重要的计算指标之一，因为“它专注于揭示企业真正的运营绩效”。投资回报率的定义是投资的净利润率，即

投资回报率＝(年利润或年均利润/投资总额)×100％

净利润＝利润总额－所得税费用；投资是对企业运营的投入，主要来源于含息的负债和股东的权益。从代数角度可以将投资回报率分成销售回报率与资本周转率两部分，即

投资回报率＝净利润/投资总额＝(净利润/收入)×(收入/投资总额)×100％

其中的“净利润/收入”是销售回报率，代表企业将收入转化为利润的效率；而收入/投资总额是资本周转率，代表企业利用资本产生收入的效率。

财务比率(绩效)是企业内部条件和以往战略执行情况的价值体现与综合反映，它们可以从收益性、流动性、安全性、成长性以及生产性五个方面反映企业的盈利水平。表 2-3 汇总了部分主要的财务比率，

这些财务比率需要企业在进行内部条件分析过程中给予特别重视。

表 2-3 主要的财务比率

类别	比率	计算方法	基本含义
收益性指标	毛利率	(销售收入－销售成本)/销售收入	反映企业的盈利能力
	销售利润率	(销售收入－制造成本)/销售收入	衡量企业销售收入的收益水平
	销售净利率	税后利润/销售收入	反映销售收入带来的净利润的多少
	总资产报酬率	息税前利润/资产平均总额	用以评价企业运用全部资产的总体获利能力
流动性指标	库存周转率	销售收入/库存	考核企业采购与供应链运作水平，存货管理效率，资金使用效率
	应收账款周转率	赊销收入净额/应收账款平均余额	反映企业回收账款的速度和资金使用效率
	流动资产周转率	销售收入/流动资产平均额	衡量企业流动资产的利用率
	固定资产周转率	销售收入/固定资产净值	衡量企业固定的资产利用率
	总资产周转率	销售收入/资产总额	衡量企业总资产利用率
安全性指标	流动比率	流动资产/流动负债	衡量企业偿还短期债务的能力
	速动比率	速动资产/流动负债	衡量企业流动资产中可以立即变现用于偿还短期债务的能力
	负债比率	负债总额/资产总额	表明企业资产总额中，负债占总资金的比例
	权益乘数	资产总额/股东权益总额	反映企业财务杠杆大小
	负债股权比率	负债总额/股东权益总额	衡量企业偿付能力与股本结构的指标
	利息保障倍数	(税前利润＋利息费用)/利息费	衡量企业支付负债利息的能力
成长性指标	销售收入增长率	本期销售收入增长/前期销售收入	衡量企业收入增长
	税前利润增长率	本期税前利润增长/前期税前利润	衡量企业利润增长
	固定资产增长率	本期固定资产增长/前期固定资产	衡量企业资产增长
	人员增长率	本期职工人数增长/前期职工人数	衡量企业规模扩大
	产品成本降低率	本期产品成本降低/前期产品成本	衡量企业效率提升

续表

类别	比率	计算方法	基本含义
生产性指标	人均销售收入	销售收入/职工人数	衡量生产效率
	人均净利润	净利润/职工人数	衡量生产效率
	人均资产总额	资产总额/职工人数	衡量资产利用状况
	人均工资	工资总额/职工人数	衡量企业生产成果分配

第五节 企业内部条件分析方法

一、VRIN 模型

VRIN 模型主要用于对任何一种资源的分析，以便决定该资源是否是构成竞争优势的直接或潜在的源泉。表 2-4 提供的资源分析框架，被称作 VRIN 模型。表的最左边一栏是被评价的资源，中间四栏是对每项资源的四项基本特征的进行评价的结果，最右边两栏是被评价的资源对竞争优势和经营业绩的影响程度。

表 2-4 资源分析框架

资源	资源特征评价				对竞争优势的影响	对经营业绩的影响
	价值性（V）	稀缺性（R）	难模仿性（I）	不可替代性（N）		
R1	否	否	否	否	竞争劣势	低于平均收益水平
R2	是	否	否	是/否	竞争均势	平均收益水平
R3	是	是	否	是/否	暂时性竞争优势	平均收益或略高于平均收益水平
R4	是	是	是	是	可持续竞争优势	高于平均收益水平

需要强调的是，资源的四种基本特征都具有时间（动态）性。有价值的资源一旦闲置起来也就失去了它的价值性；可能由于技术的突破而出现了某种稀缺资源的替代品，而使得该资源失去了它的稀缺性；所谓的难模仿性和不可替代性是在特定的历史和技术条件下才能形成，需要一定时间。企业通过不断地研发和改进，可能形成某种资源的难以模仿性和不可替代性。因此，在资源分析过程中，既要静态地评价分析资源在某一特定时点的特征，也要考虑外部环境对资源特征的动态影响。

二、价值链分析

"善用兵者，譬如率然。率然者，常山之蛇也。击其首则尾至，击其尾则首至，击其中则首尾俱至。"

（孙武《孙子兵法》）比喻各部队要互相支援、协同作战。企业也是一样，不仅要识别出价值链上的“战略环节”，更需要各环节协同配合，共同完成企业价值增值活动。价值链分析方法可以帮助人们从更微观的层面来认识企业的能力。一般来说企业的能力是通过任务（活动）来体现的，而这些活动构成了企业的价值链。企业价值链的每个环节都需要不同能力的运用与协调，分析企业的价值链不但可以识别企业的核心能力，而且能够为企业竞争战略的选择提供指导，因为有的价值链特征适合于低成本的竞争战略，有的价值链特征适合于差异化的竞争战略。

在过去的几十年里，众多学者和咨询公司致力于开发价值链的分析工具，其中以波特教授于 1985 年在其《竞争优势》一书中提出的价值链模型应用最为广泛。在该模型中，波特教授把企业增加价值的活动分为基本活动和支持性活动，基本活动涉及企业进料后勤、生产作业、发货后勤、市场营销、售后服务；支持性活动涉及企业基础设施（财务、计划）、人力资源管理、研究与开发、采购等。基本活动和支持性活动构成了企业的价值链（图 2-3）。

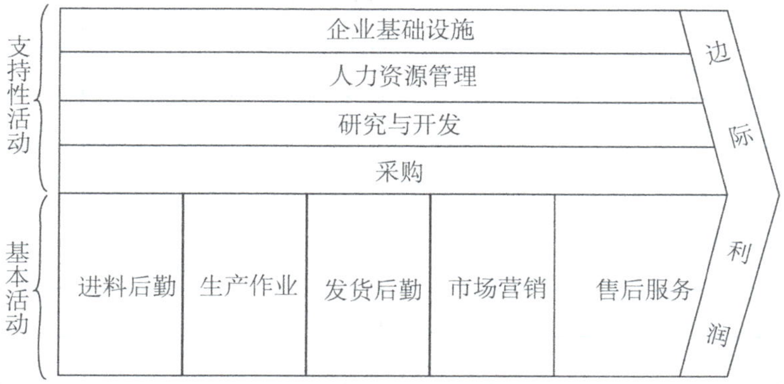

图 2-3　波特价值链模型

基本活动中的进料后勤包括原材料搬运、仓储、库存控制、车辆调度和向供应商退货等；生产作业包括加工、包装、组装、设备维护、检测等；发货后勤包括产成品库存管理、原材料搬运、送货车辆调度等；市场营销包括广告、促销、销售队伍管理、渠道建设等；售后服务包括安装、维修、培训、零部件供应等。

支持性活动中的采购包括企业生产原料的采购，支持性活动相关的购买行为和物料的管理；研究与开发包括新产品开发、工艺设计等；人力资源管理包括人员招聘、雇用、培训、开发和薪酬管理等；企业基础设施包括会计制度、计划和管理流程等。

企业参与的价值活动中，并不是每个环节都创造价值，实际上只有某些特定的价值活动才真正创造价值，这些活动就是价值链上的“战略环节”。企业要保持竞争优势，就是要在价值链的战略环节上具有优势。运用价值链分析方法来确定企业核心能力，就是要识别和评价价值链的各个关键环节上企业的能力水平，使其在价值链的关键环节逐渐形成重要的核心竞争力，巩固和保持企业在行业内的竞争优势。

在应用价值链分析来识别企业核心能力的过程中，要特别关注企业在以下四个方面的能力水平。

（1）创新能力：为实现企业战略目标在知识、技术、产品、管理等方面进行的创造性活动。

（2）应变能力：体现在对外部环境的适应能力和内部条件的调节能力。

（3）整合能力：对人员、资金、材料、设备、知识和信息等各种资源进行有效利用的能力。

(4)转化能力：将发明和技术创新成果转化为产品或现实生产力的能力。

三、IFE 矩阵

IFE 矩阵即内部因素评价矩阵，是一种对内部因素进行分析的工具(表 2-5)。其做法是从优势和劣势两个方面找出影响企业未来发展的关键因素，根据各个因素影响程度的大小确定权数，再按企业对各关键因素的有效反应程度对各关键因素进行评分，最后算出企业的总加权分数。通过 IFE 矩阵，企业就可以将自己所面临的优势与劣势汇总，以此来刻画出企业的全部能力。

表 2-5　IFE 矩阵

	关键内部因素	权重	评分	加权评分
优势				
1.				
2.				
⋮				
n.				
劣势				
1.				
2.				
⋮				
n.				
总计		1.0		

IFE 矩阵可以按如下五个步骤来建立。

(1)列出在内部分析过程中确定的关键因素。采用 10～20 个内部因素，包括优势和劣势两方面。先列出优势，然后列出劣势，要尽可能具体。

(2)给每个因素以权重，其数值范围由 0.0(不重要)到 1.0(非常重要)。权重标志着各因素对于企业在产业中成败的影响的相对大小。无论关键因素是内部优势还是劣势，对企业绩效有较大影响的因素就应当得到较高的权重。所有权重之和等于 1.0。

(3)为各因素进行评分。1 分代表重要劣势；2 分代表次要劣势；3 分代表次要优势；4 分代表重要优势。值得注意的是，优势的评分必须为 4 或 3，劣势的评分必须为 1 或 2。评分以公司为基准，而权重则以产业为基准。

(4)用每个因素的权重乘以它的评分，即得到每个因素的加权分数。

(5)将所有因素的加权分数相加，得到企业的总加权分数。

无论 IFE 矩阵包含多少因素，总加权分数的范围都是从最低的 1.0 到最高的 4.0，平均分为 2.5。总加权分数大大低于 2.5 的企业的内部状况处于弱势，而分数大大高于 2.5 的企业的内部状况则处于强势。IFE 矩阵应包含 10～20 个关键因素，因素数不影响总加权分数的范围，因为权重总和永远等于 1.0。

思考与练习

1. 具有什么特征的资源可能成为企业核心能力的基础？具有什么特征的资源很难成为企业核心能力的基础？

2. 在企业的价值链中，哪些基本活动中容易产生难以模仿的核心能力？哪些基本活动中不容易产生难以模仿的核心能力？

3. 一家产业内生产成本最低的企业，其产品的顾客价值是否会是最高的？为什么？

4. 选择你所熟悉的企业，对该企业的价值链进行分析，说明哪些基本活动中容易产生难以模仿的核心能力，哪些基本活动中不容易产生难以模仿的核心能力。

5. 找出一家保持竞争优势达 10 年以上的企业，分析其竞争优势的来源，解释它为什么能够保持这么久。

第三章

企业外部环境分析

学习目标

分析环境、利用机会、超越挑战。

分析环境、寻找机会、发现挑战。

思政目标

培养学生勇于挑战、奋起直追、永不言败的精神。

第一节　宏观环境分析

一、宏观环境的定义

“天时、地利、人和，三者不得，虽胜有殃。”(孙膑《孙膑兵法》)一个企业要想成功经营，需要对其外部环境进行深入、全面和准确的分析，才能发现并利用机会，回避风险，并制定出明智、有效和超越竞争对手的战略。

宏观环境的定义

宏观环境是指不直接影响企业经营的一般性环境因素，它通常给企业所处的行业整体带来机会、挑战和约束，而不会单独作用于某家企业。宏观环境主要包括政治法律环境、经济环境、社会文化环境和技术环境。此外，也有学者将宏观环境分为政治、经济、社会、技术、法律、自然和全球化环境等要素。由于企业很难影响或改变所处的宏观环境，因此必须学会适应和利用宏观环境中有利因素和机遇，应对和规避宏观环境中不利因素和挑战。

1. 政治法律环境分析

政治法律环境是指那些对企业运营起制约和影响作用的各种政治要素与法律因素构成的整个体系。政治环境包括国家的政治制度、权力机构、政治形势、方针与政策等，法律环境主要包括国家制定的法律法规。

政治环境的稳定性对企业影响巨大，只有稳定的政治环境才能给企业的经营提供良好的发展空间。国际政治环境对国内企业的影响复杂而深远，对国外市场依赖性强的企业的影响更为显著。此外，政府的政策还广泛地影响着企业的经营行为，诸如价格控制、差别税率、人口迁移管制等“传统”措施还继续存在。政府的政策也会对某些行业、某些企业提供某种支持，如政府补贴、科研基金、政府购买等。

商鞅指出：“法令者，民之命也，为治之本也。”法律、法规作为国家意志的强制表现，对于规范市场与企业行为有着直接作用。立法在经济上的作用主要表现为维护公平竞争、维护消费者利益和维护社会最大利益三个方面。企业在制定战略时，不但要了解现有法律的规定，而且要特别关注一些酝酿之中的法律。此外，如果企业准备进入海外市场，在法律方面一定要对东道国的法律体系和具体法律进行研究，如有必要还要对国际法进行研究。

2. 经济环境分析

经济环境是指影响企业生存和发展的社会经济状况与经济政策，一般包括经济体制、社会经济结构、经济发展状况及经济政策等方面。

经济体制是指在一定区域内(通常为一个国家)制定并执行经济决策的各种机制的总和。它是国家经济组织的最主要形式，规定了国家与企业、企业与企业、企业与内部各部门的关系。社会经济结构是指国民经济中不同的经济成分、产业部门及社会再生产各个方面在组成国民经济整体时的比例及排列关联的状况，主要包括产业结构、分配结构、消费结构等。经济发展状况主要包括国民经济增长、居民收入增长、资本市场及通货膨胀等情况，适度的通货膨胀可以刺激经济增长，但过高的通胀率对经济造成的损害往往难以预料。最后，经济政策包括财政政策、货币政策、价格政策等，价格是经济环境中的一个敏感因素。

中国加入世界贸易组织(WTO)后，国内外市场的界限趋于模糊，国际经济环境对国内企业的生产运营也产生了深刻的影响。因此，企业必须具有全球化的视野，了解国际经济形势，熟知国际贸易规则，从而更好地适应全球经济大环境。

3. 技术环境分析

“不搞科学技术，生产力无法提高”(毛泽东)。技术对于企业非常重要，由于企业并不是独立存在的，企业所处的技术环境对其发展也起着非常重要的作用。技术环境由企业所在国家或地区的技术水平、技术力量、技术体制及技术政策等因素所构成。技术水平主要是指国家技术进步的整体水平及变化趋势，技术力量主要是指一个国家或者地区科技研究及开发能力。技术体制涉及一个国家社会科技系统的结构、运行方式等。技术政策主要涉及国家凭借行政权力与立法权力对科技事业进行管理及指导等。

技术的突飞猛进大大缩短了产品的生命周期。最典型的一个例子就是个人电脑，著名的“摩尔定律”，即计算机价格不变时，它的处理器性能每 18～24 个月便会增加一倍，计算机的普及大大改变了人们的工作方式。此外，新技术的产生导致人们生活方式的重大改变。例如，在西方，新技术的产生使更多的妇女婚后就业，可自由支配收入增加，结果刺激了选择性消费、奢侈性消费的发展。许多新技术的产生都会产生长期的重大影响，而且经常超过人们原先的估计。

然而企业经营战略设计的一个重要问题是：一种新技术的发明或应用可能又同时意味着“破坏”。因为一种新技术的发明或应用会促进一些新行业兴起，同时导致另外一些行业的消亡。

4. 社会文化环境分析

“刚柔交错，天文也。文明以止，人文也。观乎天文，以察时变。观乎人文，以化成天下。”(《周易》)社会文化环境是指一个国家或地区的民族特征、文化传统、社会价值观、宗教信仰、教育水平、社会结构、风俗习惯等因素构成的完整体系。这些体系内因素源远流长又在不断演变，以潜移默化的方式对企业的经营战略产生影响。

“一定的文化是一定社会的政治和经济的反映，又给予伟大影响和作用于一定社会的政治和经济。”(毛泽东《新民主主义论》)社会文化随时间的推移而发生变化，这就给每个时代的流行事物创造了机会，如收入水平较高的人开始注重保持身体健康，喜欢滋补食品逐步成为一种流行；都市生活的节奏加快，使得人们越来越重视闲暇时间，快餐、微波炉等也越来越受欢迎。每种文化都由许多亚文化组成，它们由有着共同价值观念体系及相同的生活经验或生活环境的群体所构成。不同的群体有不同的社会态度、爱好和行为，从而表现出不同的市场需求和不同的消费行为，企业会根据这些消费行为的变化重新调整自己的经营战略，从而更好地迎接社会文化因素变化带来的机会或者挑战。

实际上，社会文化环境始终以不可抗拒的方式影响着企业的行为，因此，研究企业经营战略不能忽视社会文化的影响。

5. 自然环境分析

“知天知地，胜乃可全。”(孙武《孙子兵法》)一个国家或地区的自然环境也是影响企业经营和发展的重要环境因素。自然环境主要包括气候、季节、自然资源、地理位置等，从多方面对企业的经营活动产生影响。例如，一个国家和地区的海拔、温度、湿度等气候特征影响着产品的功能与效果；人们的服装、食品也受气候的明显影响。自然环境不但影响人们的消费模式，还会对经济和社会发展，以及民族性格产生复杂的影响。

在相同的政治、经济、技术、法律和社会环境下，优越的地理位置和自然环境不但可以为企业提供便捷的交通与通信条件，而且可以使企业更容易地获取资源与信息，更方便地接近市场。此外，在识别自然环境时，企业要关注一些国家推行的战略，如绿色可持续发展战略。企业要摒弃以牺牲自然环境为代价的发展模式，主张通过增强环境的可持续性来获取利益，并承担更多的社会责任。

6. 全球化环境分析

应对全球化的趋势。全球化不仅涉及经济层面，也涉及制度及文化层面的输入与输出，这给企业带来了机遇与挑战。对企业战略环境而言，如果企业已进军全球市场或者企业的竞争对手来自全球市场，此时，对全球化环境进行分析是十分必要的。

对于全球化环境分析，一般会考虑的因素有四个：一是全球化市场的一体化程度，考虑产品及营销活动是否适用于全球市场；二是全球竞争水平，这涉及全球竞争者的分布及竞争者的战略选择等；三是成本优势，涉及企业是否拥有规模性经济、本国在生产运营方面的成本优势等；四是政策制度的影响，相关国家的贸易政策、行业规范等会对企业进军该国市场产生重要的影响。

二、宏观环境与企业的关系

企业的外部环境分析是从宏观环境分析开始的。一般来说，宏观环境对企业的业务状况影响不大，但是它可以确定公司的方向和战略优势。

“善战者，求之于势。”(孙武《孙子兵法》)同样，企业要想成功，也要寻找有利的态势，也就是首先要对宏观环境进行分析。宏观环境具有先动性的特点，这要求企业需要充分了解和洞察所处的环境。另外，宏观环境还具有复杂性的特点，其内部各个因素之间差异很大，但又相互影响，因此要求企业着重分析主要的影响因素，从而提高环境分析的准确度和效率。

企业对宏观环境的分析一般分为四步。

(1)扫描：确认环境变化和趋势的早期信号；

(2)监测：持续观察环境变化和趋势，探索其中的含义；

(3)预测：根据所跟踪的变化和趋势，形成结果预期；

(4)评估：依据环境变化或趋势的单位时间点和重要程度，决定企业的战略和管理。

第二节 行业环境分析

一、行业生命周期分析

“势之所在，天地圣人不能违也。”(吕坤《呻吟语》)事物都具有客观存在的形势及发展规律，企业应该把握和利用好事物发展生命周期的客观规律。行业生命周期可以划分为四个阶段：导入期、成长期、成熟期和衰退期，如图 3-1 所示。

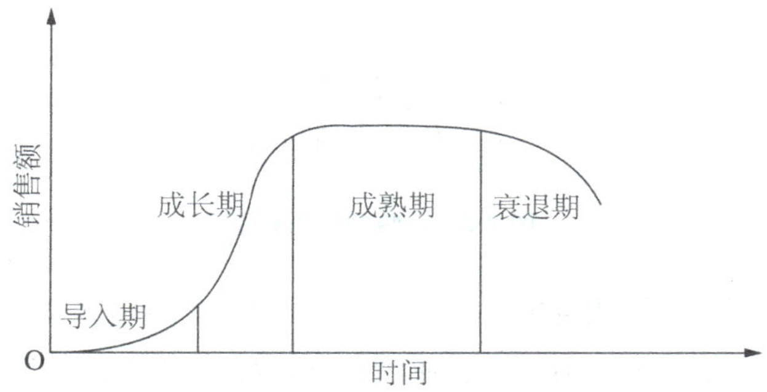

图 3-1 行业生命周期图

1. 导入期

导入期又称引入期，在这一时期，行业刚刚开始起步，行业产品或服务处于萌芽阶段，企业对行业特点、行业竞争状况、用户特点等方面的信息掌握不多，行业成长缓慢；企业进入壁垒较低，无法实现规模经济。在该阶段，成功的关键是产品或服务的相关技术研发和商业模式设计。

2. 成长期

这一时期的产品或者服务已得到市场的认可，市场增长率很高，技术渐趋定型，行业特点、行业竞争状况及用户特点已比较明朗，企业进入壁垒提高，产品品种及竞争者数量增多，行业进入快速发展阶段。在成长期，企业需要提高规模经济优势、树立产品品牌并培养忠诚客户。

3. 成熟期

市场和技术发展成熟，行业特点、行业竞争状况及用户特点非常清楚和稳定，买方市场形成，行业盈利能力下降，新产品和产品的新用途开发更为困难，行业进入壁垒很高；同时，行业的领导者已建立规模经济和品牌效应优势，这使得很多行业在该时期呈现出寡头竞争结构。

4. 衰退期

行业的需求下降，产品品种及竞争者数量减少，产能过剩。从衰退的原因来看，可以分为资源型衰退、效率型衰退、收入低弹型衰退和聚集过渡型衰退。

二、行业竞争结构分析

曾经产生过全球性深远影响的“五力模型”(Five Forces Model)是由迈克尔·波特教授于 20 世纪 70 年代末提出的，它为企业提供了一种有效识别竞争环境的途径。该模型给出了决定行业结构的五种竞争力量——供应商议价能力、买方议价能力、新进入者的威胁、替代产品的威胁，以及行业中现有竞争者(图 3-2)。

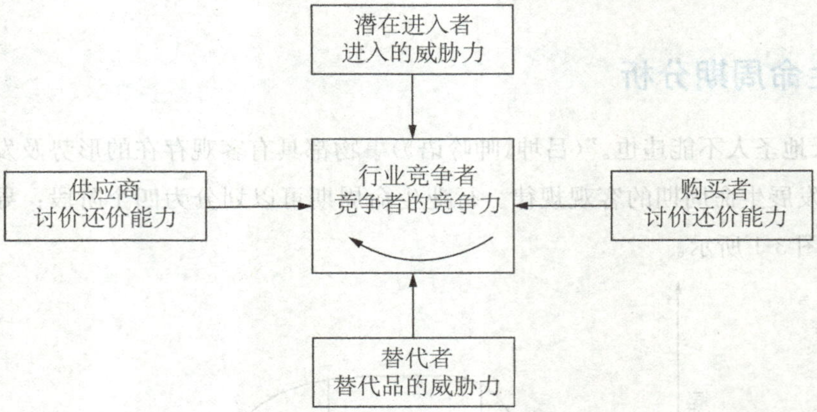

图 3-2　波特的五力模型

虽然这五种竞争力量共同决定行业竞争的激烈程度及获利水平，它们的重要性在不同的行业中却有所不同，其中总有一个或几个最强大的力量在企业的战略选择上起着至关重要的支配作用。在模型的使用过程中，我们要把这些决定行业竞争格局的力量与暂时影响竞争和获利水平的短期因素区别开来。只有将分析的重点聚焦在这些决定行业结构特点和竞争强度的要素上来，才能真正地识别企业所面临的机遇与挑战，为正确的战略选择奠定坚实的基础。此外，我们还必须注意五种竞争力之间的相互关联和影响。例如，由于技术的突破可能使得某个行业的进入壁垒降低，导致更多的企业参与竞争，这样就可能使得买家的议价能力由于选择范围的扩大而迅速增强。

(一)新进入者的威胁

行业的新进入者会带来新的生产能力，他们希望获得一定的市场份额，并拥有足够的资源。新进入者往往导致产品价格下跌，使现有企业成本上升并减少利润。实行多样化经营的公司往往利用其财力，通过兼并进入新的行业。虽然通过兼并进入某一行业并未在该行业形成新的经营实体，但这种旨在巩固市场地位的兼并行为也可看作一种侵入。

新进入者威胁的大小取决于行业进入壁垒和行业内现有企业的反应，当进入壁垒很高且新进入者遇到行业内现有企业的坚决反击时，进入的威胁就较小。

1. 进入壁垒

行业内原有企业为防止新进入者的威胁，会设置一些进入壁垒，这些壁垒主要来自以下七个方面。

(1)规模经济。规模经济是指产品的单位成本(或生产某产品的经营成本或职能成本)随生产批量的增加而下降。由于规模经济的存在，新进入者以大规模的方式进入时要面对现有企业强烈反击的风险。

(2)产品差别化。产品差别化一般包括两类：一是有形差异，主要是指产品规格及性能方面的差异；二是无形差异，如品牌差异。企业的产品差别化生产可以提高行业的进入壁垒。

(3)资本需求。企业为了竞争需要的大量投资，也会形成一种进入壁垒，特别是对具有风险性或不能补偿的广告或研究开发方面的投资，更容易形成进入壁垒。如果进入新行业所需投资过大，对小企业来说无疑是一种难以逾越的障碍。当然有时也可以从资本市场上获得资金，但由于资金用于进入新的行业有较大的风险，所以潜在的进入者要支付风险溢酬，这对现有企业而言是一种优势。

(4)转移成本。转移成本，即买方从购买一个供应商的产品转而购买另一个供应商的产品时所需支付的一次性费用，也会构成进入壁垒。转移成本包括雇员的再培训费用、新的辅助设备的费用、对新供应商的产品进行检验并使之适合自己所需的时间和费用等。

(5)分销渠道。为了销售产品，新进入者要确保其分销渠道，这也构成了一道进入壁垒。由于现有的有利的销售渠道已被行业内原有企业占用，所以新企业为了使这些销售渠道接受自己的产品，有可能需要付出较高的代价。如压低价格、共同分担广告费用等，这些无疑会降低利润。

(6)与规模无关的成本劣势。行业内现有企业所拥有的某些成本优势是潜在的进入者没有的。下列因素是现有企业最重要的成本优势所在，是新进入者的成本劣势，也构成了一道进入壁垒。

1)生产专利技术：通过专利法和保密法来确保企业拥有独占性的生产专利和独特性的设计。

2)有利的原料来源：行业内已有的企业可能在相应原材料需求较低，而材料价格也较低时就占据了最好的原材料资源。

3)有利的区位：已有企业常占据最有利的区位，而且在行业发展之初，这些区位的价格往往较低，还没有反映这些地点的全部价值。

4)政府补贴：政府的特惠补贴会使某些行业内的已有企业保持长久的优势。

5)学习或经验：在某些行业，随着企业生产经验累积，产品的单位成本下降。

(7)政府的政策。“治国无法则乱，守法而弗变则悖，悖乱不可以持国。”(吕不韦《吕氏春秋》)无论是个人还是企业都应该遵守政府的政策。因此，进入壁垒的最后一种主要阻碍可能来自政府的政策。通过许可证制度和原材料限制，政府能够限制甚至阻碍新企业进入某些行业。此外，政府对空气污染和水污染标准、产品安全和质量的控制等，形成了不易被人察觉的进入障碍。

2. 预期的报复

潜在的进入者对行业内现有企业的反应预期也会影响进入的威胁。如果他们预测现有企业会强烈反击其进入活动从而使他们在行业中处于不利位置，就可能撤销进入行为。下列情况预示着现有企业反击的可能性很大，由此可能阻碍进入者。

(1)过去曾强烈报复进入者。

(2)现有企业有足够用于反击的资源。

(3)现有企业承担了行业内的大部分合约并使用大量非流动性资产。

(4)行业发展缓慢。

3. 进入的阻碍价格

我们通常用“进入的阻碍价格”这个重要的假设概念来综合反映进入某一行业所面临的情况。进入的阻碍价格是用进入某行业的潜在收益与为克服结构性进入障碍和冒报复的风险所需的预期费用相权衡的一种流行的价格结构。如果行业内现在的产品价格水平比进入的阻碍价格高，进入者将获得高于平均利润的收益，那么进入行为就会发生。当然，进入的阻碍价格依赖于进入者对现在和未来经济环境的预测。

4. 进入壁垒的规模经济和经验

规模经济和经验作为行业壁垒常常同时起作用，但两者有不同的特性。

(1)规模经济作为行业壁垒。大企业通常拥有高效设备、分销系统、服务组织和其他职能活动等，使得单位成本下降，所以与小企业相比，大企业有相对的成本优势，这就是规模经济。新进入企业只有达到相应的规模或通过多样化经营分摊成本，才能与具有这种成本优势的行业内现有企业相抗衡。

根据行业内已有企业的战略观点，规模经济作为进入壁垒有下列局限性：大规模和由此而来的低成本可能会牺牲其他一些潜在的、有价值的进入壁垒，如产品差别化(追求经济规模会影响产品形象和相应的服务)，同时也会影响迅速发展专有技术的能力。如果大企业的设备是为获得规模的效益而设计的，这种设备往往会由于过于专业化而缺乏对新技术的适应性。在这种情况下，当技术发生变革时，大企业会受到极大的限制。用现有技术去获得规模效益可能会忽视那些对规模依赖较小的新技术和新的竞争方式。

(2)经验曲线作为行业壁垒。正所谓“看来百事只在熟。且如百工技艺，也只要熟，熟则精，精则巧”，企业可以凭借生产制造中的经验取得巨大的经济性，但由于经验曲线的存在并不能保证构成行业壁垒，所以经验是比规模更微妙的进入壁垒。通过经验曲线降低成本以构成行业壁垒还需要下列前提条件：经验是独特的，而且现有竞争者和潜在的进入者不能通过复制、雇用竞争对手的雇员、从设备供应商那里购买最新设备或从咨询公司及其他企业购买专利技术等方式获得这个独特的经验。

经验曲线作为行业壁垒也存在一些其他的局限性：当生产或工艺革新导致重大的新技术并创造了全新的经验曲线时，原有经验曲线形成的进入壁垒将会消失。通过经验追求低成本可能会牺牲其他一些有价值的壁垒，也可能会导致企业忽视其他领域的市场开发。

(二)买方议价能力

买方也在参与行业内的企业竞争，他们迫使企业降低价格、提供高质量的产品和更多更好的服务，并使行业内的企业相互对立，这些都会降低行业的获利能力。行业中每一个重要的买主集团的讨价还价能力取决于其市场状况的特征，以及相对于其全部业务活动，从本行业购买产品的业务的重要性。以下情况将增强/提高买方议价能力。

(1)买主较集中。

(2)买主从本企业购进的产品是标准化或无差异的产品。

(3)买方的转移成本很低。

(4)买方的利润很低。

(5)买方实行后向一体化的威胁。

(6)本行业的产品对于买方的产品或服务的质量无关紧要。

(7)买方有充分的信息。

企业对买主集团的选择是一个重要的战略决策，如果某企业面对的是一个对其影响能力很小的买主集团，那么该企业就可以改善其战略地位。当然，一个企业的所有买主集团不会拥有同样的权利，即使一个企业只向某一行业出售产品，该行业内也存在讨价还价能力小的细分市场。

(三)产业内现有企业的竞争

1. 竞争强度分析

现有竞争对手间竞争的激烈程度是一系列结构性因素相互作用的结果。

(1)众多的或势均力敌的竞争者。当行业内有很多企业时，各个企业都趋向于各行其是，而且有些企业习惯性地认为它们能隐蔽所采取的行动。当企业数量相对较少时，如果这些企业规模相当，拥有的资源也相近，那么由于这些企业容易相互较量并且有资源进行持续和激烈地反击，该行业会变得极不稳定。若该行业集中于少数企业，有一个或几个企业在行业中处于支配地位，则领导企业可通过价格领导制等方式在行业中起协调作用并建立行业秩序。

(2)行业的增长。在快速增长的行业，企业只要保持与行业同步发展就会不断进步，其金融和管理资源也会随行业扩展而得到充分应用。但在增长缓慢的行业，企业要快速发展，就要从其他企业手中抢夺市场份额，所以该行业中市场份额的竞争相当激烈。

(3)高固定成本或高库存成本。企业的固定成本较高时，面临能否充分利用其生产能力的压力，因为只有充分利用生产能力，才能增加边际利润。但是，若全行业的总生产能力过剩，那么企业都充分利用其生产能力就很容易导致降价大战。这里所指的固定成本是相对于附加价值的固定成本，而不是作为总成本的一定比例的固定成本。另一种与高固定成本有关的情况是：有些产品一旦生产出来就很难储存或储存费用很高，这时，企业为了保证产品及时销售，很容易采用降价手段。这种压力使该行业利润降低。

(4)缺乏产品差异或转移成本。例如，顾客在选择日用品或与日用品相关的产品时，常常根据产品价格和服务做出决定。这样，在这些行业内就产生了激烈的价格和服务竞争。

(5)生产能力大幅度增加。当规模经济要求生产能力大幅度增加时，增加的生产能力可能会长期破坏行业的供求平衡，特别是在集中追加的生产能力有风险的行业，这个行业将会面临生产过剩和价格下跌的风险。

(6)高的战略性赌注。如果行业内某些企业为了在该领域成功不惜下大赌注，行业内的竞争将会更加激烈和变化无常。例如，一个多样化经营的企业为了达到其整体战略目标，会不惜代价取得在某一特殊行业内的成功。在这种情况下，这些公司目标不仅多种多样，而且常常发生变化，因为它们是扩张性的目标，并且为此不惜牺牲获利能力。

(7)高退出障碍。退出障碍是指企业在微利甚至是亏损的情况下，仍不得不坚守在某一行业内竞争的经济、战略和感情因素。退出障碍的主要来源有以下五个方面。

1)专业化资产。一项专业化投资一旦做出以后，若再改作其他用途就可能丧失全部或部分原有价值，这部分价值的丧失是不可弥补的。

2)退出的固定成本。这包括劳工协议、重新安置费用、备品备件的维修能力等。

3)战略上的相互影响。营业单位和公司的其他部分在企业形象、营销能力、进入金融市场的途径、共同设施等方面是相互影响、相互联系的。

4)感情障碍。管理者由于特殊业务的标志、对雇员的忠诚、对自己个人前途的忧虑、自豪感及其他一些原因，不愿意做出经济合理的退出决策。

5)政府和社会的约束。这包括政府出于对失业和地区经济影响的关注而拒绝企业退出或劝阻企业退出。

当退出障碍很高时，行业内过剩生产能力无法释放，而竞争中处于劣势的企业无法放弃，结果可能导致全行业的获利能力长期较低。

2. 竞争对手分析

《孙子兵法》中“知己知彼，百战不殆”的思想不仅适用于战争，也为企业如何在竞争中获胜提供了有益的借鉴。企业在对宏观环境和行业环境进行分析的同时，也必须做到对竞争对手了如指掌。特别要分析竞争对手的未来目标、现行战略、未来假设、潜在能力以及竞争者反应。

(1)未来目标。对竞争对手未来目标的了解将有助于推断每个竞争对手是否对其目前的市场地位和收益水平感到满意，并由此推断竞争对手改变现行战略和采取竞争行动的可能性。为此需要通过以下几个方面来考察竞争对手的未来目标。

1)竞争对手未来将会把竞争的重点放在哪里？如何做出长期增长和短期利润之间的权衡？

2)对手对风险持什么态度？如何平衡获利能力、市场地位、增长率及风险？

3)竞争对手是否想成为市场领导者？

(2)现行战略。正所谓“用兵之要，必先察敌情。”(黄石公《三略·上略》)了解竞争对手现行战略包括观察它在市场上正在做什么，了解其网站上发布的信息和公司年报等，从所获得的资料中筛选有用的信息，从而了解竞争对手当前的竞争战略并做出以下三点评估。

1)哪些竞争对手有最好的战略？哪些竞争对手的战略看起来不适合？

2)哪些竞争对手将会赢得市场份额？哪些竞争对手看起来注定守不住原有份额？

3)哪些竞争对手在未来 5 年内有可能跻身行业领导者队伍？是否有足够的资源来取代现有行业领导者？

(3)未来假设。竞争对手对自己和行业的未来假设可通过对以下问题的分析与判断来识别。

1)该竞争对手对其地位是怎么认为的？它如何看待自己的优势和劣势？是否过高或过低地估计其他的竞争者？

2)竞争对手在文化上、地区上或民族上有什么差别？企业文化是鼓励创新还是趋于保守？是否相信行业方面的“传统信条”或历史经验？是否还有公司创始人当初强烈信奉的政策至今仍在起作用？

3)竞争对手对产品的未来需求及对行业趋势是怎么认为的？是否易于导致对特定趋势重要性的错误估计？

(4)潜在能力。竞争对手的潜在能力将会决定其发起战略行动或对战略行动做出反应的可能性、时间选择、性质和强度。在对竞争对手潜在能力分析时要重点考察它的核心能力、增长能力、迅速反应能力、适应变化的能力和维持长期较量的持久耐力。

(5)竞争者反应。在竞争对手分析中最困难但又是最有用的环节就是预测竞争对手下一步的战略行动。因此，必须密切关注哪些竞争对手最迫切需要扩大市场份额，哪些竞争对手拥有很强的动机和资源能力在战略上做出重大改变，哪些竞争对手具有理想的收购目标和足够财力，哪些竞争对手有能力扩大产品线和进入新的产品领域，哪些竞争对手可能采取进攻性竞争行动来改变市场竞争格局，哪些竞争对手可能采取防御性的竞争行动来保住市场地位。

(四)供应商议价能力

供应商可以通过提高产品价格以及降低产品或服务的质量等威胁手段向某行业内的企业讨价还价。强有力的供应商能压缩行业的获利能力。因为强有力的供应商的存在往往会提高企业购入产品的成本，而企业又不能通过自己的产品价格上调来弥补成本的增加。使供应商具有强有力的议价能力的因素与使买方具有强有力的议价能力的因素是相对应的。当存在下列情况时，供应商集团就具有强有力的议价能力。

(1)供应商由少数几家企业支配，而且集中度比其销售产品的行业高。

(2)供应商不必同其他销往该行业的替代产品竞争。再强大的供应商，如果与替代产品竞争，其讨价还价能力也会受到约束。

(3)该行业不是供应商集团的重要买主。

(4)供应商的产品是买主业务中的一项重要投入。

(5)供应商集团的产品是有差异的或者已经形成转移成本。产品差别化或买方的转移成本使买主选择供应商的能力大大削弱。如果供应商面临转移成本，情况就恰恰相反。

(6)供应商集团形成一种前向一体化的现实威胁。这使买方改善其购货条件的能力大减。

决定供应商力量的条件不仅是不断变化的，而且常常是企业所无法控制的。但是和买方力量一样，企业有时可以通过恰当的战略改善其处境，它能够加强后向一体化的威胁，努力消除转移成本等。

(五)替代产品的威胁

从广义上讲，某行业内所有的企业都在参与生产替代产品的行业竞争，行业内的企业在制定可以获利的产品价格时，替代产品的存在使这个价格有一定的限度，从而限制了该行业的潜在收益。替代产品的价格越吸引人，对该行业利润的限制就越严重。

替代产品不仅在正常情况下限制行业利润，而且能减少行业在其繁荣时期可以获得的财富。一旦现有企业为满足需求而扩大生产能力，这些替代产品对行业获利能力的限制会更加严重。在特定情况下，替代产品可能“反客为主”，使原有产品彻底退出市场。

下面两种替代产品应予以特别的重视：一是那些容易改善价格指标并容易和该行业产品相替换的产品；二是能获得高额利润的产业生产的产品。在后一种情况，如果这些替代产品行业的一些发展加剧了行业内竞争并导致降价或产品性能改进，则替代产品就会很快进入该行业并发挥作用。企业在决定采用阻碍替代产品进入该行业的战略或把替代品作为一种不可避免的关键力量并以此制定战略时，都必须分析替代产品行业的趋势。

拓展阅读

华为的竞争结构分析

新进入者的威胁。在通信行业，华为市场份额和顾客忠诚度高，外加政府政策对行业的支持，使得华为在一定程度上避免了新进入者的威胁。另外，由于通信设备制造还需要大量资金来进行产品建设、吸纳人才、购买专利等，这对于新进入企业是一个巨大的门槛。

替代产品的威胁。目前华为手机面临的主要替代产品威胁为具有通信功能的平板电脑，但现实情况是，手机的大屏幕、低耗电的发展趋势正在取代平板电脑。此外，华为的研发力度在不断加强，产品的技术含量增加削弱了替代产品的威胁。

买方议价能力。华为智能手机的直接购买者可以分为两大类：电信运营商和个体消费者。电信运营商市场是典型的寡头垄断，其订单量大，又是行业技术标准的主要制定者之一，对技术以及制造成本也很了解，他们的议价能力很强。

供应商议价能力。通信设备行业的供应商主要包括核心通信芯片和元器件的供应，华为自主研发的芯片还处于自用状态。但是，为公司提供核心产品的供应商对华为来说具有很强的价格谈判能力。

现有竞争者。市场上存在众多势均力敌的竞争者，国产知名品牌有华为、小米、OPPO、vivo等，国外品牌有苹果、三星、索尼等。在手机市场最辉煌的时期，有着大大小小众多手机品牌，如今金立退场、锤子求生，头部品牌只剩下华为、荣耀、vivo、OPPO、小米、苹果。整个2018年，各大智能手机厂商也感受到了市场的“寒冬”。

资料来源：作者根据有关资料整理

三、行业吸引力分析

1. 行业吸引力的含义

行业环境分析的最后一个环节是依据前面的分析结果来识别行业是否具有足够吸引力。如果行业的总体利润水平比较高，那么该行业就有吸引力；如果行业利润水平处于平均水平以下，那么该行业则不具有吸引力。事实上，我们不能认为某个行业对所有的现有竞争者和潜在进入者来说，都具有同等的吸引力，有无吸引力只是相对概念。同一行业，对较弱竞争者来说可能没有吸引力，对于较强竞争者可能非常具有吸引力。市场地位相对牢固的竞争者可能从行业环境分析中看到机会，而较弱的竞争者则不能从行业环境分析中识别等同的机会。

2. 具有吸引力的行业特点

(1)高的进入障碍。

(2)买方卖方讨价还价能力不强。

(3)替代产品的威胁小。

(4)企业间竞争不激烈。

(5)行业增长快。

3. 影响行业吸引力的关键因素

为了更好地从特定企业的角度来判断行业的吸引力，需要深入了解下述各项影响行业吸引力的关键因素。

(1)行业的增长潜力。

(2)行业利润是否因竞争被挤压到低于平均利润的程度。

(3)行业未来的风险程度及不确定性。

(4)行业是否面临严峻问题(环境问题、需求停滞、产能过剩等)。

(5)企业是否具有足够的竞争优势抵御促使行业恶化的因素。

(6)企业(与竞争对手相比)所处的竞争地位。

第三节　战略群体分析

1. 战略群体的含义

战略群体分析

战略群体是行业内执行同样或类似战略，并具有类似战略特性的一组企业。由于目标市场、商业模式及市场定位等差异，同一行业的内部企业实际上被划分为若干战略群体，一个战略群体由行业内目标市场和市场定位相似的竞争者所组成，同一战略群体内的企业在某些方面相同或相似。例如，相似的目标消费群体及分销渠道等。

2. 战略群体的理论来源

1972 年，迈克尔・亨特从产业组织理论的角度出发，提出“战略集团”的概念，但并未受到重视。直到 1980 年迈克尔・波特从战略管理理论角度将这一概念引入分析产业结构的特征中，并对战略群体进行了有效的划分，他认为可以通过考虑一定的特征组合来划分战略群体，并根据战略群体的不同而确定环境的机会和威胁。

3. 多角度选取变量分析方法

在进行战略群体分析时，变量的选取应遵循以下的方法。

(1)选取的两个变量，不能具有强相关性。

(2)变量应当能够体现各企业之间所定位的竞争目标之间有较大差异。

(3)可以采用选取多个变量的方式，从多个角度绘制战略群体分析图，从不同角度反映行业中竞争者地位的相互关系。

4. 选取特征变量进行群体划分

波特对于战略群体进行了细致而有效地划分，他认为可以通过以下组合进行战略群体的划分：产品(或服务)的差异化程度；各地区交叉的程度；细分市场的数目；所使用的分销渠道；品牌的数量；营销的力度(如广告覆盖面、销售人员数目等)；纵向一体化的程度；产品的服务质量；技术领先程度(是技术领先者而不是技术跟随者)；研究开发能力(生产过程或产品的革新程度)；成本定位(为降低成本所做的投资大小等)；能力的利用率；价格水平；装备水平；所有者结构；与政府、金融界等外部利益相关者的关系；组织的规模。

5. 绘制战略群体分析图

为清楚地识别不同的战略群体，通常在上述特征中选择两项有代表性的特征，绘制二维的坐标图，按选定的两个特征把行业内的企业列在这个坐标图内。把大致相同战略空间的企业归为同一个战略群体。最后给每个战略群体画一个圆，使其半径与各个战略群体占整个行业销售收入的份额成正比，这样就得到了一张战略群体分析图。例如，选取“专业化”与“纵向一体化”两项特征，得到图 3-3 所示的战略群体分析图。

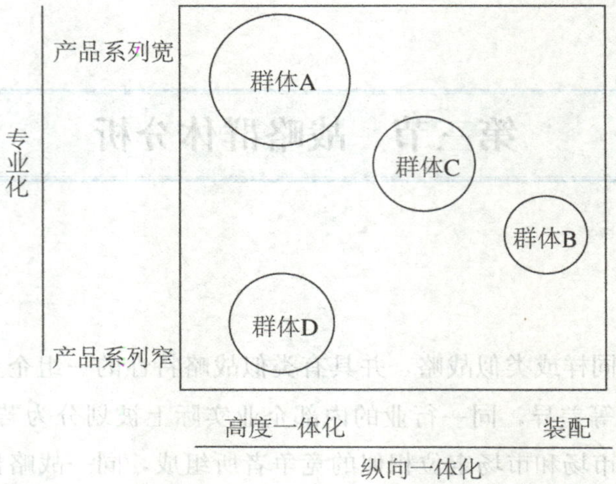

图 3-3　战略群体分析图

6. 行业内战略群体分析

(1)战略群体特征。

1)纵向一体化程度不同：有的群体自己生产材料和零部件，有的群体则完全从外部采购；有的群体拥有自己的销售渠道和网络，有的群体全部依赖批发商和零售商。

2)专业化程度不同：有的群体只经营某一种产品和服务项目；有的群体则经营多品种、多规格的产品，从事多项服务；还有的进行跨行业经营。

3)研究开发重点不同：有的群体为了争取开发新产品的领先地位，不断投放新产品；有的群体则把研究开发的重点放在生产技术上，力争在产品质量和成本上取得优势。

4)推销的重点不同：有的群体重视维持高价产品，有的群体则采取低价竞争手段；有的群体重视对最终用户的经销活动，有的群体则主要通过为供应者服务来巩固和扩大流通渠道。

(2)战略群体内的竞争。

在战略群体内部，由于各个企业的优势不同会形成彼此间的竞争。例如，当各个企业的经济效益主要取决于生产规模时，规模大的企业就处于优势地位，规模小的企业就处于劣势地位。此外，同一战略群体内的企业虽然采用相同的战略，但各个企业在实施战略的能力上会有差别，即在管理能力、生产技术、研究开发能力与销售能力等方面存在差别。能力强的企业就会占优势，处于有利地位。

(3)战略群体间的竞争。

在行业中，如果存在两个以上的战略群体，群体间就有可能相互为对方设置进入障碍，导致战略群体间的竞争。各群体经济效益的差别，实际上就是各战略群体竞争的结果。战略群体间抗衡的程度，是由许多因素决定的。一般来说，各战略群体的市场占有率相同，而经营战略很不相同时，群体间的抗衡就会激烈；各个战略群体目标是同一类顾客，其战略差异越大，抗衡也就越激烈；一个行业内战略群体越多，相互之间的对抗也就越激烈。在一个行业中，虽然可能有不少的战略群体，但如果其中只有少数战略群体处于领导地位，而且市场占有率很高，那么，这个行业群体间的对抗就不会激烈。

7. 战略群体分析的用途

“用兵之道，敌强则用智，敌弱则用势。”(司马光《资治通鉴·晋纪》)战略群体分析多用于对行业进行分析，可以帮助企业确定环境的机会和威胁。一般而言，在同一个战略群体中的企业是最直接的竞争对手，相距最近的两个群体的企业竞争激烈，而在图 3-4 中相距很远的两个企业几乎没有多少竞争。

对于每一种竞争力量而言，不同战略群体处境不同，即各个战略群体之间往往存在利润上的差异。因为各个战略群体内部的竞争程度不同，所服务的主要客户群的增长率不同，驱动因素和竞争力量对各个群体也不相同。

如果企业发现另一个战略群体的竞争形势更有利，就存在由一个群体向另一个群体转移的可能和机会，但这种机会都存在较大的机会成本，主要原因是在群体之间的转移存在转移壁垒。转移壁垒是限制企业在一个行业内的不同群体之间转移的因素，这些因素包括进入障碍和退出障碍。专业壁垒的高低可以用于评估一个特定群体的企业受到其他群体企业进入威胁的大小。如果转移壁垒较低，其他群体企业的进入威胁就较大，这在很大程度上限制了企业的价格和利润；如果转移壁垒高，进入威胁就小，在这个受保护的群体中的企业就有机会提高价格，获得更多利润。

第四节 顾客分析

1. 顾客的含义

顾客是指用金钱或某种有价值的物品来换取接受财产、服务、产品或某种创意的自然人或组织。他们是商业服务或产品的采购者，他们可能是最终的消费者、代理人或供应链内的中间人。客户是针对某一特定细分市场而言的，他们的需求较集中；而消费者是针对个体而言的，他们的需求较分散。

2. 顾客的分类

(1)消费客户。购买最终产品或服务的零散客户，通常是个人或家庭。

(2)B2B 客户。企业购买产品(或服务)，并在企业内部将产品附加到自己的产品上，再销售给其他客户或企业以赢取利润或获得服务的客户。

(3)渠道、分销商、代销商。不直接为企业工作的个人或机构，通常无须支付工资。此类客户购买企业的产品用于销售，或作为该产品在该地区的代表、代理处。

(4)内部客户。企业(或相关企业)内部的个人或机构，需要利用企业的产品或服务来达到其商业目的。这类客户往往最容易被忽略，而随着时间的流逝，他们也是最能盈利(潜在)的客户。

3. 顾客维护

(1)目的要明确。

1)是要提高满意度还是提高知名度?

2)是企业级别的任务还是部门级别的任务?是否需要全员参与?

(2)方法要得当。

1)除了需要公司的产品以外还需要什么服务?

2)客户得到这些服务能够有什么好处?能够解决企业的什么问题?

3)提供的服务在效果、时间、价值、效率等是否能够“恰到好处”?

(3)成本要计算。

1)提供的服务是否能够计算成本?

2)企业是否有足够的能力提供相关的服务?

3)提供的服务是否能够承诺?万一没有做到怎么办?

4)提供的服务是否有足够的竞争力?

(4)人员要稳定。

1)公司战略是否允许组织相关的人员提供这样的服务?

2)员工的能力是否能支撑提供相关的服务?

3)是否建立了相关的流程、程序?

(5)资源要到位。

1)是否有客户接受服务的记录管理?

2)提供服务是否能够得到记录或跟踪?

3)是否准备好根据客户反馈的结果进行“过程的改进”?

拓展阅读

小米手机的顾客分析

小米公司正式成立于2010年4月，是一家专注于智能手机自主研发的移动互联网公司。

小米在细分手机市场定位非常精准，首先是客户年龄，在25～35岁。这个年龄段人群经济独立，正处于事业发展期，也易于接受新事物，消费具有时尚性和超前性，而且这个人群数量庞大，消费欲望强。然后再对客户细分，找到关注手机实用工具的群体，那就是手机的发烧友。之所以选择这个群体作为目标客户，是因为他们代表消费前沿，对消费具有示范作用，进而会引起群体的跟风。目标客户的精准定位为小米找到了市场的空白点。因为目前许多国外品牌虽然硬件配置高，设计新颖，质量好，但是价位也高。小米则满足了国内该目标群体中追求物美价廉的消费心理。小米手机本身定位发烧友也是个可进可退的讨巧做法。如今，手机大卖，自然是以一种最直接有效的方式获取大规模用户，并能提前明晰小米手机操作系统 MIUI 和小米手机的盈利模式；若退，则可以不失颜面地认为发烧友是小众，进而转向以 MIUI 为核心，去提升用户规模，探索盈利方向。

资料来源：探讨小米公司的运作战略．https：//m. sohu. com/n/466438636/? wscrid＝95360 6（有改动）

第五节　竞争者分析

1. 竞争者分析的含义

竞争者分析

“水因地而制流，兵因敌而制胜”（孙武《孙子兵法》），作战要根据敌情的变化来制定取胜的战略。在战略群体分析的基础上，企业应该对本战略群体内的竞争者进行比较分析，这些竞争者一般是指那些与本企业提供的产品或服务相似，并且所服务的目标顾客也相似的其他企业。重点是围绕企业未来的意图、宗旨、目标、战略等与竞争者进行比较分析，从而了解这些竞争者将来可能采取的战略，以应对竞争与挑战。

2. 竞争者分析的目的

正所谓“反以知彼，复以知己。”（王诩《鬼谷子》）先了解竞争者的情况，然后就可以知道自己该如何行动了。因此，竞争者分析是为了准确判断竞争对手的战略定位和发展方向，并在此基础上预测竞争对手未来的战略，准确评价竞争者对本组织的战略行为的反应，估计竞争者在实现可持续竞争优势方面的能力，从而有效地确定企业战略方向及战略措施。对竞争者进行分析是确定组织在行业中战略地位的重要方法。

3. 竞争者分类

（1）按行业的角度划分。按行业的角度，企业的竞争者可分为现有厂商、潜在参与者、替代品厂商。

（2）按市场方面划分。按市场方面，企业的竞争者可分为品牌竞争者、行业竞争者、需要竞争者、消费竞争者。

（3）按企业所处的竞争地位划分。按企业所处的竞争地位，竞争者可分为市场领导者、市场挑战者、市场追随者、市场补缺者。

（4）按消费需求的角度划分。

1）愿望竞争者：是指提供不同产品以满足不同需求的竞争者。

2）普通竞争者：是指以不同的方法满足消费者同一需要的竞争者。

3)产品形式竞争者：也称行业竞争者，是指生产同种产品，但提供不同规格、型号、款式的竞争者。

4)品牌竞争者：是指满足相同需求的、规格和型号等相同的同类产品的不同品牌之间在质量、特色、服务、外观等方面所展开的竞争。

4. 来自竞争者的战略利益

(1)增加竞争优势。竞争者的存在能使一个企业增强其竞争优势，这种作用主要通过吸收需求波动，提高差异化能力，服务于不具有吸引力的细分市场，提供成本保护伞，改善与工人或管理者的议价地位，降低反垄断风险，增加动力等方面来实现。

(2)改善现有行业结构。竞争者的存在还能以多种方式使整个行业结构受益：增加产业需求，提供第二或第三货源，(好的竞争者可以)增加行业结构中的理想成分、改善行业中的竞争态势。

(3)帮助开发市场。竞争对手可以在新兴行业或产品加工技术正在演变的行业中协助开发市场：分担市场开发成本，降低买方风险，帮助技术标准化或合法化，改善行业形象。

(4)阻止进入。在阻止其他进入者或增加企业竞争优势的持久性方面，竞争者起着关键作用。合适的竞争对手可以以多种方式对防御战略做出贡献：增加报复的可能性和强度，显示成功进入的困难，封锁合理的进入途径，挤占销售渠道。

5. 好的竞争者的评价标准

一个好的竞争者应具有以下特点：具有信用和活力；了解并遵守行业竞争规则；有改善行业结构的战略；对行业的增长潜力所提出的设想符合实际；了解自己的成本结构且定价行为合理；有适度的退出障碍；有可协调的目标；能推动其他企业降低成本、提高差异化；在行业中能获得适度的战略利益；认可自己目前的获利能力并接受为其市场份额和利润规定的大致界限。

6. 选择竞争者时常犯的错误

比较常见的错误有以下五类：错误地区分好的和坏的竞争者；将竞争者置于绝路；自身所占市场份额过大，过度挤压竞争者的生存空间；进攻好的领先者；进入坏的竞争者充斥的行业。

7. 建立竞争者信息系统

建立竞争者信息系统一般分为以下六步：

(1)收集现场资料。

(2)收集已公开发表的资料。

(3)汇编资料。

(4)资料编目分类。

(5)整理分析。

(6)传递给战略制定者。

8. 竞争者情报来源

“不知敌情，不可以言战。”(陈光宪《历代名将事略》)对竞争者的信息进行例行的、细致的、公开的收集是非常重要的基础工作。

竞争信息的主要来源包括以下几部分：企业的年度报告、竞争产品的文献资料、内部报纸和杂志、广告、行业出版物等，以及销售人员、顾客、供应商、证券分析师、雇用的高级顾问、管理咨询专家等提供的有价值的信息资料。

9. 竞争者分析数据库

“用兵之要，必先察敌情。”(黄石公《三略》)要想制定出合理的对策，有针对性地开展防守和还击，首先要考察竞争者的情况，包括竞争者的兵力、装备、部署、动向等。企业可以利用前面提到的竞争者情报来源渠道收集竞争者的资料，并建立完善的竞争者分析数据库，以便充分、及时地使用。收集的数据可能涉及以下内容：竞争者或潜在竞争者的名字和竞争者作业场所的数量和位置，在竞争者组织内部关键人员的详情；每个单位的人员数量和特征、职员数量、生产力、工资水平、奖惩政策；产品和服务范围情况，包括相对质量和价格；按顾客和地区细分的市场详情；沟通策略、开支水平、时间安排、媒体选择、促销活动和广告支持等详情；销售和服务组织的详情，包括数量、组织、责任、重要客户需求的特殊程序、小组销售能力和销售人员划分方法；市场的详情，顾客忠诚度评估和市场形象；有关研发费用、设备、开发主题、特殊技能和特征的详情，以及地理覆盖区域；有关作业和系统设备的详情，包括能力、规模、范围、新旧程度、利用情况、产出效率评价、资本密集度和重置政策；重要顾客和供应商的详情；控制、信息和计划系统的详情；等等。

利用这个数据库，可以分析和评价竞争者未来的战略行动，并提出指导客户获得和保持竞争优势的建议。

10. 竞争者战略分析

“兵无常势，水无常形，能因敌变化而取胜者，谓之神。”(孙武《孙子兵法》)竞争者的战略不会是一成不变的，好的企业能根据竞争对手战略的变化采取相应的对策，从而取得竞争优势。因此，企业需要对主要竞争对手的战略进行分析和评价。大多数大客户都是多元化经营的，因此需要在多个层次上对竞争对手的战略进行评价。

(1)职能战略分析。竞争者的每一个业务的主要职能战略都必须确认和评价，主要包括营销职能、生产职能和研发职能。

(2)业务单位战略分析。对每个竞争者，都需要在业务单位的水平上对其进行分析和评价，以便看清在竞争对手的整体战略中每个业务适合哪一个部分。要做到这一点，就必须分析业务单位的作用、目标、组织结构、控制和激励系统、战略地位、环境限制和机遇、领导的地位，以及业务单位的业绩表现等。每个业务在竞争者整体投资组合中的地位也需要分析。

拓展阅读

奥克斯 PK 格力

奥克斯集团成立于1986年，旗下产业涉及电力、家电、地产以及通信等领域。随着互联网快速发展，各企业进入电商发展时代。奥克斯通过正在高速发展的电商平台，顺利地在2013年打响了线上销售的第一枪，其销售额突破了奥克斯有史以来数据的新高。在2016年至2017年期间，奥克斯利用电商平台，提高了自家的市场份额和品牌影响力，成功跻身空调行业巨头行列中。

虽然，格力基本上已经夺下了国内市场，但是忽略了三、四线城市。奥克斯就选择针对三、四线城市制定低价经营策略。因为奥克斯主要集中在线上销售而没有实体店面，极大程度上省去劳动力成本。所以，奥克斯打低价战略是有一定胜算的。

但是格力仍然比奥克斯具有一定的优势。因为格力每年在研发技术的投资不下 40 亿元，而奥克斯的科研投入资金只有 10 亿元左右。可见，在产品技术以及技术专利上，奥克斯还是略输一筹。

资料来源：奥克斯凭什么可以与格力、美的“一战到底”. https://baijiahao.baidu.com/s?id=1629875254430364503&wfr=spider&for=pc

第六节　外部环境分析方法

一、PEST 分析法

“用兵任势也。”(曹操《孙子注》)不仅仅是用兵作战，企业经营也需要根据客观形势行事，因此，有必要对外部环境进行全面分析。PEST 分析是被企业广泛采用的一种宏观环境诊断的有效方法(图 3-4)，由英国学者约翰逊与斯科尔斯提出，P、E、S、T 四个字母分别代表政治(politics)、经济(economy)、社会(society)、技术(technology)。这四个因素均来自企业的外部环境，一般不为企业自身所能够掌握的，常常会对企业的运营造成不可知的威胁，因而这些因素有时候也被戏称为“pest(有害物)”。不可知的因素还可能是机会，因此 PEST 分析同时也要求企业的高级管理层必须具备相应的能力及素养，这样当机会来临的时候能够把握住。

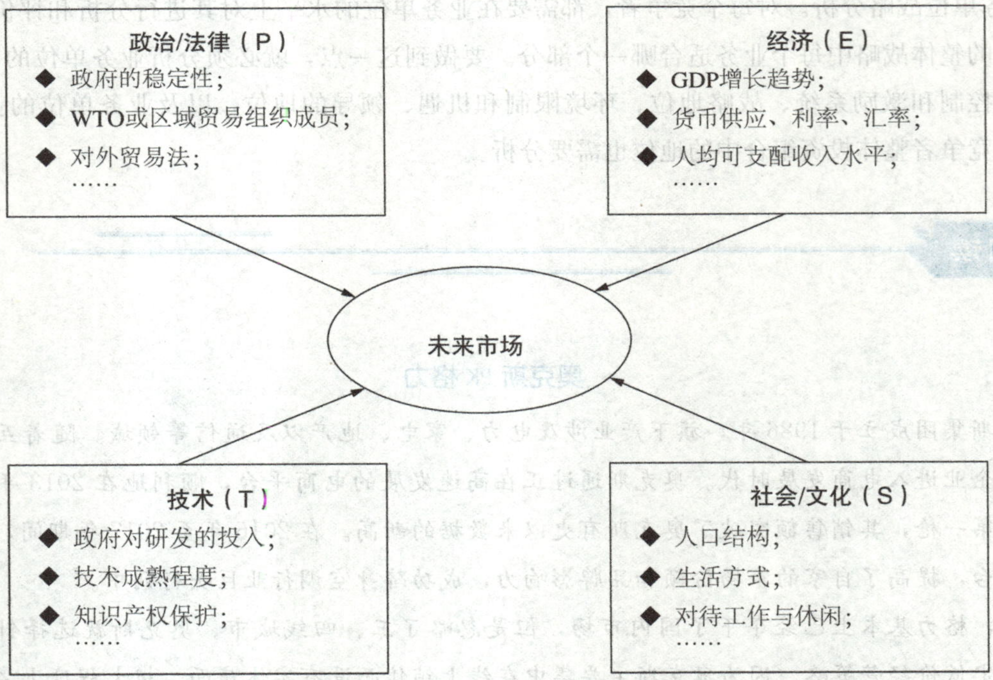
政治/法律（P）
◆ 政府的稳定性；
◆ WTO或区域贸易组织成员；
◆ 对外贸易法；
……
经济（E）
◆ GDP增长趋势；
◆ 货币供应、利率、汇率；
◆ 人均可支配收入水平；
……
未来市场
技术（T）
◆ 政府对研发的投入；
◆ 技术成熟程度；
◆ 知识产权保护；
……
社会/文化（S）
◆ 人口结构；
◆ 生活方式；
◆ 对待工作与休闲；
……

图 3-4　PEST 分析框架

这种简单实用的分析方法为企业提供了了解宏观环境的逻辑框架，可以帮助企业判断市场潜力与态势，为企业判断市场趋势（增长/下降）、市场的吸引力以及是否进入和何时进入市场提供可靠的依据。PEST 分析不仅对跨国经营的大企业显得越来越有用，而且对于在当地经营的中小企业来讲，通过 PEST 分析也同样可以发现重要的市场机遇与挑战。需要指出的是：PEST 分析框架中所给出的四种环境因素的重要性在很大程度上取决于行业的类型。

PEST 分析激励主动的思考，而不是依赖于本能的或习惯性的反应。但是，这种方法克服不了分析过程中存在的主观性问题。无论 PEST 分析是由个人还是由团队来完成，分析者在知识、经验、洞察力等方面存在的差异，都可能导致对宏观环境认知的不一致。企业外部环境分析不是一门精确的科学，而是一门要从实用、有效、灵活、易用和节约等方面综合考虑来取舍所使用的分析工具。

二、EFE 分析法

1. EFE（External Factor Evaluation）分析的含义

外部因素评价矩阵（external factor evaluation matrix，EFE 矩阵），是一种对外部环境进行分析的工具。EFE 分析的做法是从机会和威胁两个方面找出影响企业未来发展的关键因素，根据各个因素影响程度的大小确定权数，再按企业对各关键因素的有效反应程度对各关键因素进行评分，最后算出企业的总加权分数。通过 EFE 分析，企业就可以把自己所面临的机会与威胁汇总，来刻画企业的全部吸引力。

2. EFE 矩阵的建立步骤

（1）列出在外部分析过程中确认的关键因素。因素总数在 10～20 个；因素包括影响企业和所在产业的各种机会与威胁，首先列举机会，然后列举威胁；尽量具体，可能时采用百分比、比率和对比数据。

（2）赋予每个因素以权重。数值由 0（不重要）到 1（非常重要）；权重反映该因素对于企业在产业中取得成功的影响的相对大小；机会往往比威胁得到更高的权重，但当威胁因素特别严重时也可得到高权重；确定权重的方法：对成功的和不成功竞争者进行比较，以及通过集体讨论而达成共识；所有因素的权重总和必须等于 1。

（3）按照企业现行战略对关键因素的有效反应程度为各关键因素评分。分值范围 1～4：4 代表反应很好，3 代表反应超过平均水平，2 代表反应为平均水平，1 代表反应很差。评分反映了企业现行战略的有效性，因此它是以公司为基准的；步骤（2）的权重是以产业为基准的。

（4）用每个因素的权重乘以它的评分，即得到每个因素的加权分数。

（5）将所有因素的加权分数相加，以得到企业的总加权分数。

无论 EFE 矩阵包含多少因素，总加权分数的范围都是从最低的 1 到最高的 4，平均分为 2.5。高于 2.5 则说明企业对外部影响因素能作出反应。EFE 三矩阵应包含 10～20 个关键因素，因素数不影响总加权分数的范围，因为权重总和永远等于 1。

三、SWOT[①] 分析法

1. SWOT 分析的含义

SWOT 分析是基于内外部竞争环境和竞争条件下的态势分析。它将外部环境给企业带来的机会与威胁和内部条件所具有的优势与劣势共同放在一个简单明了的分析框架中，在实践中被广泛用于企业的竞争优势分析。该模型是美国斯坦福大学的艾伯特·汉弗莱教授在 20 世纪 60 年代初，在研究《财富》500 强公司计划失败的原因过程中首先提出来的。

正所谓“知彼知己，胜乃不殆；知天知地，胜乃不穷。”(孙武《孙子兵法》)企业在制定战略规划之前必须对外部环境和内部条件进行综合分析，而 SWOT 分析模型提供了一种简单直观、综合性强的分析工具。

2. SWOT 分析需要遵循的规则

(1)必须由合适的人员来完成此项工作，参加者的经验、知识、对外部环境的熟悉程度以及对企业内部条件的了解程度都直接影响着分析工作的质量。

(2)必须理性、客观和全面，既不能掩饰劣势，也不能仅仅列举缺点与错误。

(3)保持分析的简单明了，避免将分析过程复杂化和过度分析。

(4)不能将 SWOT 分析演变成指责和抱怨的过程。

(5)要有选择地列举对四个因素的分析结果，不能列举所有的结论，模糊了分析的焦点。

3. SWOT 分析的步骤

(1)列出公司的关键外部机会。正如宋代汪藻在《论淮南屯昌》中所言：“两军相恃所贵者机会，此胜负存亡之分也。”因此，识别机会这一步对企业尤为重要。

(2)列出公司的关键外部威胁。

(3)列出公司的关键内部优势。

(4)列出公司的关键内部劣势。

(5)将内部优势与外部机会相匹配，作为 SO 战略。

(6)将内部劣势与外部机会相匹配，作为 WO 战略。

(7)将内部优势与外部威胁相匹配，作为 ST 战略。

(8)将内部劣势与外部威胁相匹配，作为 WT 战略。

表 3-1 SWOT 分析法

SWOT 分析		外部环境	
		机会 O	威胁 T
内部环境	优势 S	增长型战略 SO	多种经营战略 ST
	劣势 W	扭转型战略 WO	防御性战略 WT

4. SWOT 分析的不足

(1)主观性与静态性。分析结果会因人而异，并且只能在一定的时间内有效。

① SWOT 是 strengths(优势)、weaknesses(劣势)、opportunities(机会)、threats(威胁)的首字母。

(2)很难产生明晰的建议，甚至使企业处于进退维谷的两难境地。

(3)只是简单地列举分析结果，不能提供分析结果的优先级，以及机会与优势、威胁与劣势之间的对应关系。

拓展阅读

中国人工智能产业发展的 SWOT 分析

优势：基础数据资源丰富。人工智能的发展离不开海量的数据以及计算资源的支持，只有通过大量的数据模拟训练才能得到更智能的产品。从市场数据研究来看，截至 2018 年 6 月，中国拥有 8.02 亿网民，网民的行为数据是支持中国人工智能产业发展的重要优势之一。另外，目前来看，中国和美国处于人工智能技术水平的第一梯队。

劣势：基础部件需要大量进口。虽然中国人工智能产品大多均是自主研发，但是人工智能的基础原料还需要大量进口，产品特色不突出，专业人才缺口大，企业品牌影响力缺乏。

机会：国家政策支持。国务院颁布的《中国制造 2025》，让社会的目光集中到人工智能产业，它提出了制造升级的宏伟目标，鼓励生产智能装备和智能产品，推动生产过程智能化。人工智能还被纳入“十三五”国家科技创新规划。此外，随着互联网的发展以及新一代人群成为社会的主力，消费者对于高科技产品的接受程度越来越高。

威胁：国内外企业竞争激烈。人工智能作为全球快速发展的新兴领域，受到全世界互联网企业的关注。另外，各国、各地区的市场贸易保护主义的存在，导致国际市场中贸易壁垒无法打破。

资料来源：2019 年中国人工智能产业发展 SWOT 分析 . http：//free. chinabaogao. com/it/201901/01313a3142019. html(有改动)

四、SCP 分析法

1. SCP 分析模型的含义

SCP 分析模型是指结构—行为—绩效分析模型。由贝恩、谢勒等人于 20 世纪 30 年代建立。该模型提供了一个既能深入具体环节，又有系统逻辑体系的行业结构、企业行为、经营绩效的产业分析框架。SCP 框架的基本含义是市场结构决定企业在市场中的行为，而企业行为又决定市场运行在各个方面的经济绩效，具体如图 3-5 所示。

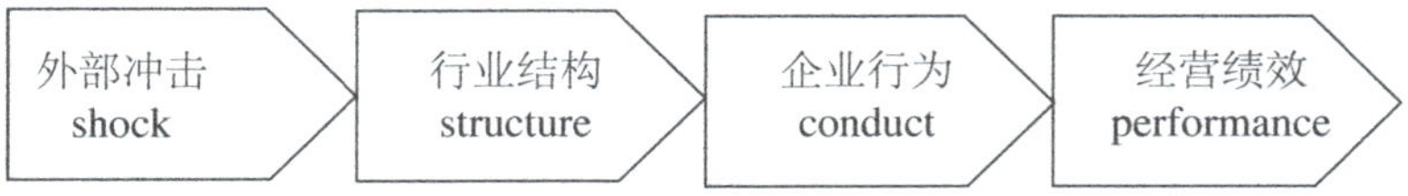

图 3-5　SCP 分析模型

2. SCP 分析的步骤

(1)分析外部环境等因素变化给企业带来的冲击。

(2)分析外部冲击对企业所在行业可能的影响。

(3)分析企业针对外部冲击与行业结构的变化，有可能采取的应对措施。

(4)分析企业行为给企业所带来的经营绩效。

思考与练习

1. 决定 PEST 分析是由企业独立完成还是聘请专业咨询公司来完成的考虑因素有哪些？两者各自的优势有哪些？

2. 企业决定由 3 名成员应用“五力模型”对行业环境进行分析，是三人分别独立完成好？还是一起共同完成好？

3. 找出一个成长产业、一个成熟产业和一个衰退产业的例子。对于每一个产业，分析以下方面：①产业内的企业数目和规模的分布；②产业进入壁垒的性质；③产业进入壁垒的高度；④产品差异化程度。由此可以得到关于每一个产业内竞争性质的哪些结论？企业所面临的机会和威胁分别是什么？

4. 常见的顾客分析误区有哪些？

5. 根据你对中国新能源汽车行业的了解，讨论波特的五种竞争力模型，根据这一模型，分析新能源汽车行业的竞争程度。

第四章

战略选择

学习目标

- 了解总体战略的基本类型。
- 掌握发展型战略的主要类型。
- 掌握发展型战略实施的主要途径。
- 了解战略联盟的主要形式。
- 掌握成本领先战略的基本内涵。
- 掌握产品差异化战略的内涵。
- 了解市场营销战略的基本内容。
- 掌握国际化战略的内涵及基本类型。

思政目标

培养学生的团结奋进、吃苦耐劳、顽强拼搏的精神。

外部环境中的机会和威胁，以及内部环境中资源、能力和核心竞争力的本质和质量，都会影响企业的战略选择。本项目内容即是在企业战略分析的基础上，阐述战略管理者如何有效地统筹、整合、分配企业的资源、能力和竞争力，制定出适合企业长远发展的战略。

一个多元化经营的企业，其战略是分层次的，包括公司层次、业务层次与职能层次的战略，即总体战略(公司战略)、业务单位战略(竞争战略)与职能战略。公司层次的战略即总体战略关注的是：如何通过配置、构造和协调企业在多个市场上的活动来创造价值。业务层次的战略即竞争战略所要解决的是：如何在一个具体的、可以识别的市场上取得竞争优势。职能层次战略所要落实的是：如何在各自的职能领域采取有效的行动以实现总体战略与竞争战略的战略部署。因此，公司层次与业务层次的战略是真正意义上的战略层面，而职能层次的战略属于战术层面，或者可以说，公司层、业务层是战略目的，而职能层是战略手段。

第一节　总体战略

企业总体战略是指为实现企业总体目标，对企业未来发展方向所做出的长期性、总体性的谋划。总体战略决定企业各战略业务单位在战略规划期限内的资源分配、业务拓展方向，是指导企业在今后若干年总体发展、统率全局的战略，是制定企业各业务单位战略(竞争战略)和各职能战略的依据。企业总体战略主要包括发展型战略、稳定型战略、紧缩型战略三种类型。

一、发展型战略

发展型战略又称成长型战略或扩张型战略，是以发展壮大企业为基本导向，致力于使企业在产销规模、资产、利润或新产品开发等某一方面或某几方面获得增长的战略。发展型战略是最为普遍采用的企业战略。

(一)发展型战略的主要类型

发展型战略主要包括三种基本类型：密集型战略、一体化战略和多元化战略。

1. 密集型战略

密集型成长战略，也称为加强型成长战略，是指企业充分利用现有产品或服务的潜力，强化其竞争地位的战略，有时又称为“产品—市场”战略。研究企业产品、市场扩张方向的经典模型是战略管理研究的先驱者安索夫(H. I. Ansoff)提出的产品—市场战略组合矩阵。安索夫认为企业经营战略的四项要素(现有产品、新产品、现有市场、新市场)主要有四种组合，形成四种类型的企业战略，如表 4-1 所示。

表 4-1　安索夫矩阵

	现有产品	新产品
现有市场	市场渗透战略	产品开发战略
新市场	市场开发战略	多角化经营战略

(1)市场渗透。市场渗透是指以现有产品在现有市场范围内通过更大力度的营销，努力提高现有产品或服务的市场份额的战略。

一般地，进行市场渗透主要有以下三种可选方式。

1)吸引现有产品的潜在顾客，以增加产品使用人的数量。措施包括努力发掘潜在顾客，或者在地域上进行扩展，把产品介绍、推销给从未使用过企业产品的用户。比如本来为妇女生产的洗发剂，现在也能推销给男士及儿童使用。

2)刺激现有顾客的潜在需求，以增加产品使用人的平均使用量。

3)按照顾客的需求改进产品特性，不但可刺激现有顾客增加产品使用量，而且有助于吸引潜在顾客。措施包括：提高产品质量，如增强产品的功能特性；在尺寸、重量、材料、添加物、附件等方面增强产品特点；提高其使用的安全性、便利性。

(2)市场开发。市场开发是指将现有产品或服务打入新市场的战略。如果市场上企业现有的产品已经没有进一步渗透的余地时，就必须设法开辟新的市场，比如将产品由城市推向农村，由本地区推向外地区等。市场开发的途径一般有以下几种。

1)在当地发掘潜在顾客，进入新的细分市场。

2)在当地开辟新的营销渠道，包括雇用新类型的中间商和增加传统类型中间商的数目。

3)开拓区域外部或国外市场。

(3)产品开发。产品开发是指企业在现有市场上通过改造现有产品或服务，或开发新产品或服务而增加销售量的战略。拥有特定细分市场、综合性不强的产品或服务范围较小的企业可能会采用这一战略。实施产品开发的一般途径如下。

1)产品革新。在现有市场上通过对新技术的应用，推出新的产品。

2)产品发明。指在现有市场上开发新的产品。

(4)多角化经营战略。这是新产品与新市场结合的结果。又可分为相关多角化和不相关多角化两种。这种发展类型其实就是多元化发展类型，我们将在多元化发展战略类型中详细讲解。

2. 一体化战略

一体化战略是指企业对具有优势和增长潜力的产品或业务，沿其经营链条的纵向或横向扩大业务的深度和广度，扩大经营规模，实现企业成长。也可以说是企业基于产业链，将原来可独立进行的、相互连续或相似的经济活动组合起来。相互连续的活动组合，称为纵向一体化；相似的活动组合，称为横向一体化。由此，一体化战略按照业务拓展的方向可以分为纵向一体化和横向一体化。

(1)纵向一体化。也称垂直一体化，是指生产或经营过程相互衔接、紧密联系的企业实现一体化，是一种在产、供销的两种不同方向上扩大企业生产经营规模的增长方式，可分为前向一体化和后向一体化。

1)前向一体化。前向一体化是指企业自行对本公司产品做进一步深加工，或者资源进行综合利用，或者公司建立自己的销售组织来销售本公司的产品或服务。如钢铁企业自己轧制各种型材，并将型材制成各种不同的最终产品即属于前向一体化。前向一体化使企业能够控制销售过程和销售渠道，有助于企业更好地掌握市场信息和发展趋势，更迅速地了解顾客的意见和要求，从而增加产品的市场适应性。

2)后向一体化。后向一体化是指企业自己供应生产现有产品或服务所需要的全部或部分原材料或半成品，如钢铁公司自己拥有矿山和炼焦设施。后向一体化能够使企业对其所需原材料的成本、质量及其供应情况进行有效的控制，以便降低成本，减少风险，使生产稳定地进行。

虽然有很多因素促使企业采取纵向一体化战略，但企业在采取这一战略时，一定要非常谨慎。因为纵向一体化容易出现大而全的情况，这在我国经济发展过程中有过深刻的教训，其弊端众所周知。首先，实行纵向一体化时，需要进入新的业务领域，由于业务生疏，可能导致生产效率低下，而这种低效率又会影响企业原有业务的效率；其次，纵向一体化的投资额一般比较大，企业一旦实行了一体化，往往很难摆脱这一产业，当产业处于衰退期时，企业会面临较大危机；最后，纵向一体化可能导致企业缺乏活力。因为这时的企业领导者往往过多地注意自成一体的业务领域，而忽视外界环境中随时可能出现的机会。

(2)横向一体化。也叫水平一体化战略，是指为了扩大生产规模、降低成本、巩固企业的市场地位、提高企业竞争优势、增强企业实力而与同行业企业进行联合的一种战略。这种战略的实现途径一般是企业通过购买与自己有竞争关系的企业或与之联合及兼并等方式。横向一体化的优点首先表现为能够吞并和减少竞争对手；其次是能够形成更大的竞争力量去与其他竞争对手抗衡；最后能够取得规模经济效益，获取被吞并企业在技术及管理等方面的经验。

但横向一体化的缺陷在于企业要承担在更大规模上从事某种经营业务的风险，以及由于企业过于庞大而出现的机构臃肿、效率低下的情况。

3. 多元化战略

多元化战略是指企业通过开发新产品，占领新市场，进行多领域、多行业经营的战略。有的也称为多角化战略。多元化战略是相对企业专业化经营而言的，其内容包括产品的多元化、市场的多元化、投资区域的多元化和资本的多元化。一般意义上的多元化经营，多是指产品生产的多元化。

(1)多元化战略种类。多元化战略又可以分为两种：

1)相关多元化。相关多元化是指企业在主业相关行业范围内开展多元化生产和经营。例如：光明乳业从鲜奶、奶粉，到酸奶、果汁、经营奶牛场、开展送奶业务等；上药集团经营范围涉及医药研发、医药生产、医药流通等多领域。

2)非相关多元化。非相关多元化是指企业进入与当前行业和市场均不相关的领域的战略。例如：当年的巨人集团在保健品业务之外涉足房地产业务；光明食品集团不仅有光明乳业，还有出租车业务；海尔集团除了白色家电还有房地产、金融服务业务；中粮集团既有粮食、食品业务，也有酒店、房地产业务；等等。

(2)多元化战略动因。企业选择多元化经营的动因有以下几点：

1)规避经营风险，增强举债能力。一方面，根据证券投资组合理论，多元化经营使得企业将资源分布于多个方面，从而有效避免了企业对单一产品或市场的依赖性，使得企业可以用其他产品或市场的成功来弥补亏损；另一方面，正因为实施多元化的企业相对风险较低，其偿债能力相对于多元化之前会有所提高。

2)把握机会，优化资源配置。对于企业来说，市场机会有时就是至关重要的战略机会。实施多元化可以实现企业的关键性转变，同时企业的原材料、设备、技术、管理、市场、信息、人才等资源在多元化过程中会得到充分利用，产生协同效应从而提高资源利用效率，提高资源的效用价值。

3)降低交易成本。多元化经营扩大了企业的原来边界，可以使企业的外部非确定性交易契约变为内部合约，如纵向一体化可以带来原料或营销成本的节约，横向一体化可以减少不必要的同业竞争。

4)建立企业内部资本市场，缓解资金不足。在当前宏观经济环境下，资金严重制约着企业的发展，融资成为企业生存的关键因素，多元化经营可以为企业营造一个很大的内部资本市场，企业可以通过内部不同方面资金的调度在一定程度上缓解资金不足的困境。

(3)多元化战略风险。多元化经营不可避免地会给企业带来一定的风险，表现在如下方面：

1)可能的系统风险。多元化经营使得企业涉足多个相关甚至是全新的产品或市场，这些产品在生产工艺、技术开发、营销手段上可能不尽相同，这些市场在开发、开拓、渗透、进入等方面也都可能有明显的区别，企业可能会因为业务的不熟悉或能力的不足导致失败。同时，企业将精力同时分散于各个经营方向，原有的分工、协作、职责利益平衡机制可能会打破，管理协调需要的精力和成本大大增加，在资源重新配置和维持企业竞争力方面可能面临较大的挑战。

2)资产分散化可能失去主导产品优势的风险。多元化经营使得企业资产分散化，多元化经营初期企业可能将主要精力放在新方向上，注重培育新产品和新市场，从而在一定程度上减弱原有的专业化程度，甚至威胁到企业原来的核心竞争优势。

3)机会成本及相关财务风险。企业面临着各种各样的发展机会，若不结合自身资源优势、战略布局就盲目涉足多元化经营，很可能造成多元化经营失败，而且多元化经营有一定的资金回收期，所以多元化经营有巨大的机会成本。同时盲目涉足多元化经营会带来巨大的财务风险，在自身财力不雄厚的情况下大张旗鼓搞多元化经营只会扩大风险，加重企业负担。

(4)多元化战略的前提。一般来说，企业进行多元经营须基于以下前提：

1)从拓展市场的角度看，可以为增长提供新的载体。当企业原有的经营领域没有更大的盈利机会时，开辟新领域等于开辟了新的天地。

2)从把握机会的角度看，可以保证经营有足够的灵活性，也就是“东方不亮西方亮”。

3)从规避风险的角度看，可以保证企业总体盈利的稳定，也就是“把鸡蛋装在不同的篮子里”。

4)从资源利用的角度看，可以使企业的优势资源得到共享，在资源利用上起到放大作用。

(二)发展型战略实施的主要途径

发展型战略的实施一般可以采用三种途径，即内部发展(新建)、外部发展(并购)与战略联盟。

1. 内部发展(新建)

内部发展也称内生增长，是指企业在不收购其他企业的情况下利用自身的规模、利润、活动等内部资源来实现扩张，也即企业利用自身内部资源谋取发展的战略。内部发展的狭义内涵是新建，指建立一个新的企业。

对企业来说，采用内部发展战略进入一个新的业务领域要面临许多进入障碍和由此产生的进入成本。因此，采用新建的方式进入一个新业务领域需要研究其应用条件。一般来说，拟进入领域需具备以下条件。

(1)产业处于不均衡状况，结构性障碍还没有完全建立起来。通常新兴产业更具有这样的特点。在快速成长的新兴产业中，竞争结构不够完善，尚没有企业封锁原材料渠道或建立有效的品牌识别，此时进入成本可能较低。

(2)产业内现有企业的行为性障碍容易被制约。行业内现有企业对新进入者通常会实施诸如垄断限价、进入对方领域等报复手段，这种行为性障碍在一些产业中，可能由于现有企业采取报复性措施的成本太高而受到限制和制约。比如，如果现有企业用进入对方领域的手段报复企业新进入者，在它自身实力不足时，反而会削弱它在本行业的竞争优势。

(3)企业有能力克服结构性壁垒与行为性障碍，或者企业克服障碍的代价小于企业进入后的收益。首先，如果某个企业能够比大多数其他潜在进入者以更小的代价克服结构性障碍，或者只是遇到很少的报复，它便会从进入中获取高于平均水平的利润。比如企业现有业务的资产、技能、分销渠道同新的经营领域有较强的相关性。IBM公司在1981年进入个人计算机市场就是采用内部发展的方式，两年后即获得63%的市场份额，原因是个人计算机与IBM当时所拥有的计算机系列制造技术具有高度相关性。我国海尔公司以电冰箱起家，又进入空调、洗衣机、彩电等领域，也是源于这些产品的技术与市场具有高度相关性。其次，企业进入新领域后，有独特的能力影响其行业结构，使之为自己服务。最后，企业进入新领域后，有利于发展企业现有的经营内容。如美国施乐复印机公司进入数字数据传输网络就是基于这种考虑。施乐公司在数据网络业务中有一定的优势，计算机之间的数据传输、电子邮件及公司地点的紧密联网，以及该公司原有的业务——传统的复印，都可能成为“未来办公室”业务设计中重要和广泛的基础。

(4)内部发展的缺陷。采用内部发展的方式实现扩张，不可避免地会出现如下缺陷：

1)与购买市场中现有的企业相比，它可能会激化某一市场内的竞争。

2)企业并不能接触到另一知名企业的知识及系统，可能会更具风险。

3)从一开始就缺乏规模经济或经验曲线效应。

4)当市场发展得非常快时，内部发展会显得过于缓慢。

5)进入新市场可能要面对非常高的障碍。

2. 外部发展(并购)

企业并购(mergers and acquisitions，M&A)包括兼并和收购两层含义、两种方式。国际上习惯将兼并和收购合在一起使用，统称为M&A，在我国称为并购，即企业之间的兼并与收购行为，是企业法人在平等自愿、等价有偿基础上，以一定的经济方式取得其他法人产权的行为，是企业进行资本运作和经营的一种主要形式。企业并购主要包括公司合并、资产收购、股权收购三种形式。

(1)企业并购的原因。企业实施发展型战略的途径有多种选择，选择并购而不是内部新建的原因在于以下两方面。

1)避开进入壁垒，迅速进入，争取市场机会，规避各种风险。并购方式是指将目标领域中的一个企业合并过来，重新进入和进入障碍的风险和挑战比较小，并且能直接取得正在经营的部门，可获得时间优势，避免建设工厂延误时间；同时可以降低新产品开发成本和风险。在公司内部开发新产品并成功推向市场，需要耗费大量公司资源，包括时间成本，这使得公司很难迅速获得可观的回报，因此管理者一般将内部产品开发视为一项高风险活动，相比之下收购所得的回报更具有可预见性，并且可以使公司快速进入市场。然后是市场力的运用，两个企业采用统一价格政策，可以使他们得到的收益高于竞争时的收益。因此，大多数并购都是通过购买竞争者、供应商、分销商或高度相关行业的业务，来获取更强的市场影响力，从而使公司进一步巩固核心竞争力，并获得被收购公司在主要市场上的竞争优势。

2)获得协同效应。协同效应主要来自以下几个领域：在生产领域，可产生规模经济性，可接受新技术，可减少供给短缺的可能性，可充分利用未使用生产能力；在市场及分配领域，同样可产生规模经济性，是进入新市场的途径，扩展现存分布网，增加产品市场控制力；在财务领域，充分利用未使用的税收利益，开发未使用的债务能力；在人事领域，吸收关键的管理技能，使多种研究与开发部门融合。

(2)企业并购失败的主要原因。研究表明，在所有的兼并和收购中，大约20%是成功的，60%的结果不尽如人意，剩余20%则是完全失败的。分析其主要原因在于以下几点。

1)高溢价收购。最典型的例子便是2000年1月美国在线以1 600多亿美元并购时代华纳这一全球金额最大的并购案，时至今日，一直被人们认为是一次非常失败的并购。其中的教训就是收购方以非常高的溢价进行收购，但合并后的新公司并没有获得效率的提升，反而出现了经营业绩下滑的现象。因此，在并购交易的定价上，应该进行审慎性调查，使信息客观、准确而充分，最好咨询专业评估机构进行定价。

2)盲目扩张收购。有的企业在缺乏强有力的核心业务的情况下，大量收购其他企业，扩大生产，最后得不到市场认可，导致企业衰败。如原来的三株药业，其规模从1个亿扩张到几十个亿，并购了很多企业，最终却以失败告终。

3)并购后整合不力。并购整合是指当一方获得另一方的资产所有权、股权或经营控制权之后进行的资产、人员等企业要素的整体系统性安排，从而使并购后的企业按照一定的并购目标、方针和战略组织运营。并购后的整合是一项艰巨的任务。融合两个企业的文化，连接不同的财务和控制系统，建立有效的工作关系（尤其是两个企业的管理风格相左的时候），以及解决被收购企业原有管理人员的地位问题等，都是企业在整合过程中会遇到的挑战。

当企业的收购行动具有如表 4-2 所示的相应特征时，收购获得成功的可能性才会更大。

表 4-2　成功收购的特性

特性	效果
被收购公司的资产或资源与收购公司的核心业务具有互补性	通过保持优势来提高获得协同效应和竞争优势的可能性
收购是善意的	更迅速、更有效的整合，较低的费用
收购公司通过有效的尽职调查选择和评价目标公司（财务、文化、人力资源）	收购最具互补性的公司并且避免超额支付
收购公司具有宽松的财务状况（现金或有利的债务状况）	更容易以较低的成本获得融资（债务或股票）
被收购公司保持中低程度的负债水平	低融资成本、低风险（如破产）、避免高债务带来的负面效应
收购公司一贯强调研发和创新	在市场上保持长期竞争优势
收购公司很好的管理文化并具有灵活性和适应性	快速有效地整合来达到协同效应

3. 战略联盟

战略联盟是通过公司间资源和能力的组合来创造竞争优势的合作战略。战略联盟需要公司间的资源和能力进行一定程度的交换和共享，从而共同进行产品或服务的开发。另外，企业可以利用战略联盟来平衡现有资源和能力，并与合作伙伴一起开发额外的资源和能力，以此作为获得新竞争优势的基础。事实上，战略联盟是 20 世纪 80 年代以来，西方企业尤其是跨国公司迫于强大的竞争压力而对企业间竞争关系进行战略性调整的组织创新，即将企业间对立的竞争转化为合作竞争，其中最主要的形式即是“战略联盟”，被誉为“20 世纪 20 年代以来最重要的组织创新”。

(1)战略联盟的特征。

1)边界模糊。战略联盟并不像传统的企业具有明确的层级和边界，企业之间以一定契约或资产联结起来对资源进行优化配置。战略联盟一般是具有共同利益关系的单位之间组成的战略共同体，可能是供应商、生产商、分销商之间形成的联盟，甚至可能是竞争者之间形成的联盟，从而产生一种“你中有我，我中有你”的局面。

2)关系松散。战略联盟主要是契约式联结起来的，因此合作各方之间的关系十分松散，兼具了市场机制与行政管理的特点，合作各方主要通过协商的方式解决各种问题。

3)机动灵活。战略联盟组建过程十分简单，无须大量附加投资，并且合作者之间关系十分松散，战略联盟存在时间不长，解散方便；所以战略联盟不能适应变化的环境时，可迅速将其解散。

4)动作高效。合作各方将核心资源加入到联盟中来，联盟的各方面都是一流的；在这种条件下，联盟可以高效运作，完成一些单个企业很难完成的任务。

(2)战略联盟的主要形式。

1)合资。由两家或两家以上的企业共同出资、共担风险、共享收益而形成企业，是当前普遍采用的形式。合作各方将各自的优势资源投入合资企业中，从而使其发挥单独一家企业所不能发挥的效益。

2)研发协议。为了取得某种新产品或新技术，合作各方可以签订一个联合开发协议，各方分别以资金、设备、技术、人才投入来联合开发，开发成果按协议各方共享。这样汇集各方的优势，大大提高了成功的可能性，加快了开发速度，各方共担开发费用，降低了各方开发费用与风险。

3)定牌生产。如果一方有知名品牌且生产力不足，另一方有剩余生产能力，则有生产能力一方可以为对方定牌生产。这样，一方可充分利用闲置生产能力，谋取一定利益；对于拥有品牌的一方，还可以降低投资或购并所产生的风险。

4)特许经营。合作各方可以通过特许的方式组成战略联盟，其中一方具有重要无形资产，可以与其他各方签署特许协议，允许其使用自身品牌、专利或专用技术，从而形成一种战略联盟。这样，拥有特许权一方不仅可获取收益，并可利用规模优势加强无形资产的维护，而受许可方可以利用该无形资产扩大销售、提高收益。

5)相互持股。合作各方为加强相互联系而持有对方一定数量的股份。这种战略联盟中各方的关系相对更加紧密，各方可以进行更为长久、密切的合作。与合资不同的是双方的人员、资产不必进行合并。

二、稳定型战略

稳定型战略，又称为防御型战略、维持型战略。即企业在战略方向上没有重大改变，在业务领域、市场地位和产销规模等方面基本保持现有状况，以安全经营为宗旨的战略。

稳定型战略有利于降低企业实施新战略的经营风险，减少资源重新配置的成本，为企业创造一个加强内部管理和调整生产经营秩序的休整期，并有助于防止企业过快发展。

稳定型战略较适宜在短期内运用，长期实施则存在较大风险。这些风险主要包括：稳定型战略的成功实施要求战略期内外部环境不发生重大变化，竞争格局和市场需求都基本保持稳定；稳定型战略的长期实施容易导致企业缺乏应对挑战和风险的能力。因此，由于目前企业面临的内外部环境变化很快，完全采用稳定战略的企业也在调整战略。

三、紧缩型战略

紧缩型战略，也称为撤退型战略，是指企业因经营状况恶化而采取的缩小生产规模或取消某些业务的战略。采取紧缩型战略一般是因为企业的部分产品或所有产品处于竞争劣势，以至于出现销售额下降、亏损等情况时，采取收缩或撤退措施，用以抵御外部环境压力，保存企业实力，等待有利时机。收缩型战略的目标侧重于改善企业的现金流量，因此，一般都采用严格控制各项费用等方式度过危机。收缩型战略本质上是一种带有过渡性质的临时战略。按照实现收缩目标的途径，可将收缩型战略划分为三种类型：扭转战略、剥离战略和清算战略。

1. 扭转战略

扭转战略是指企业采取缩小产销规模、削减成本费用、重组等方式来扭转销售和盈利下降趋势的战略。实施扭转战略，对企业进行“瘦身”，有利于企业整合资源，改进内部工作效率，加强独特竞争能力，是一种“以退为进”的战略。

2. 剥离战略

剥离战略是指企业出售或停止经营下属经营单位(如部分企业或子企业)的战略。实施剥离战略的目的是使企业摆脱那些缺乏竞争优势、失去吸引力、不盈利、占用过多资金或与企业其他活动不相适应的业务，以此来优化资源配置，使企业将精力集中于优势领域。

3. 清算战略

清算战略是指将企业的全部资产出售，从而停止经营的战略。清算战略是承认经营失败的战略，通常是在实行其他战略全部不成功时的被迫选择。尽管所有管理者都不希望进行清算，但及时清算可能比继续经营导致巨额亏损更有利。清算能够有序地将企业资产最大限度地变现，并且股东能够主动参与决策，因而较破产更为有利。

第二节　业务单位战略

业务单位战略属于企业战略的第二个层次，它上承公司层战略，作为总体战略的展开，下接职能战略，作为职能层战略的指导和目标。制定业务单位战略的目的是改善企业各战略经营单位在特定行业或市场中的竞争地位，从而赢得竞争优势。所以，业务单位战略有时也称竞争战略。

在《竞争战略》一书中，波特是这样定义竞争战略的：企业采取进攻性或防守性行动，在产业中建立进退有据的地位，成功地对付五种竞争作用力(即五力模型)，从而为公司赢得超常的投资收益。波特认为，在与五种竞争力量的抗争中，蕴含着三类成功的战略思想，即成本领先战略、差异化战略及集中化战略。其中集中化战略，又可分为集中成本领先和集中差异化战略。三种基本竞争战略之间的关系如图 4-1 所示。

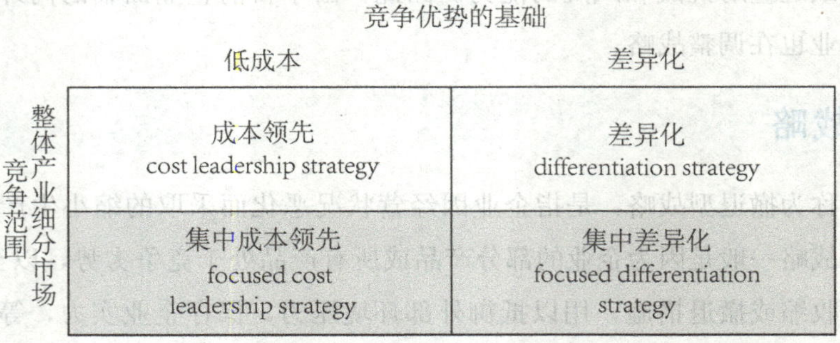

竞争优势的基础
低成本
差异化
竞争范围
整体产业
细分市场
成本领先
cost leadership strategy
差异化
differentiation strategy
集中成本领先
focused cost leadership strategy
集中差异化
focused differentiation strategy

图 4-1　三种基本竞争战略之间的关系

一、成本领先战略

(一)内涵

成本领先战略是指企业通过在内部加强成本控制，在研发、生产、销售、服务等各领域把成本降低到最低限度，使成本或费用明显低于行业平均水平或主要竞争对手，从而赢得更高的市场占有率或更高的利润，成为行业中的成本领先者的一种竞争战略。但是，成本领先战略并不意味着仅仅获得短期成本优势或者仅仅削减成本，它是一个“可持续成本领先”的概念，即企业通过其低成本地位来获得持久的竞争优势。像美国的西南航空公司、我国的格兰仕等都是成本领先战略持续成功的典范。

成本领先战略

(二)优势

企业采取成本领先战略，主要优势体现在以下几方面。

(1)可以抵御竞争对手的进攻。低成本使企业可以制定比竞争者更低的价格，并仍然可以获得适当的收益。因此，即使面对激烈的竞争，成本领先者仍然可以有效地保护企业。

(2)具有较强的对供应商的议价能力。成本领先战略往往通过大规模生产或销售建立起成本优势，较大的购买量使这类企业对供应商往往具有较强的议价能力，从而进一步增加了其成本优势。

(3)形成了进入壁垒。成本领先战略充分利用规模经济的成本优势，使得无法达到规模经济的企业难以进入该行业并与之竞争。因此，成本领先者有可能获得高于平均水平的投资回报。

(4)降低替代品的威胁。企业的成本低，在与替代品竞争时，仍然可以凭借低成本的产品和服务吸引顾客，使自己处于有利的竞争地位。

(三)适用

成本领先战略主要适用于以下一些情况。

(1)市场中存在大量的价格敏感用户，购买者对价格越是敏感，就越倾向于选择提供低价格商品的供应商，成本领先的优势就越明显。

(2)产品难以实现差异化，所处行业的企业大多生产标准化产品，从而使价格竞争决定企业的市场地位。

(3)购买者不太关注品牌。

(4)消费者的转换成本较低，即购买者转换供应商往往不会发生转换成本。

(四)实现

为获取成本优势，实现成本领先战略，企业必须做到以下几点。

(1)在规模经济显著的行业中购建生产设备来实现规模经济。

(2)简化产品设计。通过减少产品的功能但同时又能充分满足消费者需要来降低成本。

(3)降低各种要素成本。与各种投入相关的资金、劳动力、原材料和零部件等要素，都力求以最优惠价格获取。

(4)提高生产能力利用程度。生产能力利用程度决定分摊在单位产品上的固定成本的多少。

(5)在高科技行业和在产品设计、生产方式方面依赖于劳动技能的行业中，充分利用学习曲线效应。企业通过比其他竞争对手生产更多的产品可以从学习曲线中获得更多的好处，并达到较低的平均成本。

事实上，企业若想在上述领域建立和发挥与降低成本有关的资源优势、能力优势及核心专长，需要建立和有效地运行支撑上述优势的价值创造活动或者系统。一般来说，与有效实施成本领先战略相匹配的价值活动组合如图 4-2 所示。

(五)风险

采取成本领先战略的风险主要包括以下几方面。

(1)可能被竞争者模仿，使得整个产业的盈利水平降低。

(2)技术变化导致原有的成本优势丧失，技术的变化可能使过去用于降低成本的投资(如扩大规模、工艺革新等)与积累的经验全部抹杀。

(3)购买者开始关注价格以外的产品特征，市场需求从注重价格转向注重产品的品牌形象，使得企业原有的优势变为劣势。

(4)与竞争对手的产品产生了较大差异。

(5)采用成本集中战略者可能在细分市场取得成本优势。

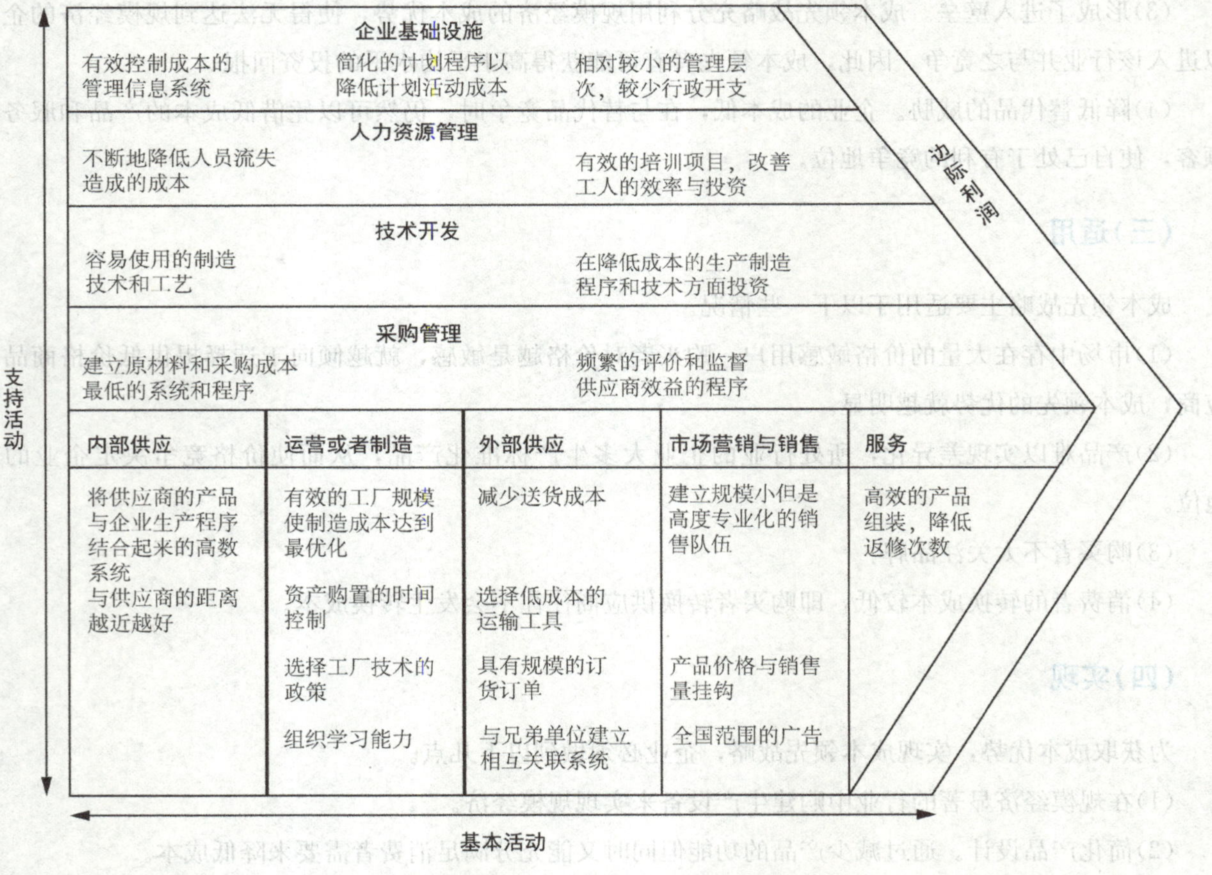

图 4-2　成本领先战略价值活动组合特点

二、差异化战略

(一)内涵

差异化战略是指企业针对大规模市场，通过提供与竞争者存在差异的产品或服务来获取竞争优势的战略。这种差异性可以来自设计、品牌形象、技术、性能、营销渠道或客户服务等各个方面。成功的差异化战略能够吸引品牌忠诚度高且对价格不敏感的顾客，从而获得超过行业平均水平的收益。与成本领先战略主要用于提高市场份额的目的不同，差异化战略有可能获得比成本领先战略更高的利润率。

(二)优势

企业采取差异化战略，主要优势体现在以下方面。

(1)形成强有力的产业进入障碍。由于产品的特性，顾客对该产品或服务具有很高的忠诚度，从而使该产品和服务具有强有力的进入障碍。潜在的进入者要与该企业竞争，则需要克服这种产品的独特性。

(2)建立起顾客对企业的忠诚，削弱其讨价还价的能力。一方面，企业通过差异化战略，使得购买商缺乏与之可比较的产品选择，降低了购买商对价格的敏感度。另一方面，通过产品差异化使购买商具有较高的转换成本，使其依赖于企业。

(3)增强了企业对供应商讨价还价的能力。这主要是由于差异化战略提高了企业的边际收益，降低企业的总成本，增强企业对供应商的议价能力。

(4)防止替代品威胁。由于差异化战略使企业建立起顾客的忠诚，所以使得替代品无法在性能上与之竞争。差异化战略通过提高产品的性能来提高产品的性价比，从而抵御替代品的威胁。

(三)适用

差异化战略主要适用于以下一些情况。

(1)顾客对产品的需求和使用要求是多种多样的，即顾客需求是有差异的。

(2)技术变革很快，市场上的竞争主要集中在不断地推出新的特色产品方面。

(3)可以有很多途径创造企业与竞争对手产品之间的差异，并且这种差异被顾客认为是有价值的。

(4)采用类似差异化途径的竞争对手很少，即真正能够保证企业是“差异化”的。

(四)实现

为实现差异化战略，企业必须做到以下几点。

(1)具有很强的研究开发能力，研究人员要有创造性的眼光。

(2)企业具有产品质量或技术领先的声望。

(3)企业在这一行业有悠久的历史或吸取其他企业的技能并自成一体。

(4)具有很强的市场营销能力，具有很强的市场营销能力的管理人员。

(5)研究与开发、产品开发以及市场营销等职能部门之间要具有很强的协调性。

(6)企业要具备能吸引高级研究人员、创造性人才和高技能职员的物质条件。

(7)各种销售渠道强有力的合作。

事实上，产品和服务可以从多个方面实现差异化。与众不同的特征、及时的顾客服务、快速的产品创新和领先的技术、良好的声誉和地位、不同的口味、出色的设计和功能等，都可以成为差异化的来源。也就是说，企业拥有任何一种能为顾客创造真实价值或感知价值的方法，都可以作为差异化的基础。价值链可以用来分析企业是否有能力将实施差异化战略所需的价值创造活动连为一体。图 4-3 列示了与产品差异化相匹配的企业价值活动组合特点。

(五)风险

采用差异化战略的风险表现在以下方面。

(1)可能丧失部分客户。如果采用成本领先战略的竞争对手压低产品价格，使其与实行差异化战略的厂家的产品价格差距拉得很大，在这种情况下，用户为了大量节省费用，放弃取得差异的厂家所拥有的产品特征、服务或形象，转而选择物美价廉的产品。

(2)用户所需的产品差异的因素下降。当用户变得越来越老练，对产品的特征和差别体会不明显时，就可能发生忽略差异的情况，如不断重复的体验可能会减少顾客对差异化特征的价值的认同感。

(3)大量的模仿缩小了感觉得到的差异。特别是当产品发展到成熟期时，拥有技术实力的厂家很容易通过逼真的模仿，减少产品之间的差异。

三、集中化战略

(一)内涵

集中化战略是指针对某一特定购买群体、产品细分市场或区域市场，采用成本领先或产品差异化来获取竞争优势的战略。采用集中化战略的企业，由于受自身资源和能力的限制，无法在整个产业实现成本领先或者产品差异化，故而将资源和能力集中于目标细分市场，实现成本领先或差异化。

与成本领先战略和差异化战略不同的是，集中化战略不是面向整个产业，而是围绕产业中一个特定的目标开展经营和服务。采用集中化战略的逻辑依据是：企业能比竞争对手更有效地为狭隘的顾客群体服务。具体来说，集中化战略可以分为产品线集中化战略、顾客集中化战略、地区集中化战略等。按照集中化战略所关注的焦点不同，又可将其进一步细分为集中差异化战略和集中成本领先战略。

(二)优势

企业采取集中化战略，主要优势体现在以下方面。

(1)便于集中使用企业资源和力量，更好地服务于某一特定市场。

(2)可以避开行业中的各种竞争力量，可以化解替代品的威胁，以针对竞争对手最薄弱的环节采取行动。如：根据消费者不断变化的需求形成产品的差异化优势；或者在为该目标市场的专门服务过程中降低成本，形成低成本优势；或者兼而有之。

(3)将目标集中于特定的部分市场，企业可以更好地调查研究与产品有关的技术、市场、顾客及竞争对手等各方面的情况，做到“知彼”。

(4)该战略目标集中明确，经济成果易于评价，战略管理过程易于控制，从而带来管理上的便利。

(三)适用

企业实施集中化战略的关键是选好战略目标。一般原则是，企业要尽可能地选择竞争对手最薄弱环节和最不易受替代产品冲击的目标。不论是以低成本为基础的集中化战略，还是以差异化为基础的集中化战略，都应满足下列条件。

(1)企业的资源或能力有限，有限度地选定多个细分市场作为目标。

(2)在所选定的目标细分市场中，没有其他的竞争对手采用这一战略。

(3)企业拥有足够的能力和资源，能在目标市场上站稳脚跟。

(4)企业能够凭借其建立起来的顾客商誉和企业服务来防御行业中的竞争者。

(四)风险

实施集中化战略也有相当大的风险，主要表现在下面三点。

(1)由于企业将全部力量和资源都投入到了一种产品或服务或一个特定的市场，当顾客偏好发生变化，技术出现创新或有新的替代品出现时，就会导致这部分市场对产品或服务的需求下降。企业会受到很大冲击。

(2)竞争者打入了企业选定的部分市场，并且采取了优于企业的更集中化的战略。

(3)产品销量减少，产品要求不断更新，造成生产费用的增加，导致采用集中化战略企业的成本优势被削弱。

四、基本竞争战略的综合分析——“战略钟”模型(SCM)

战略钟模型是由克利夫·鲍曼提出的，“战略钟”是分析企业竞争战略选择的一种工具，这种模型为企业的管理人员和咨询顾问提供了思考竞争战略和取得竞争优势的方法。

“战略钟”模型是指假设不同企业的产品或服务的适用性基本类似，那么，顾客购买时选择其中一家而不是其他企业可能有以下原因：一是这家企业的产品和服务的价格比其他公司低；二是顾客认为这家企业的产品和服务具有更高的附加值。

我们如果将价格作为横坐标，将顾客对产品认可的价值作为纵坐标，这样就可以将企业可能的竞争战略选择在同一个坐标系内表示出来(见图 4-3)。该模型显示：如果将产品或服务的价格与产品或服务的附加值综合在一起考虑，企业实际上可以沿着以下 8 种途径中的一种来完成企业经营行为。其中一些路线可能是成功的路线，而另外一些则可能导致企业的失败。

(一)成本领先战略(途径 1 和途径 2)

途径 1 是一种低价低值战略；途径 2 是一种低价战略。低价低值途径看似没有吸引力，但有很多公司按这一路线经营获得成功。这时企业关注的是对价格非常敏感的细分市场，在这些细分市场中，虽然顾客认识到产品或服务的质量很低，但他们买不起或对更高质量没有偏好。低价低值战略是一种很有生命力的战略，尤其在面对收入水平较低的消费群体时。如我们周围的低档餐馆、小商品批发市场等长盛不

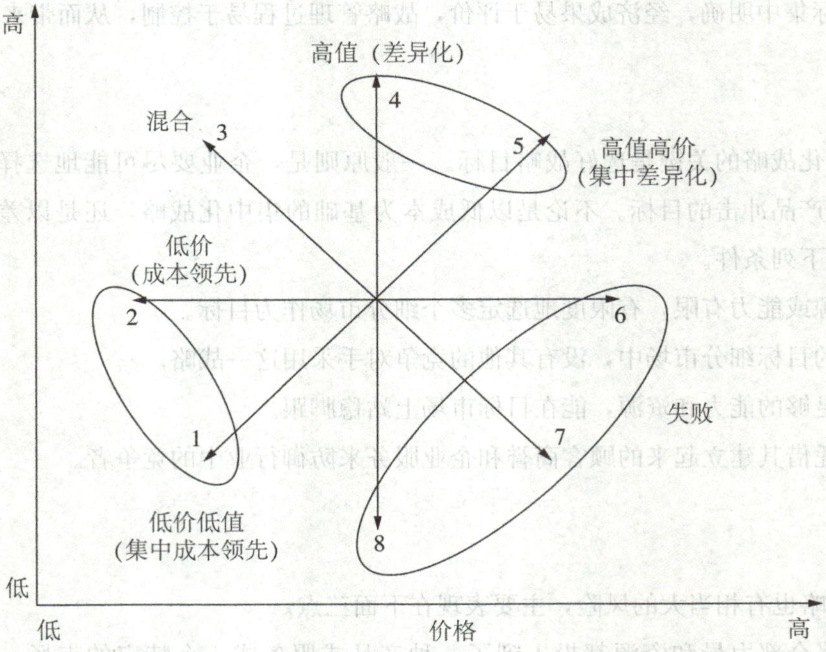

图 4-3 “战略钟”模型

衰就足以说明这一点。途径 1 可以看成是一种集中成本领先战略。途径 2 则是企业寻求成本领先战略时常用的典型途径，即在降低价格的同时，努力保持产品或服务的质量不变。

(二)差异化战略(途径 4 和途径 5)

途径 4 是一种高值战略；途径 5 是一种高值高价战略。途径 4 也是企业广泛使用的战略，即以相同或略高于竞争者的价格向顾客提供高于竞争对手的顾客认可价值。我国的一些高档购物中心、宾馆、饭店等，实施的就是这种战略。这种战略在面对高收入消费群体时很有效，因为产品或服务的价格本身也是消费者经济实力的象征。途径 5 可以看成是一种集中差异化战略。

(三)混合战略(途径 3)

途径 3 表示企业可以在为顾客提供更高的认可价值的同时获得成本优势。现实中顾客总是抱有很高的期望，希望能买到物美价廉的产品。鉴于顾客的这些期望，很多公司参与价值链的主要活动和辅助活动，以同时寻求低成本和差异化。这种战略有时又称为整体成本领先/差异化战略。使用这种战略的目的是高效率地生产差异化产品。效率是维持低成本的源泉，差异化则是创造独特价值的来源。成功实施这种战略的公司通常对技术的变化和外部环境的变化能够做出快速的调整。柔性对于企业学习如何利用价值链的主要活动和辅助活动，为顾客提供低成本的差异化产品，是非常必要的。该战略的主要风险是：公司考虑产品低成本可能无法在差异化方面为顾客创造足够的价值。此时，公司会陷入两难的境地，这将导致公司在竞争中处于不利位置，并且无法获得超额利润。

(四)失败战略(途径 6、途径 7 和途径 8)

途径 6 提高价格，但不能为顾客提供更高的认可价值。途径 7 是途径 6 更危险的延伸，降低产品或服务的顾客认可价值，同时却在提高相应的价格，除非企业处于垄断的地位，否则不可能维持这样的战略。途径 8 在保持价格不变的同时降低顾客认可的价值，这同样是一种危险的战略，虽然它具有一定的隐蔽性，在短期内不被那些消费层次较低的顾客所察觉，但是这种战略是不能持久的，因为有竞争对手提供的优质产品作为参照，顾客终究会辨别出产品的优劣。

第三节 职能战略

职能战略，又称职能层战略，主要涉及企业内各职能部门。如营销、财务、生产、研发、人力资源、信息技术等部门如何更好地配置企业内部资源，为各级战略服务，提高组织效率。

职能战略是为企业战略和竞争战略服务的，所以必须与企业战略和竞争战略相配合。比如，企业战略确立了差异化的竞争战略，需要培养创新的核心能力，企业的人力资源战略就必须体现对创新的鼓励：要重视培训，鼓励学习；把创新贡献纳入考核指标体系；在薪酬方面加强对各种创新的奖励。职能战略描述了在执行公司战略和经营单位战略的过程中，企业中的每一职能部门所采用的方法和手段。职能战略在以下几个方面不同于总体战略和业务单位战略。

首先，职能战略的时间跨度较总体战略短。

其次，职能战略较总体战略更具体和专门化，且具有行动导向性。总体战略只是给出企业发展的一般方向；而职能战略必须指明比较具体的方向。

最后，职能战略的制定需要较低层管理人员的积极参与。事实上，在制定阶段吸收较低层管理人员的意见，对成功地实施职能战略是非常重要的。

企业职能战略一般可分为市场营销战略、研究与开发战略、生产运营战略、采购战略、人力资源战略、财务战略、信息战略等。

鉴于财务战略在企业战略管理体系中的重要性，本教材专门安排相关章节重点讲述财务战略的制定。

一、市场营销战略

市场营销战略是指企业营销部门根据企业总体战略与业务单位战略规划，在综合考虑外部市场机会及内部资源等因素的基础上，确定目标市场，选择相应的市场营销策略组合，并予以有效实施和控制的过程。

(一)确定目标市场

企业确定目标市场的三个重要步骤分别是：市场细分、选择目标市场、市场定位。

1. 市场细分

(1)概念。所谓市场细分，是指营销管理人员通过市场调研，依据消费者的需要与欲望、购买行为和购买习惯等方面的明显差异性，把某一产品的市场整体划分为若干个消费者群的市场分类过程。

(2)市场细分的标准。由于消费者受年龄、性别、收入、家庭人口构成、居住地区、生活习惯等诸多因素的影响，不同的消费者群具有各自不同的欲望和需求。影响消费者市场需求的因素，即可用来作为细分消费者市场的细分变数和标准，可大致概括为地理、人口、心理和行为等四个方面。

1)地理细分。按照消费者所处地理位置、自然环境来细分市场。

地理因素包括国家、地区、城市、乡村、城市规模、人口密度、气候带、地形地貌等。地理细分之所以可行，主要是因为：处于不同地理环境下的消费者，对于同一类产品往往会有不同的需求和偏好；各地区自然气候、经济发展水平等不同，从而形成不同的消费习惯和偏好，对营销刺激有不同的反应。因此，有些产品只行销少数地区，有些则行销全国各地，但各地区侧重不同。如我国茶叶市场，各地区就有不同的偏好，绿茶华东地区销量最高，花茶畅销于华北、东北地区，砖茶则主要为某些少数民族所喜好。

地理因素易于辨别和分析，是细分市场时应首先考虑的重要因素。然而地理因素是一种静态因素，处于同一地理位置的消费者仍然会存在很大的需求差异，因此，企业要选择目标市场，还必须同时依据其他因素进一步细分市场。

2)人口细分。人口细分是指按照人口统计变量来细分市场。

人口统计因素包括的具体变量很多，主要有年龄、性别、职业、收入、健康状况、婚姻、文化水平、教育、家庭人口、家庭生命周期、国籍、民族、宗教等。很明显，这些人口变量与需求差异性之间存在密切的因果关系。不同年龄组、不同文化水平的消费者，会有不同的生活情趣、消费方式、审美观和产品价值观，因而对同一产品必定会产生不同的消费需求；经济收入的高低不同，则会影响人们对某一产品在质量、档次等方面的要求差异等。因此，依据人口变量来细分市场，历来为人们所普遍重视。

3)心理细分。按照消费者的心理特征来细分市场。

按照前述依据细分出来的同一消费者群体，对同类产品的喜好态度也往往不相同，这就是不同心理特征起作用的结果。心理因素十分复杂，包括生活方式、个性、购买动机、价值取向以及对商品供求格局和销售方式的感应程度等变量。

4)行为细分。按消费者不同的消费行为来细分市场。

消费行为的变量很多，主要包括购买时机、追求的利益、使用状况、使用频率、忠诚程度、待购阶段和态度等。

2. 选择目标市场

企业进行市场细分的最终目的是选择经营的方向，即目标市场。任何企业在市场细分的基础上，都要从众多的细分子市场中确定哪些是企业值得进入的目标市场。

企业选择目标市场范围不同，营销策略也不一样。一般可供企业选择的目标市场策略有三种：无差异营销策略、差异性营销策略、集中性营销策略。

(1)无差异营销策略。无差异营销策略是指企业将整个市场看成是同质市场或只考虑市场上消费者需求的共同点或相似处，向整个市场提供单一的产品，运用一种市场营销组合策略，尽可能地吸引更多的购买者。

无差异营销策略主要适用于具有广泛需求，能够大量生产、大量销售的产品或同质产品。例如，美国可口可乐公司凭借拥有世界性专利的优势，在20世纪60年代曾经以单一口味的品种、单一标准的包装和统一的广告宣传，长期占领世界软饮料市场。

这种策略的最大优点是成本的经济性。大批量地生产和储运会降低单位产品的成本；统一的广告宣传可以节省促销费用；不进行市场细分也相应减少了市场调查、产品研制、制定多种市场营销组合方案所花费的企业资源。

但是，这种策略对大多数产品并不适用，而且对一个企业来说一般也不宜长期采用。因为市场需求是有差异的，而且是不断变化的。一种多年不变的老产品很难为消费者所长期接受。

(2)差异性营销策略。差异性营销策略是指企业把整个市场划分为若干细分市场，从中选择两个或两个以上的细分市场作为自己的目标市场，为每个选定的细分市场制定不同的市场营销组合方案，同时多方位或全方位地分别开展有针对性的营销活动。

近些年，越来越多的企业采用差异性营销策略。它们通过推出多品种、多种广告媒体宣传产品、多渠道方式销售产品。采取这种策略的企业，进行小批量、多品种生产，有很大的优越性。一方面，它能够较好地满足不同消费者的需求，有利于扩大企业的销售额；另一方面，一个企业如果同时在几个细分市场都占有优势，就会大大提高消费者对企业的信任感。不过，采用这种策略会由于产品品种、销售渠道、广告宣传的扩大增加企业的成本。同时，要受到企业资源的限制，企业必须具有一定的财力、技术力量和素质较高的管理人员，否则，该策略很难取得成功。因此，采取差异性营销策略的前提是：扩大销售所增加的利润必须大于所增加的经营成本。为了减少实行差异性营销所带来的不利影响，企业不应当把市场划分得过细，同时，企业在一定时期内不宜进入过多的细分市场。

(3)集中性营销策略。集中性营销策略是指企业在整体市场细分后，选取一个或少数细分市场作为企业的目标市场，开发相应的市场营销组合。采取这种策略的企业，通常是为了在一个较小的市场上占有较大的市场份额。他们往往在大企业不重视或不愿顾及的某个细分市场上全力以赴，获得成功率提高。

这种策略的不足之处是企业承担较大的风险。因为这种策略使得企业的目标市场比较单一和狭小，而企业对它的依赖性又较强，一旦目标市场情况发生突然变化，企业就会因为没有回旋余地而立即陷于困境。因此，采取这种策略必须密切注意目标市场的动向，并制定适当的应急对策。

3. 市场定位

企业一旦选定了目标市场，就要在目标市场进行产品的市场定位。企业不管采取何种目标市场策略，都必须进一步考虑在拟进入一个或多个细分市场中推出具有何种特色的产品，都应当通过各种努力使产品与营销在消费者心目中占据特定的位置。

市场定位是指塑造一种产品在细分市场上的位置。具体来说，市场定位是根据竞争者现有产品在细分市场上所处的地位和顾客对产品某些属性的重视程度，塑造出本企业产品与众不同的鲜明个性或形象并传递给目标顾客，使该产品在细分市场上占据强有力的竞争位置。

产品特色，有的可以从产品实体上表现出来，如形态、成分、结构、性能、商标、产地等；有的可以从消费者心理上反映出来，如豪华、朴素、时髦、典雅等；还有的可以表现为价格水平、质量水准等。企业在进行市场定位时，一方面要了解竞争对手的产品具有何种特色，即竞争者在市场上的位置；另一方面要研究顾客对该产品各种属性的重视程度，包括产品特色需求和心理上的要求，然后分析确定企业的产品特色和形象，从而完成产品的市场定位。

(二)设计市场营销组合

市场营销组合在其发展过程中，是与市场细分、目标市场、市场定位等重要概念相适应而产生的。

营销组合与市场细分构成制定营销策略组合的最基本方法。市场细分的目的在于探索市场机会，确定企业的目标市场。市场营销组合的目的在于艺术地使用有效手段去达到目标市场。因而，市场细分是对营销客观条件的分析，市场营销组合则是对营销工作如何发挥主观能动性的研究。

市场营销组合中所包含的可控制变量很多，可概括为四个基本变量，即产品、价格、渠道、促销，这就是经典的4ps组合。

(1)产品策略。产品策略包括产品发展、产品计划、产品设计、交货期等决策的内容。其影响因素包括产品的特性、质量、外观、附件、品牌、商标、包装、担保、服务等。

(2)价格策略。价格策略包括确定定价目标、制定产品价格原则与技巧等内容。其影响因素包括分销渠道、区域分布、中间商类型、运输方式、存储条件等。

(3)渠道策略。渠道策略主要研究使商品顺利到达消费者手中的途径和方式等方面的策略。其影响因素包括付款方式、信用条件、基本价格、折扣、批发价、零售价等。

(4)促销策略。促销策略是指主要研究如何促进顾客购买商品以实现扩大销售的策略。其影响因素包括广告、人员推销、宣传、营业推广、公共关系等。

上述四个方面的策略组合起来总称为市场营销组合策略。市场营销组合策略的基本思想在于：从制定产品策略入手，同时制定价格、促销及渠道策略，组合成策略总体，以便达到以合适的商品、合适的价格、合适的促销方式，把产品送到合适地点的目的。企业经营的成败，在很大程度上取决于这些组合策略的选择和它们的综合运用效果。

二、研究与开发战略

一般来说，研究是指用科学方法，探求未知事物的本质和规律；开发则是指充分利用现有科学技术成果，把生产、技术或经营方面的某种可能性变为现实的一系列活动。研究与开发是企业科技进步的原动力，强化研究开发工作，对促进企业科技进步，加快产品更新换代，增强市场竞争能力，提高经济效益都有重要的推动作用。

企业研究与开发战略规划的根本目的就是通过产品研发，研制出有竞争力的产品或服务以及提高研发的效率，使企业通过不断创新来保持持续的差异化和核心竞争力，在激烈的市场竞争中立于不败之地。

研究开发策略共分为四种：进攻型策略、防御型策略、技术引进型策略及部分市场策略。

(1)进攻型策略。这种策略的目的是通过开发或引入新产品，全力以赴地追求企业产品技术水平的先进性，进而抢占市场，在竞争中保持技术与市场的强有力的竞争地位。这是一种既令人兴奋，又十分危险的战略。3M(Minnesota Mining and Manufacturing，明尼苏达矿务及制造业公司)、通用电气公司都曾成功实施了这种战略，但有不少采用这种战略的企业已经落伍甚至被淘汰了。

(2)防御型策略。防御型战略又称追随策略，这种策略的目的是企业不抢先研究和开发新产品，而是在市场上出现成功的新产品时，立即对别人的新产品进行仿造或者加以改进，并迅速占领新市场，这样可以将风险和初期费用降至最低。

(3)技术引进型战略。这种战略的目的是利用别人的科研力量来开发新产品，通过购买高等院校、科研机构的专利或者科研成果来为本企业服务。通过获得专利许可进行模仿，把他人的研究成果转化为本企业的商业收益。

(4)部分市场策略。部分市场策略也叫依赖型策略，这种策略主要是为特定的大型企业服务，企业用自己的工程技术满足特定的大型企业或者母公司的订货要求，不再进行除此以外的其他技术创新和产品的研究开发，只要不失去为之服务的特定的大企业，就可以不必去追求各种冒险创新的事业，就能够安全稳定地经营。

三、生产运营战略

生产运营活动是企业最基本的活动之一。生产运营活动为了达到企业的经营目的，必须将其所拥有的资源要素合理地组织起来，并且保证有一个合理、高效的运作系统来进行一系列的变换过程，以便在投入一定，或者说在资源一定的条件下，使产出能达到尽量大，甚至最大。具体地说，运作活动应该保证能在需要的时候、以适宜的价格向顾客提供满足他们质量要求的产品。

生产运营战略的主要内容一般包括产品的选择、生产能力的确定、生产要素的配置、协作化水平的确定、生产组织、生产计划与库存控制以及质量管理计划与控制等。生产运营战略作为一系列决策的结果，是关于生产运营系统如何成为企业立足于市场，并获得长期竞争优势的战略性计划。

生产运营战略的目标并不是提供具体的产品和服务，而是提供一套满足用户需要和支持竞争优势的能力。这些能力的具体表现形式则为企业产品和服务的成本、质量、柔性、交货期、信誉和环保等方面功能的指标，由此而构成生产运营战略的目标体系。

因此，依据不同的竞争因素对生产运营管理的影响，可将生产运营战略分为基于成本、质量、服务、柔性、时间和环保的生产运营战略等六种类型，下面仅做简单介绍。

(1)基于成本的生产运营战略。这种策略是指企业为赢得竞争优势，以降低成本为目标，通过发挥生产运营系统的规模经济与范围经济优势，以及实行设计和生产的标准化，使得产品和服务的成本大大低于竞争对手的同类产品和服务，从而获得价格竞争优势的一系列决策规划、程序与方法。这是企业最基本的生产运营战略之一。其实现措施主要有采用大量生产方式、成组生产技术和进行库存控制等。

(2)基于质量的生产运营战略。这种策略是指企业以提高顾客满意度为目标，以质量为中心，通过制定质量方针与质量计划、建立健全质量管理体系、实施质量控制等活动，提高其产品和服务质量，从而获取持续的质量竞争优势的一系列决策规划、程序与方法。其实现措施主要有开展全面质量管理活动和采用精细生产方式等。

(3)基于服务的生产运营战略。这种策略是指企业以提高企业信誉、培养顾客忠诚度为目标，针对不同的顾客需求，快速响应并提供高质量、价格合适的个性化的产品和服务，以提高企业的信誉竞争优势的一系列决策规划、程序与方法。其实现途径主要是建立面向顾客的全新的生产方式，即大量定制生产方式。

(4)基于柔性的生产运营战略。这种策略是指企业面对复杂多变的内外环境，以满足顾客多品种、中小批量需求为目标，综合运用现代信息技术与生产技术，通过企业资源的系统整合，来增强企业生产运营系统柔性和提高企业适应市场变化能力的一系列决策规划、程序与方法。其实现措施主要有应用柔性制造系统、物料需求计划(MRP)和制造资源计划(MRPⅡ)以及企业资源计划(ERP)等。

(5)基于时间的生产运营战略。这种策略是指企业以高质量、低成本快速响应顾客需求为目标，运用敏捷制造、供应链管理和并行工程等现代管理方法，通过缩短产品研制、开发、制造、营销和运输过程的时间，从而获取时间竞争优势的一系列决策规划、程序和方法。其实现措施主要有供应链管理和敏捷制造系统。

(6)基于环保的生产运营战略。这种策略是指企业为满足顾客的长远需要，以谋求人类、社会和自然的协调发展为目标，通过技术创新、管理创新和知识创新，降低资源消耗，减少环境污染，实现其生产运营系统的绿色化，从而获得持续竞争优势的一系列决策规划、程序与方法。其实现措施主要有绿色制造和绿色供应链等。

四、采购战略

采购战略，有时也称战略采购，是一种有别于常规采购的思考方法。它与普遍意义上的采购区别在于：前者注重要素是“最低总成本”而后者注重要素是“单一最低采购价格”。战略采购是一种系统性的、以数据分析为基础的采购方法。简单地说，战略采购是以最低总成本建立服务供给渠道的过程，一般采购是以最低采购价格获得当前所需资源的简单交易。

“战略采购”是由著名咨询企业科尔尼于20世纪80年代首次提出的。科尔尼致力于战略采购研究和推广工作，已为全球500强企业中的三分之二提供过战略采购咨询服务。战略采购“是计划、实施、控制战略性和操作性采购决策的过程，目的是指导采购部门的所有活动都围绕提高企业能力展开，以实现企业远景计划”。它用于系统地评估一个企业的购买需求及确认内部和外部机会，从而减少采购的总成本。其好处在于充分平衡企业内外部优势，以降低整体成本为宗旨，涵盖整个采购流程，实现从需求描述直至付款的全程管理。

战略采购作为整合公司和供应商战略目标和经营活动的纽带，包括四方面的内容：供应商评价和选择、供应商发展、买方与卖方长期交易关系的建立和采购整合。前三个方面发生在采购部门和外部供应商群体之间，统称采购实践；第四个方面发生在企业内部。

(1)供应商评价和选择。供应商评价和选择是战略采购最重要的环节。供应商评价系统(SES)包括：

1)正式的供应商认证计划；

2)供应商业绩追踪系统；

3)供应商评价和识别系统。

(2)供应商发展。供应商发展是“买方企业为提高供应商业绩或能力以满足买方企业长期或短期供给需求对供应商所作的任何努力”。这些努力包括：

1)与供应商进行面对面地沟通；

2)高层和供应商就关键问题进行交流；

3)帮助供应商解决技术、经营困难；

4)培训供应商的员工等。

(3)买方与卖方长期交易关系的建立。战略采购要和目标供应商完成战略物资的交易。战略采购使买方与卖方的交易关系长期化、合作化。这是因为战略采购对供应商的态度和交易关系的预期与一般采购不同。战略采购认为：

1)供应商是买方企业的延伸部分；

2)与主要供应商的关系必须持久；

3)双方不仅应着眼于当前的交易，也应重视以后的合作。在这种观点的指导下，买方企业和供应商致力于发展一种长期合作、双赢的交易关系。建立长期合作交易关系还要求双方信息高度共享，包括公开成本结构等敏感的信息。忠诚是长期合作交易关系的基础。

(4)采购整合。随着采购部门在公司中战略地位的提高，采购逐渐由程序化的、单纯的购买向前瞻性、跨职能部门、整合的功能转变。采购整合是将战略采购实践和公司目标整合起来的过程。与采购实践不同，采购整合着眼于企业内部，目的是促进采购实践与公司竞争优势的统一，转变公司高层对采购在组织中战略作用的理解。

采购整合包括：采购部门参与战略计划过程、战略选择时贯穿采购和供应链管理的思想、采购部门有获取战略信息的渠道、重要的采购决策与公司的其他战略决策相协调等。

五、人力资源战略

人力资源战略是指科学地分析与预测组织在未来环境变化中人力资源的供给与需求状况，制定必要的人力资源获取、利用、保持和开发策略，确保组织在需要的时间和需要的岗位上，满足人力资源在数量上和质量上的需求，使组织和个人获得不断的发展与利益。它是企业发展战略的重要组成部分。

人力资源战略的关键内容包括以下方面。

(1)人力资源开发战略。人力资源开发战略是指有效地发掘企业和社会上的人力资源，积极地提高员工的智慧和能力所进行的长远性的谋划和方略。主要包括人才引进战略、人才借用战略和人才招聘战略。

(2)人才结构优化战略。人才结构优化战略是指使企业的各方面人才保持合理的比例结构而采取的措施和方法，主要包括层次结构优化、学科结构优化和职能结构优化等方面。

(3)人才使用战略。人才使用战略是指企业为发挥人才的最大潜力而采用的措施和方法。包括任人唯贤、岗位轮换、台阶提升、权力委让和破格提升等方面。

六、财务战略

对财务战略的本质，理论界虽未形成统一的认识，但在一些基本问题上还是达成了共识。譬如，财务战略是对企业财务活动的整体性决策，其着眼点不是当前，而是未来，是立足于长远的需要对企业财务活动的发展所作出的判断。但在对财务战略的目的、范畴、依据等问题的认识上还存在着分歧。笔者认为，财务战略是战略理论在财务管理方面的应用与延伸，它既具有一般战略的某些共性，又具有自己的特性。科学地界定财务战略的本质，既要反映其“战略”共性，又要揭示其“财务”个性。

财务战略

(一)财务战略的“战略”共性

(1)全局性。财务战略是以整个企业的筹资、投资和收益分配的全局性工作为对象，根据企业长远发展需要而制定的。它是从财务的角度对企业总体发展战略所作的描述，是企业未来财务活动的行动纲领和蓝图，对企业的各项具体财务工作、计划等起着普遍的和权威的指导作用。

(2)长期性。制定财务战略不是为了解决企业的眼前问题，而是为了谋求企业未来的长远发展。因此，财务战略一经制定就会对企业未来相当长时期内的财务活动产生重大影响。

(3)导向性。财务战略规定了企业未来较长时期内财务活动的发展方向、目标以及实现目标的基本途径和策略，它是企业一切财务战术决策的指南，企业的一切财务活动都应该紧紧围绕其实施和开展。

(4)风险性。由于企业的理财环境总是在不断变化，因此，任何企业的财务战略都伴随着风险。财务战略风险的大小，主要取决于财务决策者的知识、经验和判断能力。科学合理的财务战略一旦实现，会给整个企业带来勃勃生机和活力，使企业得到迅速发展；反之，则会给企业造成重大损失，使企业陷入财务困境甚至破产。

(5)适应性。现代企业经营的实质，就是在复杂多变的内外环境中，解决企业外部环境、内部条件和经营目标三者之间的动态平衡问题。财务战略把企业与外部环境融为一体，注重观察、分析外部环境的变化及其给企业财务管理可能带来的机会和威胁，因而大大增强了企业对外部环境的适应性。

(6)动态性。战略是环境分析的结果，环境的变化必然引起战略的变化。一般来说，当理财环境变化不大时，一切财务活动都必须按原定财务战略行事，充分体现财务战略对财务活动的指导性；当理财环境发生较大变化时，财务战略就应作适当的调整，以适应环境的变化。

(二)财务战略的“财务”个性

(1)财务战略在企业战略体系中的相对独立性。企业战略具有多元化结构的特征，它不仅包括企业整体意义上的战略，而且包括职能层次上的战略。财务战略作为企业职能战略之一，其相对独立性主要取决于以下两个基本事实：

1)在市场经济条件下，财务管理不再只是企业生产经营过程的附属职能，而是有其特定的相对独立的内容；

2)财务活动并非总是企业的“局部”活动，而是有着许多对企业整体发展具有战略意义的内容。

(2)财务战略地位的从属性。财务战略作为企业战略系统中的一个子系统，尽管它有其自身的特色、具有相对的独立性，但它必须服从和反映企业战略的总体要求，应该与企业战略协调一致，并为企业战略的顺利实施和圆满完成提供资金支持。

(3)财务战略谋划对象的特殊性。财务战略是对企业财务活动的一种谋划，其目标是谋求企业资金运动最优化。财务战略要解决风险与收益的矛盾、收益性与成长性的矛盾、偿债能力与盈利能力的矛盾、生产经营与资本经营的矛盾等，这一系列矛盾都是由财务战略谋划对象的特殊性引发的。

(4)财务战略实施主体的全员性。从纵向看，财务战略的制定与实施应是企业经营者、财务职能部门经理、基层财务部门三位一体的管理过程；从横向看，财务战略必须与企业其他战略相配合，渗透到企业的各个部门、各个方面，并最终由经营者负责协调。因此，财务战略管理实际上是以经营者经营战略为主导、以财务职能部门战略管理为核心、以其他部门的协调为依托而进行的全员管理。

第四节 国际化经营战略

在全球化现实背景下，企业之间的竞争已由国内市场层面扩展为局部的国际市场层面乃至全球市场层面，这种激烈的跨国界竞争使得选择正确的国际化战略模式成为企业生存、发展和获利的关键。

一、国际化经营战略概述

(一)内涵

国际化经营战略是指企业从国内经营走向跨国经营，从国内市场进入国外市场，在国外设立多种形式的组织，对国内外的生产要素进行配置，在一个或若干个经济领域进行经营活动的战略。从事国际化经营的企业需要通过系统评价自身资源和经营使命，确定企业战略任务和目标，并根据国际环境变化拟定行动方针，以求在国际环境中长期生存和发展所作的长远的总体的谋划。

(二)动因

戈沙尔(Ghoshal)提出了一个广为接受的企业国际化动因分析框架，即企业国际化的战略目标与手段。这个分析框架提供了在全球化背景下，企业从国内外两个市场提升国际竞争力的驱动力来源，如表4-3所示。

表4-3　企业国际化的战略目标与实现手段

国际化的战略目标	实现手段		
	国家/区域差别	规模经济	范围经济
提高效率	从要素获得效益成本差异	在每一个活动上扩大规模效益	多产品分享获得范围经济效益/市场
管理风险	通过市场多元化/国家差异降低风险	平衡规模和经营上的弹性	组合投资降低风险，增加了选择的范围
适应、学习和创新	通过了解组织、过程、制度的社会差异进行学习	通过降低成本和增加创新获得经验和知识	通过跨组织和跨产品/市场/行业分享学习成果

1. 企业国际化的战略目标

一般来说，企业国际化有三个战略目标：提高效率，管理风险，适应、学习和创新。

(1)提高效率。在国际化过程中，企业有可能利用国家差异、经营活动扩大和跨国共享达到提高效率的目的，具体表现如下。

1)降低生产要素成本，包括劳动力、土地、资本、原材料等。如 20 世纪 80 年代中国改革开放以后，廉价的要素成本优势以及各种优惠政策吸引了西方发达国家企业进入中国，将制造环节转移到中国。但近年来，我国劳动力成本日趋上升，一些西方发达国家又开始瞄准越南、马来西亚、印度等国家。

2)分摊研发成本，提高研发活动的效率。某些需要在研究开发方面做大量投入的行业也往往积极拓展国外市场，分摊研发成本，发挥研发的范围经济和规模经济效益。如国际知名的大型制药企业辉瑞、诺华等。

3)其他方面降低成本的需要，如运输成本等。中集集团在 2003 年曾收购美国一家半挂车制造商，降低运输成本是其中一个重要因素。

此外，如果国内缺乏某种资源，或某些资源在其他国家的成本比较低，或某些特定资源在其他国家不可转移，企业也会为了获得这些资源而进行国际化。

(2)管理风险。跨国经营将有利于稳定原材料采购、平衡运营和稳定销售，提高企业分散和管理风险的能力。当然，在国际化过程中，企业面临一些新的与跨国经营有关的风险，包括政治、经济、宗教等方面。

(3)适应、学习和创新。在国际化过程中，企业必须适应更多样化的经营环境，并且在适应中得到更多的学习和创新机会。一旦企业在一国获得的经验、知识或能力可以转移和应用到另一个国家，就可以带动整个企业的创新。

发展中国家企业进入发达国家的国际化往往是以寻求市场、提高效率、学习吸收先进技术和管理经验为主要的战略目标和动因，通过在当地经营获取知识和能力，转移回母公司，从而提高企业整体的国际化经营经验与能力。

2. 企业国际化的实现手段

有三种手段可以帮助企业实现战略目标，从而建立国际竞争优势。这三种手段包括国家差异、规模经济和范围经济。

(1)国家差异。利用国家差异，企业可以降低要素成本，提高要素的质量，提高产品的价格，控制和管理风险，以及在适应中学习和创新。

(2)规模经济。在国际化过程中，经营活动规模的扩大会提升企业在安排和调配经营活动上的弹性，降低内部运营中的经营风险，还可能会带来专业化水平和学习效益的提升。

(3)范围经济。范围经济效益主要来自多产品或者多市场经营对某种资源或者能力，尤其是核心专长的共享，例如共享物理资产、外部关系、研发、渠道和品牌等。

总之，企业国际化动因可以归结为：运用国家差异、规模经济、范围经济三种手段，来达到效率、风险和世界范围业务同步学习的最优化。

二、国际化经营战略的选择

(一)选择依据

企业国际化是企业主动参与国际竞争的选择。没有竞争优势的竞争无法维持，即使有国家的补贴也不会长久，而国家的补贴战略最终依然是为获取竞争优势，所以国际化方式应根据竞争优势选择。

企业国际化的成功取决于企业如何利用自己的优势和在国际化过程中不断建立新的竞争优势。企业国际化优势的表现有两个方面：一是国家竞争优势；二是企业特定优势。这两种优势的性质是不同的，下面分别简单论述。

1. 国家竞争优势

哈佛大学的迈克尔·波特教授在《国家竞争优势》一书中，在继承发展传统的比较优势理论的基础上提出了独树一帜的"国家竞争优势"理论，该理论着重讨论了特定国家的企业在国际竞争中赢得优势地位的各种条件。

波特认为，一国的贸易优势并不像传统的国际贸易理论宣称的那样简单地取决于一国的自然资源、劳动力、利率、汇率，而是在很大程度上取决于一国的产业创新和升级的能力。由于当代的国际竞争更多地依赖于知识的创造和吸收，竞争优势的形成和发展已经日益超出单个企业或行业的范围，成为一个经济体内部各种因素综合作用的结果，一国的价值观、文化、经济结构和历史都成为竞争优势产生的来源。

波特认为，一国的国内经济环境对企业开发其自身的竞争能力有很大影响，其中影响最大、最直接的因素是以下四项：生产要素、需求条件、相关和支持性产业以及企业战略、企业结构和同业竞争。在一国的所有行业中，最有可能在国际竞争中取胜的是那些国内"四因素"环境对其特别有利的那些行业。因此，"四因素"环境是产业国际竞争力的最重要来源。波特将这四种要素以"钻石模型"来表示。因此，波特的国家竞争优势模型又被称为"钻石模型"，如图 4-4 所示。

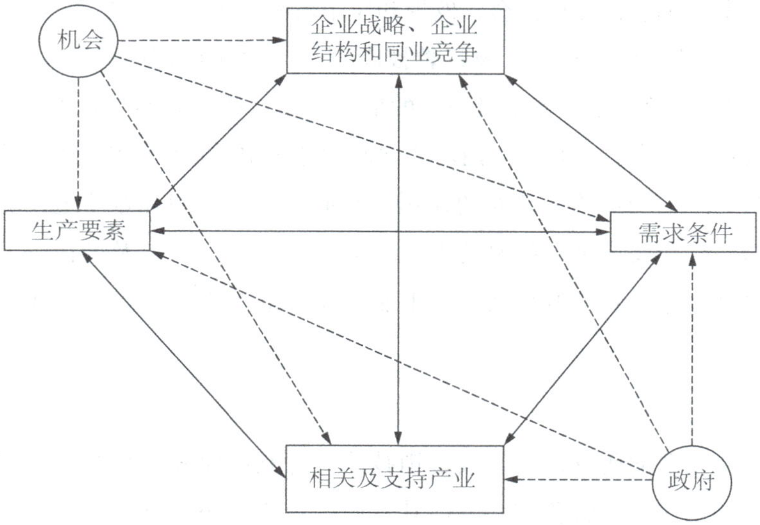

图 4-4 钻石模型

(1)生产要素。生产要素主要包括人力资源、自然资源、知识资源、资本资源、基础设施等。生产要素又分为初级生产要素和高级生产要素两类。初级生产要素是指一个国家先天拥有的自然资源和地理位置等。高级生产要素则是指社会和个人通过投资和发展而创造的因素。一个国家若要取得竞争优势，高级生产要素远比初级生产要素重要。因此，增加国家竞争优势的最重要因素就不应仅仅盯着国家中仅有的自然资源，而是要凭借对初级生产要素进行升级、改良的速度形成竞争优势。在创造性资源的内容中，最为关键的是知识资源和人力资源。因为这二者更新换代的速度极快，所以需要积极和严格地更新方法，以保证一国经济持续健康发展。

(2)需求条件。国内需求条件是特定产业具有国际竞争力的另一个重要影响因素。波特认为，国内需求对竞争优势的影响主要是通过三个方面进行的：一是本国市场上有关产业的产品需求若大于海外市场，则拥有规模经济，有利于该国建立该产业的国际竞争优势；二是若本国市场消费者需求层次高，则对相关产业取得国际竞争优势有利，因为老练、挑剔的消费者会对本国公司产生一种促进改进产品质量、性能和服务等方面的压力；三是如果本国需求具有超前性，那么为它服务的本国厂商也就相应地走在了世界其他厂商的前面。

波特认为，市场规模的大小没有高质量的顾客重要，内行并且挑剔的客户是企业追求高质量产品、优质服务的力量源泉。比如，瑞典人对钻孔设备的要求近乎苛刻，这一特别的国内需求催生出瑞典具有世界水准的钻头制造及其相关设备产业。同样，讲究并且见多识广的日本音响设备消费者，期望得到最新、最好的款式，这就刺激了日本厂商为满足消费者对新机型的需求而快速改良产品、不断推陈出新。

(3)相关与支持性产业。即与企业有关联的产业和供应商的竞争力。一个企业的经营要通过合作、适时生产和信息交流与众多的相关企业和行业保持联系，并从中获得和保持竞争力，如果这种接触是各方的主观愿望，那么产生的交互作用就是成功的。一个国家要想获得持久的竞争优势，就必须在国内获得在国际上有竞争力的供应商和相关产业的支持。

波特认为，产业集群就像一个紧密联系的系统，可以促进企业在纵向和横向之间通过积极的互动和交流来推动和鼓励对方进行持续的产业升级和创新。特别是在文化相似、地理位置接近的时候，企业之间经常性的接触和交流会帮助它们抓住机会、发现和应用新的技术方法，实现显著的集群效应。

(4)企业战略、企业结构和同业竞争。波特教授断言，“强大的国内竞争者是一项难以衡量的国家资产”。他认为，激烈的国内竞争会激发竞争者强烈的取胜欲望，使所有参与者更高效、更节约，最终使他们能够更好地应对国外的竞争者。并且，国内对手之间的竞争更关键的是体制效率的竞争。

除上述四个因素外，一国的机遇和政府的作用，对形成该国的国际竞争地位也起辅助作用。机遇包括重要发明、技术突破、生产要素供求状况的重大变动(如石油危机)以及其他突发事件。政府因素是指政府通过政策调节来创造竞争优势。波特认为以上影响竞争的因素共同发生作用，促进或阻碍一个国家竞争优势的形成。

2. 企业特定优势

企业特定优势主要指企业的研发、生产或营销技能，专利，商标，组织能力等资源和能力，它是非区位性的。即可以在不同国家之间转移和共享，其本质与核心竞争力基本一致，只是更强调这是企业所具有的有别于国家特定优势的一种优势。在更高水平的国际化阶段，只有拥有了这种独特的能力，才能克服由于对当地市场不熟悉或作为外来者在东道国经营遇到的障碍和劣势。同时，企业特定优势同样强调企业独特能力在东道国市场是有价值的、稀缺的、难以模仿的和难以替代的。因此企业拥有特定优势是获得国际竞争优势的重要源泉。企业特定优势一般有以下四种类型。

(1)技术优势。技术优势是指企业独立拥有并能够在生产过程中被直接使用的信息，通常被称为技术、生产技能、专门的管理技术和知识等。

(2)消费者认同优势(产品差异化能力)。消费者认同优势是指消费者对企业具有一定程度的特别偏好，这种偏好来自企业信誉、品牌、商标、服务和对消费者具有吸引力的价格及产品的质量等。

(3)市场优势。市场优势有两种：一是企业对其占有的市场的认知或熟悉；二是企业把产品或服务有效地送达消费者的能力。市场优势的获得程度取决于企业如何成功地通过各级批发和零售降低其分销成本，通过其产品差异化来增加其垄断能力以吸引更多的消费者。

(4)投入优势。投入优势是指企业具有获得原材料或中间产品的专门途径。

(二)国际市场进入模式

国际市场进入模式选择是企业国际化进程中必须考虑的关键问题，企业对国际市场进入模式选择伴随着企业国际化发展的全过程。企业国际化以国际市场进入模式选择为起点，其发展过程也是企业不断进入新的国际市场以及选择不同进入模式的过程。企业进入海外市场的方式可以有多种选择，其中主要包括贸易方式、契约方式、直接投资方式、跨国并购及战略联盟等。

1. 贸易方式

贸易方式是指以向目标国家出口商品而进入该市场的模式，其特点是风险最小、资源承诺以及在财务和管理等方面投入也最少。主要的出口渠道可以分为直接出口和间接出口。在间接出口情况下，通过本国的中间商经销或代销其产品出口，本企业与国外市场无直接联系，也不涉及国外业务活动。直接出口又可分为三种：一是利用国外中间商，即将产品直接卖给国外中间商或由国外中间商代理；二是在国外设立办事处；三是建立国外销售分支机构。中国企业的国际化行为主要有以出口的方式进入国际市场的，利用展会(如中国进出口商品交易会，即“广交会”)获得外国采购商的订单，组织生产，最后出口交货。也有对外直接投资等多种方式。

2. 契约方式

契约方式是指本企业通过与目标国家的法人之间订立长期的、自始至终的、非投资性的无形资产转让合作合同而进入目标国家。主要包括以下内容。

(1)许可经营。许可方与国外被许可方签订许可协议，授权对方使用本企业的专利权、版权、商标权以及产品或工艺方面的专有技术等从事生产和销售，然后向对方收取许可费用。

(2)特许专营。在该协议下，许可人不仅把自己的无形资产(通常是商标)销售给被许可人，而且还要求被许可人遵守严格的经营规则。特许经营与许可经营最大的差异在于特许者需要对被特许者进行经营监督。麦当劳、肯德基等都是特许经营的典范。

(3)技术协议。技术协议是指企业同外方签订协议，向对方提供为发展技术或解决技术难题而进行的各种技术咨询、技术培训等服务活动。

其他契约式进入方式还包括管理合同、交钥匙工程、国际分包合同等。

3. 直接投资方式

直接投资方式是指通过直接投资进入目标国家，即企业将资本连带本企业的管理技术、销售、财务及其他技能转移到目标国家，建立受本企业控制的分公司或子公司，实行当地生产，就近销售。具体方式包括独资经营、合资经营。

(1)独资经营。独资经营是指企业独自到目标国家去投资建厂，进行产销活动。独资经营的标准不一定是100%的公司所有权，主要是拥有完全的管理权与控制权，一般只需拥有90%左右的产权便可以。独资经营的方式可以是单纯的装配，也可以是复杂的制造活动。其组建方式可以是收购当地公司，也可以是直接建新厂。例如，为进入美国市场，华为2002年在美国得克萨斯州成立全资子公司Futurewei，向当地企业销售宽带和数据产品。

独资经营的好处是：企业可以完全控制整个管理与销售，经营利益完全归其支配；可以根据当地市场特点调整营销策略，创造营销优势；可以同当地中间商发生直接联系，争取它们的支持与合作；可降低在目标国家的产品成本，降低产品价格，增加利润。其主要缺点是：投入资金多，可能遇到较大的政治与经济风险，如货币贬值、外汇管制、政府没收等。

(2)合资经营。它是指与目标国家的企业联合投资，共同经营，共同分享股权及管理权，共担风险。联合投资方式可以是外国公司收购当地公司的部分股权，或当地公司购买外国公司在当地的股权；也可以是双方共同出资建立一个新的企业，共享资源，共担风险，按比例分配利润。

合资经营的好处是：投资者可以利用合作伙伴的专门技能和当地的分销网络，从而有利于开拓国际市场；同时还有利于获取当地的市场信息，以对市场变化做出迅速灵活的反应；当地政府易于接受和欢迎这种模式，因为它可以使东道国政府在保持主权的条件下发展经济。但这种模式也存在弊端，例如双方常会就投资决策、市场营销和财务控制等问题发生争端，有碍于跨国公司执行全球统一协调战略。

4. 跨国并购

跨国并购为进入新的市场提供了捷径，可能是国际市场进入最快、最方便的方式。例如2009年，中国浙江吉利控股集团有限公司以15亿美元收购沃尔沃汽车公司。当然，跨国并购的成本非常高昂，并且收购谈判也比国内收购更加复杂。同时，跨国并购后的整合也非常难。整合不仅要考虑不同的企业文化，还要考虑潜在的不同社会文化和习惯。如TCL并购汤姆逊视频业务之后遇到了整合上的巨大挑战。因此，尽管通过国际收购能快速进入新的市场，但企业往往需要承担相当大的代价和风险。

5. 国际战略联盟

自20世纪末以来，国际战略联盟成为国际扩张的主要方式。具体类型包括资产型战略联盟和非资产型战略联盟。资产型战略联盟就是经常被提及的国际合资，即企业将资本、管理、技术转移到目标国家，与当地企业建立控股或者参股的企业。国际非资产型战略联盟则是以合同(不是资产)为纽带的合作形式。如国际航空业比较常见的“营销和运营联盟”，像星空联盟就是一个包括美国联合航空、德国汉莎航空、中国国际航空等航空公司的联盟，会员企业在销售、运营支持和提供后勤服务等方面合作，为航线运行提供便利。

(三)国际化经营的战略类型

企业国际化经营的战略基本上有四种类型，即国际战略、多国本土化战略、全球化战略与跨国战略。这四种战略可以通过“全球协作程度”和“本土独立性和适应能力程度”所构成的两维坐标体现出来，如图4-5所示。

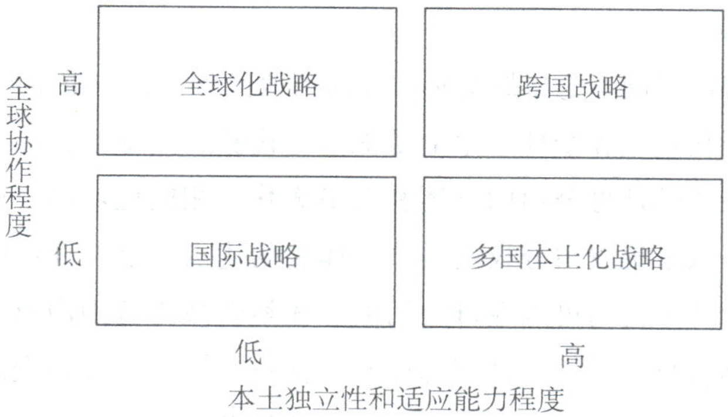

图 4-5　国际化经营的战略类型

1. 国际战略

国际战略是指企业将其在母国所开发出的具有竞争优势的产品与技能转移到国外的市场，以创造价值的举措。其基本特点是：决策行为主要体现母国与母公司的利益。公司的管理决策高度集中于母公司，对海外各子公司采取集权式管理体制。这种管理体制强调公司整体目标的一致性，优点是能充分发挥母公司的中心调控功能，更优化地使用资源，但缺点是不利于发挥各子公司的自主性与积极性，全球化协作程度和对东道国本土市场的适应能力均较低。

2. 多国本土化战略

这种战略是指一个企业的大部分活动，如战略和业务、决策权分配等都由设在国外的战略业务单位进行，由这些单位向本地市场提供本土化的产品，从而把自己有价值的技能和产品推向国外市场而获得收益。其基本特点是：决策行为倾向于体现众多东道国与海外子公司的利益，公司的管理权力较为分散，母公司对子公司采取分权式管理体制，允许子公司根据所在东道国的具体情况独立地确定经营目标与长期发展战略，这种管理体制强调的是管理的灵活性与适应性，有利于充分发挥各子公司的积极性和责任感。但这种管理体制的不足在于母公司难以统一调配资源，而且各子公司除了自谋发展外，完全失去了利用公司内部网络发展的机会，无法获得经验曲线效益和区位效益。该战略使企业面对各个市场的异质需求时能反应最优化。美国有名的餐饮企业肯德基公司在中国实施的就是典型的多国本土化战略。

3. 全球化战略

全球化战略是指在全世界范围生产和销售同一类型和质量的产品或服务。全球化战略以母公司为中心，决策哲学是母公司的全球利益最大化。其基本特点是：

(1)企业根据最大限度地获取低成本竞争优势的目标来规划其全部的经营活动，将研究与开发、生产、营销等活动按照成本最低原则分散在少数几个最有利的地点来完成，但产品和其他功能则标准化和统一化以节约成本，能形成经验曲线和规模经济效益。

(2)全球化战略强调集权，由母国母公司控制。不同国家的子公司相互依存，而母公司试图将这些子公司整合。

(3)全球化战略对东道国本土市场的反应相对迟钝，并且由于企业需要跨越国界的协调战略和业务决策，所以难以管理。

4. 跨国战略

跨国战略是指企业既寻求多国本土化战略所具有的当地优势，又注重全球化战略带来的效率。因而，运用这种战略的企业在本土化响应和全球效率上都能获得优势。其基本特点是：跨国战略不完全以母公司或子公司为中心，其决策哲学是母公司的整体利益最大化。相应地，母公司采取集权与分权相结合的管理体制，这种管理体制吸取了集权与分权两种管理体制的优点，事关全局的重大决策权和管理权集中在母公司的管理机构，但海外子公司可以在母公司的总体经营战略范围内自行制定具体的实施计划、调配和使用资源，有较大的经营自主权。这种管理体制的优点是在维护公司全球经营目标的前提下，各子公司在限定范围内有一定的自主权，有利于调动子公司的经营主动性和积极性。跨国战略是让企业可以实现全球化的效率和本土化的敏捷反应的一种国际化经营战略。该种战略在多数情况下能够形成以经验为基础的成本效益和区位效益。

思考与练习

1. 什么是总体战略？总体战略的类型有哪些？
2. 在实施不同总体战略时，企业可以选择的多元化层次有哪些？
3. 公司选择多元化的动因是什么？
4. 比较内部发展战略和并购战略的优缺点。针对这两个战略，分别举出一个企业进行分析。
5. 成功并购的基本特征有哪些？
6. 企业为什么要参与国际化经营？进入国际市场的方式有哪些？
7. 成本领先战略的内涵是什么？有何优势与不足？
8. 简述集中成本领先和集中差异化战略的实施条件。
9. 列举近年来采取差异化战略的企业，并分析其差异化的获取途径及采取这种战略的优劣势。
10. 市场细分的标准有哪些？

第五章

战略实施

学习目标

1. 了解战略实施的内涵。
2. 了解战略实施的模式。
3. 掌握战略实施的主要任务。
4. 掌握组织结构的基本类型。
5. 了解战略与组织结构设计之间的作用机理。
6. 了解企业文化的类型及与企业战略之间的关系。
7. 了解企业高层管理人员必须具备的基本素质。

思政目标

培养果敢、机智、果断等品质和团队精神。

一个良好的战略仅仅是战略成功的前提，有效的战略实施才是企业战略目标顺利实现的保证。而正确地实施战略要比战略决策困难得多。战略实施就像是一个线路很长的串联系统，它对系统各个组成部分的可靠性要求极高。战略的实施是一个有机的过程，即各职能部门有机协调、合作的过程。企业战略意图的实现，需要技术研发、生产、营销、财务、人力资源等各个职能部门间的密切配合。

第一节　战略实施概述

一、战略实施的内涵

战略实施是指将战略落到实处，将战略付诸行动，将公司总体战略、业务单位战略和职能战略中所确定的事项从总体上做出安排的全部活动过程。战略只有付诸实施，才能实现战略目标。

战略实施是战略管理中最复杂、最耗时也是最艰巨的环节。在性质上与战略制定不同，战略实施完全是以行动为导向的，它的全部工作就是要让事情正确地发生。战略实施包含了管理的所有内容，因此必须从公司内外的各个层次和各个职能入手，包括建设公司文化，完善公司规则和制度，制定策略方针，拟定各种预算，组织必要的资源，实施控制与激励，提高公司的战略能力与组织能力等。

二、战略实施的模式

根据战略制定与战略实施主体的责任与权力转移程度不同，战略实施模式可以划分为五种：指挥型模式、变革型模式、合作型模式、文化型模式和增长型模式。

战略实施的模式

(一)指挥型模式

在这种模式里，企业管理人员运用严密的逻辑分析方法重点考虑战略制定问题。高层管理人员或者自己制定战略，或者指示战略计划人员去制定企业所要采取的战略行动。一旦企业制定出满意的战略，高层管理人员便让下层管理人员去执行战略，而自己并不介入战略实施的问题。这种模式的优点是在原有战略或常规战略变化的条件下，企业实施战略时不需要有较大的调整，实施的结果也就比较明显。缺点是不利于调动职工的积极性。职工会因此感到自己在战略制定上没有发言权，处于一种被动执行的状态。

(二)变革型模式

与指挥型模式相反，在变革型模式中企业高层管理人员重点研究如何在企业内实施战略，他的任务是为有效地实施战略而设计适当的行政管理系统。为此，高层管理人员本人或在其他各方面的帮助下，进行一系列变革，如建立新的组织结构、新的信息系统，兼并或合并经营范围等，以增加战略成功的机会。该模式的优点是从企业行为角度出发考虑战略实施问题，可以实施较为困难的战略。这种模式适用于不同规模的企业。但是，如果企业环境变化过快，企业来不及改变自己内部的状况，这种模式便发挥不出作用，同时，这种模式也是自上而下地实施战略，同样也不利于调动职工的积极性。

(三)合作型模式

在这种模式里，负责制定战略的高层管理人员启发其他的管理人员运用头脑风暴法去考虑战略制定与实施的问题。管理人员仍可以充分发表自己的意见，提出各种不同的方案。这时，高层管理人员的角色是一个协调员，确保其他管理人员所提出的所有好的想法都能够得到充分地讨论和调查研究。此模式的优点是可以克服指挥型和变革型两种模式的不足之处，让高层管理人员在做决策时，可以直接听取来自基层管理人员的意见，并将他们的意见加以综合分析，从而保证了决策时所使用的信息的准确性。在这个基础上企业可以提高战略实施的有效性，但也有其缺陷：一是在这种模式下决定的战略实施方案会过于平稳，缺乏由个人或计划人员提出的方案中所具有的那种创造性；二是在战略实施方案的讨论过程中，可能会由于某些职能部门善于表达自己的意见，而导致战略实施方案带有一定的倾向性；三是战略实施方案的讨论时间可能会过长，以致错过了企业面对的战略机会，不能对正在变化的环境迅速采取战略行动。

(四)文化型模式

文化型模式扩大了合作的范围，将企业基层的职工也包括进来。在这种模式里，负责战略制定与实施的高层管理人员首先提出自己对企业使命的看法，然后鼓励企业职工根据企业使命去设计自己的工作活动。在这里，高层管理人员的角色就是指引总的方向，而在战略执行上则放手让每个人做出自己的决策。在这个模式里，战略实施的方法很多。有的企业采取类似日本企业的社训，有的利用厂歌，也有的通过规章制度和其他影响职工行为的方式来进行。所有这些方法最终要使管理人员和职工有共同的道德规范和价值观念。这种文化型模式打破了战略制定和实施中存在的"只想不做"与"只做不想"之间的障碍，每一个企业都或多或少地涉及战略的制定与实施，这是前三个模式中所没有的特点。但是，这种模式也有它的局限性。它要求企业里的职工有较高的素质，受过较好的教育，否则很难使企业战略获得成功。同时，企业文化一旦形成自己的特色，又很难接受外界的新生事物。

(五)增长型模式

在这种模式里，为了使企业获得更好的增长，企业高层管理人员鼓励中下层管理人员制定与实施自己的战略。这种模式与其他模式的区别之处在于它不是自上而下地灌输企业战略，而是自下而上地提出战略。这种战略集中了来自实践第一线的管理人员的经验与智慧，而高层管理人员只是在这些战略中做出自己判断，并不将自己的意见强加在下级身上。在变化较大的行业里的大型联合企业，比较适用这种模式。因为在这些企业里，高层管理人员面对众多的部门，不可能真正了解每个部门所面临的作业问题，不如放权给各部门，以保证成功地实施战略。这种模式的优点是给中层管理人员一定的自主权，鼓励他们制定有效的战略并使他们有机会按照自己的计划实施战略。同时，由于中下层管理人员和职工有直接面对战略的机会，可以及时地把握时机，自行调节并顺利执行战略。

三、战略实施的主要任务

战略管理的核心是使企业的自身条件与环境相适应。因此，战略实施的主要任务就是分析战略实施过程中的影响因素并使之与战略相匹配。具体来说，主要包括以下几方面。

(一)建立与战略相匹配的组织结构

"组织"是战略执行中最重要的、最关键的要素。好的"组织"不仅为"资源"或"要素"的运行提供最为适当的载体，而且可以部分地补足或缓解资源、要素等方面的缺陷。一个好的企业战略只有通过与其相适应的组织结构去执行才能起作用，因此，战略决定结构，组织结构必须按照战略目标的变化进行调整。

(二)战略资源与战略的有效匹配

企业的战略资源是指用于既定战略实施的人力、财力、物力等资源的总和，包括有形资源和无形资源两种。战略管理的实质是使企业的内部条件与外部环境所提供的机会和威胁相配合，战略实施作为企业内部条件与外部环境相连接的中间环节，决定了战略与资源匹配是战略实施的关键问题。企业在发展过程中，在不同的阶段将其战略不断更新，资源也在不断地积累。企业在制定现行战略时，必须充分预测将来的环境、资源的变化，并对资源进行必要的、合理地配置。资源的配置应该与既定战略和战略更新有效匹配。企业的战略资源与战略实施的匹配受外界复杂多变的环境的影响，是个动态的匹配过程。

（三）企业管理层的领导风格与战略的匹配

管理层领导风格与既定战略的匹配是战略实施有效性的关键。由于不同的战略对战略实施者的知识、价值观、技能及个人品质等方面有不同的要求，因而管理者的领导风格要与既定战略相匹配。管理者必须具备对企业管理的熟悉程度、产业经验、管理职能的背景情况，提高与战略匹配的有效性。

（四）企业文化与战略实施的匹配

战略的成功实施建立在组织成员的共同信念和理解的基础之上。文化不仅影响组织所使用的分析方法，而且影响组织中流行的思维方式，因而也就影响战略的实施过程。文化是企业获得持久竞争优势的重要资源，与战略相匹配的先进文化可以推动战略的成功实施。相反，落后的、与战略思想相抵触的文化则会阻碍战略目标的实现。

第二节 企业战略与组织结构

企业战略与组织结构的有效结合是企业生存和发展的关键因素之一，一个企业的成功就在于能制定适当的战略，同时能建立适当的组织架构以贯彻其战略。企业战略的变化往往导致其组织结构的变化，组织结构的重新设计又能够促进企业战略的实施。企业战略和组织结构之间是一个动态匹配的过程。孤立地制定战略或设计组织结构都很难奏效，只有将两者视为一个有机整体并放在不断变化着的环境中去考察，才可能有效地促进企业健康持续地发展。

一、组织结构

组织结构是指关于组织在运行过程中涉及的目标、任务、分工协作、权力、结果及相互关系的系统，它阐明的是全体员工在职务范围、工作责任、任务和权力方面所形成的相互关系的结构体系，用以确定各项工作任务分配，以及内部工作报告和内部协调的机制。组织结构包含三层意思：一是组织从上到下纵向的管理层次、管理幅度和报告关系的确立；二是组织内横向单位之间主要职责、工作流程、沟通与协调关系的确立；三是组成组织的各个单位及岗位主要职责和任务的明确划分。这三个方面互相作用，共同构成一个完整的组织结构。

二、组织结构的基本类型

组织结构的类型，是指一个组织以什么样的结构方式去处理层次、跨度、部门设置和上下级关系。组织结构的类型包括以下五种。

(一)简单结构

简单结构又称直线制结构，企业的所有者兼经营者做出所有主要决定，并监控企业的所有活动。一般来说，简单结构适合提供单一产品，占据某一特定地理市场的企业。具有简单结构的公司可能会选择市场渗透战略或集中差异化战略。简单结构如图 5-2 所示。

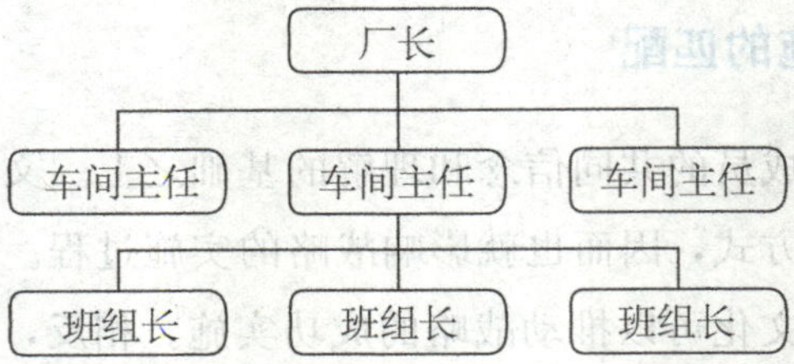

图 5-2　简单组织结构

(二)职能制组织结构

职能制组织结构，是指各级行政单位除主管负责人外，还相应地设立一些职能机构。如在总经理下面设立职能机构和人员，协助总经理从事职能管理工作。其优点在于：能适应现代化工业企业生产技术比较复杂，管理工作比较精细的特点；能充分发挥职能机构的专业管理作用，减轻直线领导人员的工作负担。但缺点是妨碍了必要的集中领导和统一指挥，形成了多头领导，不利于建立和健全各级行政负责人和职能科室的责任制等。职能制组织结构如图 5-3 所示。

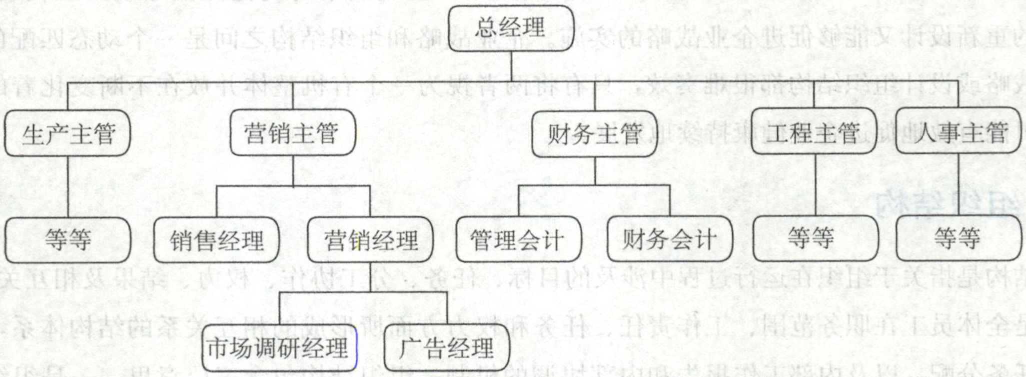

图 5-3　职能制组织结构

(三)多部门型组织结构

多部门型组织结构通常是指以地区、产品或服务项目、用户和生产工序或业务过程的不同来划分的组织形式。在多部门型组织结构中，职能业务活动在总公司和各自独立的子公司两个层次进行。多部门型组织结构的一般形式如图 5-4所示。

1. 多部门型组织结构优点

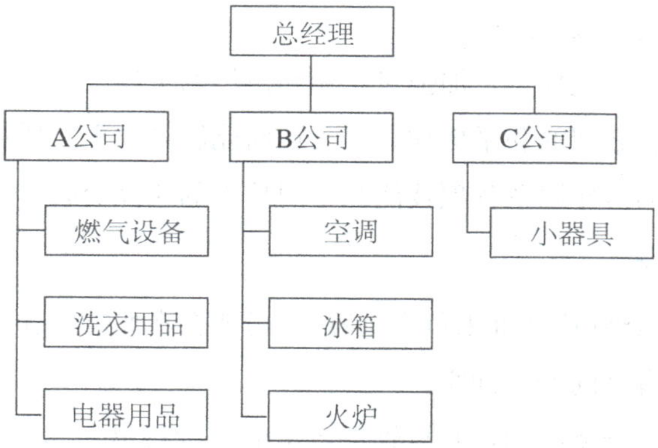

图 5-4 多部门型组织结构

(1)集中关注业务领域。

(2)解决了职能合作问题。

(3)可以衡量各部门的业绩。

2. 多部门型组织结构缺点

(1)职能重复，加大了管理费用。

(2)形成了各部门之间的利益冲突。

(3)与总部关系容易出现问题。

(四)矩阵制组织结构

矩阵制组织结构是为了处理复杂项目中的控制问题而设计的。这种结构在职能和产品或项目之间起到了联系的作用。这样，员工就拥有了两个直接上级，其中一名上级负责产品或服务，另一名负责职能活动。矩阵制组织结构将个人或单元横向归类为小组，并由小组处理进行的战略事务。这一混合制结构在一定程度上保持了职能制结构和多部门型结构的优点。矩阵型结构如图 5-5 所示。

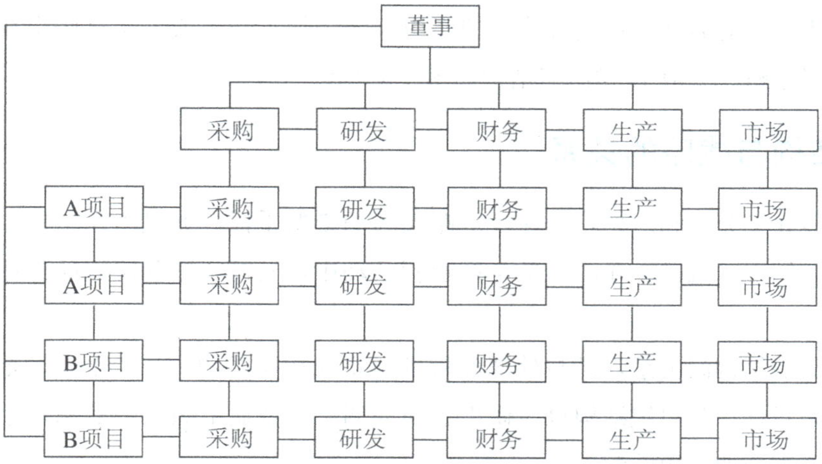

图 5-5 矩阵制组织结构

1. 矩阵制组织结构优点

(1)对项目经理及员工有更大激励效应。

(2)能更加有效地优先考虑关键项目，加强对产品和市场的关注。

(3)与产品主管和区域主管之间的联系更加直接，从而能够做出更有质量的决策。

(4)实现了各个部门之间的协作以及各项技能和专门技术的相互交融。

2. 矩阵制组织结构缺点

(1)可能导致权力划分不清晰(比如谁来负责预算)，可能会在职能工作和项目工作之间产生冲突。

(2)双重权力容易使管理者之间产生冲突。

(3)管理层可能难以接受混合型结构，并且管理者可能会觉得另一名管理者将争夺其权力，从而产生危机感。

(4)协调所有的产品和地区会增加时间成本和财务成本，从而导致制定决策的时间过长。

(五)H 型组织结构(控股企业/控股集团组织结构)

当企业不断发展时，可能会实施多元化的战略，业务领域涉及多个方面，甚至上升到全球化竞争层面，这时企业就会成立控股企业。其下属子企业具有独立的法人资格。控股企业可以是对某家企业进行永久投资的企业，主要负责购买和出售业务。在极端形态下，控股企业实际上就是一家投资企业。或者，控股企业只是拥有各种单独的、无联系的企业的股份，并对这些企业实施较小的控制或不实施控制；再者，控股企业是多家自主经营的业务单位组合的企业。虽然这些业务单位属于母公司的一部分，但是它们都独立经营并可能保留其原本的企业名称。这类母公司的作用仅限于做出购买或出售这些企业的决策，而很少参与它们的产品或市场战略。一般 H 型组织结构如图 5-6 所示。

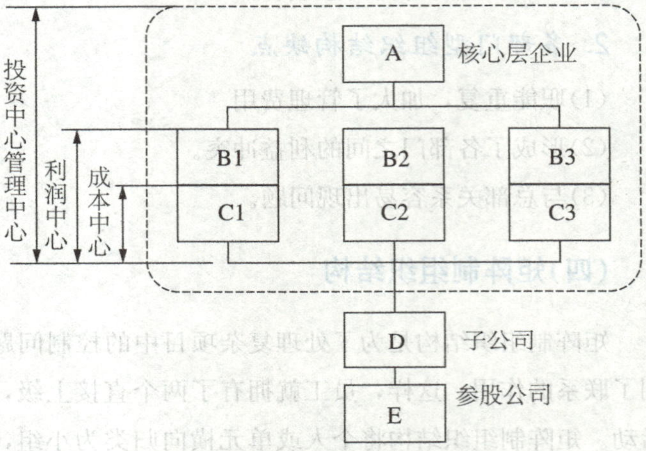

图 5-6 H 型组织结构

三、组织结构与战略的关系

组织结构的功能在于分工和协调，是保证战略实施的必要手段。通过组织结构，企业的目标和战略转化成一定的体系和制度，融进企业的日常生产经营活动中，发挥指导和协调的作用，以保证企业战略的完成。

企业的战略与组织结构的关系，是与外部经济发展状况相联系的。一般来说，企业在不同的发展阶段中，有不同的战略目标，其组织结构也应做出不同的调整。企业组织结构的调整是企业战略实施的重要环节，同时也决定着企业资源的配置。

生产力水平决定了企业组织结构模式的发展趋势，在一定生产力水平制约下，企业采用什么组织结构，是与它采取什么企业行为密切相关的，而决定企业行为的正是企业所制定的战略。

企业组织结构的调整，并不是为调整而调整，而是要寻找、选择与经营战略相匹配的组织结构。企业是按产品设置组织结构还是按职能设置组织结构，是按地理区域设置分公司还是按用户设置分部，是建立战略事业部结构还是采用更为复杂的矩阵结构，一切必须以与战略相匹配为原则，以提高企业沟通效率、激励员工参与为目标。如：与单一经营发展阶段相适应的是早期的层级结构(直线制、职能制、直线职能制)；与市场和产品多样化阶段相适应的是分权事业部制；与项目为中心的经营活动相适应的是矩阵结构；以产品为中心划分事业部的大型跨国公司，采用的是与之相适应的多维立体制结构。

(一)战略与组织结构设计之间的作用机理

美国著名学者钱德勒认为“战略决定结构，结构追随战略”。因此，战略对组织结构设计起着支配作用，这主要表现在以下两个方面。

(1)不同的战略要求不同的业务活动，从而影响部门和职务等方面的设计。从纵向来看，即从战略发展的历程来看，不同阶段的战略类型有着不同的组织结构形式。如表 5-3 所示。

表 5-3　战略发展阶段与组织结构的对应关系

战略发展阶段	主要的组织结构形式
第一阶段：数量扩大战略阶段	直线型的简单结构
第二阶段：地域扩散战略阶段	职能结构
第三阶段：纵向一体化战略阶段	集权的职能制结构
第四阶段：多种经营战略阶段	分权的事业部制结构

从横向来看，即从战略涉及的经营领域范围来看，单一经营战略和不同形式的多种经营战略要求不同的组织结构形式与其适应。如表 5-4 所示。

表 5-4　经营战略与组织结构的对应关系

经营战略	组织结构
单一经营战略	职能制
副产品型多种经营战略	附有单独核算单位的职能制
相关型多种经营战略	事业部制
相连型多种经营战略	混合结构
非相关型多种经营战略	子公司制

(2)战略中心的转移会引起组织工作重点的改变，从而导致各部门与职务在组织中地位的改变，并最终导致各管理职务以及部门之间关系的相应调整。

管理大师彼得·德鲁克认为：“整个企业的组织结构如同一栋建筑物，各项管理职能如同建筑物的各种构件和砖瓦材料，而关键性的职能就好比建筑物中负荷量最大的那部分构件。”因此，任何一家卓有成效的公司，其关键职能总是设置于企业组织结构的中心地位，至于哪项职能成为关键职能主要是由企业经营战略中心所决定。有的企业把质量放在中心地位，实行以质取胜的战略；有的企业则把技术开发放在中心地位，实行以新产品取胜的战略。总之，不同的战略中心，要求有不同核心的组织结构。如表 5-5 所示。

表 5-5　战略与关键职能的对应关系

战略	关键职能
产品驱动型战略	产品的改进、销售与服务
客户或市场驱动型战略	市场调研、提高客户忠诚度
技术驱动型战略	研发、应用推广
生产驱动型战略	生产效率、营销
销售或营销驱动型战略	招聘销售人员、销售
物流驱动型战略	系统结构、系统效率改进
资源驱动型战略	开采、加工
成长驱动型战略	资产管理、投资
利润驱动型战略	投资组合管理、信息系统

(二)战略对组织结构设计的导向

战略视角下的组织结构设计要求组织结构应具有某种倾向性，或是“效率”至上，或是强调“学习”，或是两者兼顾。采用成本领先战略和防御型战略要求从提高效率的角度来设计组织结构。它们要求高强度的集权、严密的控制、标准化的操作程序及高效率的采购和分销系统，要求员工在严密的监督和控制下执行常规任务，不能自主作出决策或采取行动。与之相反，差异化战略和探索型战略要求考虑组织的学习能力，鼓励员工不断尝试和学习，因而采取一种灵活而有弹性的结构，强调横向之间的协调；充分授权员工、鼓励员工直接与顾客一道工作，并奖励其创造力和冒险精神。这类组织对研究创造性和创新性的重视超过了对效率和标准程序的关注。而分析型战略一方面要在稳定的产品线经营中求得效率，另一方面又要在新产品领域保持灵活性和学习能力，因此为了取得效率与学习之间的平衡，往往表现为一种混合式的组织特征。反应型战略是一种被动型战略，现实情况的经常变化要求组织结构会发生急剧改变。因此这种战略没有明确的组织形式，也无明显的组织结构倾向。表 5-6 概括了与竞争战略相对应的组织结构特征。

表 5-6　与竞争战略相对应的组织结构特征

差异化战略	成本领先战略
学习导向：灵活宽松的行为、强有力的横向协调	效率导向：较强的集权、严格的成本控制、频繁详细的控制报告
强大的研究开发能力	标准化操作程序
密切联系顾客的价值观和行动机制	高效率地采购和分销系统
鼓励员工发挥创造性、冒险和创新	严密地监督，常规任务，很少向员工授权

第三节 企业战略与企业文化

一、企业文化的内涵

由于文化概念，企业管理理念、理论与模式的不同，企业文化也就有了多种不同定义。一般认为：企业文化是企业在经营过程中形成的经营理念、经营目的、经营方针、共同价值观念、经营行为准则、社会责任与经营形象等方面的总和。其内涵之广包含了企业所有硬要素与软要素：既包括企业产品(或服务)本身，也包括企业经营宗旨；既反映企业厂容厂貌，也反映企业员工精神面貌；既体现企业流程，也反映企业经营理念。考虑企业所遵循的价值观、信念和准则这些构成文化基础的东西很难被观察和测量，因而本教材对企业文化定义采用一个更易操作的观点：企业文化代表了企业内部的行为指针，它们不能由契约明确下来，但却制约和规范着企业的管理者和员工。

二、企业文化的类型

尽管理论界在企业文化的定义和范围上存在很大的分歧，而现实中也确实没有哪个企业的文化是完全相同的。但英国当代最知名的管理大师查尔斯·汉迪在 1978 年提出的关于企业文化的分类，将企业文化的共性进行了总结，提出了四种经典的企业文化类型，至今仍具有相当重要的参考价值。他将文化类型从理论上分为四类，即：权力导向型、角色导向型、任务导向型和个人导向型。

(一)权力导向型

权力导向型文化，也称作集权式文化、铁腕型家长文化，权力中心只有一个，通常是由一位具有领袖魅力的创始人或其继任者，以相当权威化的方式运作。企业的领导人很强势，有决断力，反应速度很快。而中间管理阶层采取主动的空间不大。这种企业文化，在决策正确的情况下，有助于公司快速成长。

但是，同样可能发生的情况是，如果决策错误，将为公司带来灾难。该类企业在运行中明显忽视人的价值和一般福利。这类企业经常被看成是专横和滥用权力的，因此它可能因中层人员的低士气和高流失率而蒙受损失。权力导向型文化通常存在于家族式企业和初创企业当中。

(二)角色导向型

角色导向型文化，也称作各司其职的文化，在大型且注重既定程序的公司里经常可见。这些企业中每个人的角色、工作程序，以及授权程度，均清楚界定。在这种文化之下，既定的工作说明与工作程序比个人特质重要。这类组织相当稳定且规律化，但也缺乏弹性，步调迟缓。这种企业有时被称作官僚机构，此类文化最常见于一些历史悠久的银行与保险公司，以及我国的国有企业等。

角色导向型文化十分重视合法性、忠诚和责任。这类企业的权力仍在上层，这类结构十分强调等级和地位，权力和特权是限定的，大家必须遵守。

角色导向型文化具有稳定性、持续性的优点，企业的变革往往是循序渐进的，而不是突变的。在稳定环境中，这类文化可能带来高效率，但是，这类企业不太适合动荡的环境。

(三)任务导向型

任务导向型文化，也称作目标导向型文化，在这种文化中，管理者关心的是不断地和成功地解决问题，对不同职能和活动的评估完全是依据它们对企业目标作出的贡献。这类企业采用的组织结构往往是矩阵式的，为了解决某一特定问题，企业可以从其他部门暂时抽调人力和其他资源，而一旦问题解决，人员将转向其他任务，所以无连续性是这类企业的一个特征。

实现目标是任务导向型企业的主导思想，不允许有任何事情阻碍目标的实现。企业强调的是速度和灵活性，专长是个人权力和职权的主要来源，并且决定一个人在既定情境中的相对权力。这类文化常见于新兴产业中的企业(特别是一些高科技企业)、公关公司、房地产经纪公司以及销售公司等。

这类文化具有很强的适应性，个人能高度掌控自己分内的工作，在十分动荡或经常变化的环境中会很成功。但是，这种文化也会给企业带来很高的成本。由于这种文化有赖于不断地试验和学习，所以建立并长期保持这种文化是十分昂贵的。

(四)个人导向型

这类文化完全不同于上述三种类型。个人导向型文化，也称作利他导向型文化。在这种文化中，重视个人的文化，主要由个人主导工作，强调个人价值与专业，员工对企业的忠诚度较低。员工通过示范和助人精神来互相影响，而不是采用正式的职权。这一文化常见于俱乐部、协会、专业团体和小型咨询公司。

这类文化中的人员不易管理，企业能给他们施加的影响很小，因而很多企业不能支持这种文化的存在。

虽然汉迪关于企业文化的分类不能囊括所有的文化类型，而且一个企业内部可能还存在不同的亚文化群，但是，这四种分类较好地总结了大多数企业的文化状况，因此可以作为研究企业文化与战略关系重要的分析基础。

三、企业文化的作用

企业文化于企业有着诸多巨大的功能与作用，正是因为其诸多的作用，才使得企业文化得到企业的高度重视而得以持续建设。其作用主要通过以下六大功能来体现。

(1)导向功能。导向功能是指对企业整体及其成员的价值与行为取向所起的引导推动作用。具体表现在两方面：一是对企业成员个体的思想和行为所起的引导作用；二是对企业整体的价值取向和经营管理所起的引导作用。

(2)凝聚功能。凝聚功能是指通过其共同价值观的作用而形成一种黏合力，从而产生一种巨大的向心力和凝聚力，将所有企业员工聚合成团结、积极向上的整体。

(3)激励功能。激励功能是指企业文化发挥积极向上的理念和行为准则的作用，使企业员工从内心产生一种高昂情绪和奋发进取的精神效应。

(4)协调功能。协调功能是指企业文化借助其共同价值观的作用，使企业能够正确而和谐地处理组织内外各种关系，为组织正常运转创造良好的条件和环境，有效促进企业目标的实现。

(5)约束功能。约束功能是指对企业员工的思想、心理和行为所具有的约束和规范作用。既有各种制度强制性的硬约束，也有通过文化氛围、道德规范等发挥的无形的软约束。

(6)美化与品牌功能。美化与品牌功能是指通过学习、企业文化植入等手段提升员工个人素质，进而美化员工心灵与企业形象，对企业员工产生作用与影响的同时，通过企业形象与各种宣传渠道而产生的品牌与美化效应对社会产生影响。

四、企业战略与企业文化的关系

企业战略与企业文化相互依存、相互适应和相互协调。一方面，企业战略随企业发展而发展，即企业所处环境与自身条件变化时，企业战略必须适当调整而形成新的战略。企业文化虽随着企业变化而变化，但企业的价值观体系很难及时改变，这时企业战略向企业文化提出挑战，企业文化必须做出相应提升和变革，否则很难适应企业的发展。不能适应企业发展的文化不是优秀的企业文化，企业文化应该推动企业战略向前顺利实施。另一方面，企业文化又制约企业战略的形成与实施。面对多变的环境，如果企业不能适应环境与企业自身的变化，依然墨守成规，不能变革价值观与理念，企业即使形成和制定战略，也是与企业的发展不相适应的，更不能促进企业的发展，其战略的实现也不是企业应追求的目标。企业文化只有随时适应多变的环境和企业自身的变化与发展，及时调整其价值观体系，才能形成适宜的、优秀的企业文化。价值观体系决定企业战略体系，企业战略体系依企业文化变化而变化，只有这样，优秀的企业文化才会促进企业适宜的战略形成、制定与实施。因此，企业战略与企业文化只有互为依存、互为适应、互为协调，才会并驾齐驱地推动和促进企业的发展。

(一)企业文化是企业战略形成、制定和实施的基础

企业处于创建初期与发展早期，企业战略的形成、制定和实施也是企业主要价值链之一——人力资源所为；企业处于发展成熟期时，其战略更是企业的价值取向与企业存在的根本任务和意义的体现，即企业文化发挥其核心价值观与共同行为准则的影响，使企业结合自身状况与其所处及未来可能面临的环境形成、制定与实施自己适宜的战略，只有这样的战略才是人心所向的。同时，企业文化发挥其导向、凝聚、鼓舞人心等功能，使得企业战略的实施相对顺畅。因此，无论企业处于何种发展状态，企业文化都是企业战略的基础，它支撑与保障企业战略的实现。

(二)企业文化是企业战略顺利实施的关键和核心

企业战略的实施，除了运用完善的有形资源、手段和措施外，必须运用好“人”这一关键的核心因素。而企业文化，尤其是优秀的企业文化，凭借其共同价值观和理念铸成共同的思维模式，将企业员工的行为凝聚成整齐划一而共同向前的行为方式，只有这种共同的行为，才能保证、促进企业战略的顺利实施、成功实现，否则，企业战略可能会被悬搁于有形框架而不能生根、发芽、开花、结果。

五、企业文化形成竞争优势的关键

理论实践证明，企业文化与企业的竞争优势之间存在不可分割的关系。企业文化与资金、技术、人才一起组成企业的资源，在形成竞争优势上有着重要的作用。

(一)核心价值观修炼

企业文化是企业员工价值观的体现，是企业的经营理念。迪尔和肯尼迪指出："强势文化几乎总是美国企业持续成功的驱动因素。"强势文化论认为，强势文化有助于保持企业目标的一致性，提高员工的工作积极性，并提供必要的组织和管理机制，因而有利于企业减少对官僚机制的依赖，提高企业的活力和变革能力。一个企业若有强势的企业文化，有被员工认同的核心价值观，企业员工就会精神饱满、管理规范、生产紧张有序；反之，若企业文化没有达成共识的核心价值观，企业员工便会无精打采、人浮于事。企业文化中所包含的核心价值观对改变员工的价值观有着重要的作用，这是因为优秀的企业文化才会激励员工努力工作，创造更多的经济效益。

(二)提升企业的凝聚力

凝聚力强的企业往往能创造出更高的效率，提升企业的凝聚力也是企业文化建设工作的一个重要组成部分。留住人是企业存在和发展的前提，留住人就要提高企业的凝聚力，建立团队式的企业文化，在企业内部形成良好的人际关系、良好的领导作风、良好的企业道德、良好的企业风气和企业精神。这样既有利于促进生产经营活动，获得较好的效益，又以雄厚的物质基础来改善员工的物质和文化生活，形成一种良性循环，并长久地维持下去，从而使企业具有更强的竞争优势。因此，提升企业的凝聚力也是企业文化形成竞争优势的一种路径。

(三)提升企业的学习创新能力

在知识经济时代，学习的速度和效率决定了一个组织竞争优势的大小。加强组织学习，培养学习型组织，提高组织学习能力，是许多企业获得竞争优势的重要途径。组织学习是指组织成员不断获取知识，改善自身的行为和优化组织的体系，是组织保持可持续生存及健康和谐发展的过程。学习型组织是指组织成员能够有意识、系统和持续地不断获取知识，改善自身的行为和优化组织的体系，从而在不断变化的内外部环境中，保持可持续生存和健康地和谐发展。学习型组织是通过培养学习气氛，充分发挥企业成员的创造性思维而建立的一种有机的"高度柔性的""扁平的""符合人性的""能够持续发展的"组织形式，其核心是培养和提高组织学习能力。企业要发展和培养自身的学习能力，需要做到以下几点。

第一，企业成员在知识增长的环境下改善和更新知识结构以获得竞争优势，只有养成终身学习的习惯，才能形成组织学习的良好氛围。

第二，组成企业系统的所有成员通过过程学习和培训提高创新能力，促进组织效能的最优化。

第三，制定鼓励学习和创新的制度，使创新成为企业成员的自觉行动和组织行为的准则。

第四，构建合理的企业愿景，实现企业文化和企业战略的融合，使企业团队形成向心力和凝聚力，能够在共同目标的指引下形成学习和知识创造的共享意识和自觉行动。

（四）提升企业的管理创新能力

管理创新是指创造一种更新、更有效的资源整合范式，这种范式既可以是新的有效整合资源以达到企业目标和责任的全过程管理，也可以是新的具体资源整合及目标制订等方面的细节管理。管理创新的目的是激发社会再生产过程中的主体的积极性，通过各种生产要素进行重新组织，为实现主体目标而协同努力。现代的管理方式和模式已经发生了根本性的变革，提升科学管理水平是提高企业文化竞争力的重要途径。管理创新能力也是企业文化竞争优势的基础，其内容主要包括基础管理能力、流程再造能力、组织创新能力、企业信息化能力和资本运营能力。实施管理创新就是要按照现代企业制度的要求，放弃旧的传统管理模式及其相应的管理方式，创造一种更新、更有效的资源整合方式，最终形成一套与市场经济相吻合的管理机制。企业通过企业文化这种资源形成核心竞争力，促进企业管理创新，从而保持企业可持续发展。

第四节　企业战略与高层管理人员

作为战略执行者的高层管理人员，其行为将直接关系到企业的绩效。他们接受董事会的监督和领导，对公司战略的实施起全面推动作用。通过他们，企业的战略得以转化为产品的竞争力，从而获得更好的生存空间。高层管理人员作为战略的实施者，其能力、工作绩效对于企业竞争力的提升至关重要。企业成功的一个关键因素就是拥有一个具有卓越管理技能的高层管理团队。

一、高层管理人员的组成

高层管理人员是指一个组织的最高领导层，其主要职责是根据组织内外的全面情况，分析和制定该组织长远目标及政策，即组织的任务及战略。以多元化经营的大公司为例，其高层管理人员主要包括企业主管、事业部总经理和事业部高层管理团队的其他人员。具体包括首席执行官（CEO）、首席运营官（COO）、首席营销官（CSO）、首席技术官（CTO）、首席财务官（CFO）、首席人力资源总监（CHO）等。

二、高层管理人员应具备的素质

高层管理人员应具备以下五大方面的素质。

高层管理人员应具备的素质

（一）思想素质

思想素质是思想品德、道德修养、工作态度的总和。它是高层管理人员素质的统帅及核心。企业高层管理人员应具备以下几个方面的思想素质。

（1）具有正确的世界观、人生观、价值观。

（2）具有强烈的事业心。

(3)能密切联系群众，发扬民主作风。

(4)作风正派、办事公道。

(二)知识素质

高层管理人员的知识素质是取得事业成功的基础。现代化的企业，只能由具有现代化知识的人领导。高层管理人员的知识素质很大程度上决定了他们的能力，同时也影响他们的思想素质。高层管理人员应当掌握以下基本知识。

(1)应当懂得现代市场经济理论。

(2)通晓国家政策法令，特别是有关经济方面的法令、条例、规定和制度。

(3)应精通企业经营管理的基本原理和方法。

(4)应熟知本企业的业务知识。

(5)应具有创新的意识和观念。

(三)技能素质

技能是人的才能在实际操作中的具体表现。技能素质是企业高层管理人员一切素质的集中反映，其他素质的表现均由技能素质来体现。技能素质是一种综合性的能力，是多种能力的集合体。从高层管理人员应具备的特点来看，应包括能够使企业不断前进的创新能力、运筹帷幄的决策能力、维持关系的协调能力、知人善任的用人能力等。

(四)心理素质

高层管理人员的心理素质是指企业高层管理人员在个人身上所表现出来的本质的、经常的、稳定的个性心理特征。高层管理人员良好的心理素质是实现企业战略目标、提高企业绩效的重要条件之一，它包括的内容比较广泛。对于企业高层管理人员来说，应当具备以下方面的心理素质。

(1)心理行为上的主导型。主导型人才思维能力强，勇于开拓创新，善于学习，办法多，在群体中往往是举足轻重的角色，也是角色的传递者。

(2)人格心理的外向型。人格的心理特征，可分为内向型、外向型、中间型。典型的内向者爱沉思，喜独处，淡交往，对外界回避介入。典型的外向型者则开朗乐观，善交际，愿冒险，喜变化。一般人总是二者兼有，只是侧重不同。企业高层管理人员的人格心理特征应表现为外向型。因为企业是庞大社会的一个基本经济“生物体”，在外界环境的挑战下，适者生存，企业高层管理人员必须以绝大部分精力应对挑战。

(3)心理品质的果断顽强性。高层管理人员的首要任务是决策。从决策者的心理特征分析其素质类型，主要有果断顽强型和多虑型两种。果断顽强型决策者，是指经过深思熟虑的选择，能迅速、明确地表达出来，并坚决地去实现既定目标。而多虑型决策者除了具有深思熟虑和沉着稳健的优点外，还有优柔寡断和犹豫不决，容易丧失良机的弱点。企业高层管理人员的心理品质应以果断顽强型为主导特征。这是因为在市场竞争十分激烈的条件下，既要求企业高层管理人员要随机应变，又要求其在风险决策时要果断、坚决，保证战略的执行。

(五)生理素质

生理素质即身体素质，具有良好的身体素质是人们从事事业的根本保证。随着科学技术的飞速发展，高层管理人员的工作变得越来越复杂繁重。对身担重任既用脑又用体力的企业高层管理人员而言，没有良好的身体素质是难以胜任的。因此，在培养、提高其他方面素质的同时，高层管理人员还必须身体健康，具备强壮的体魄、乐观的性格及充沛的精力。

三、高层管理人员的领导类型

高层管理人员的知识、能力、经验、性格修养和领导风格必须与将要实施的战略相适应。高层管理人员对战略实施和目标实现有着关键性的影响。为保证战略实施，企业必须选择具有与所实施战略相匹配的领导风格或背景的高层管理人员。如美国的曼哈顿银行的信托部经理退休时，该部门的业务已基本稳定，银行的高层领导者还是决定该部门应采取更加积极进取的战略。为此，银行聘用了一位长期在IBM任职的高管，而不是寻找一位经验丰富的银行家，理由是该人具有强烈的顾客—市场营销观念，可以更有效地实施新战略。

根据一项研究成果，可以按照与不同战略相匹配的领导风格将高层管理人员划分为以下几种类型。

(1)动态产业的专家。这部分高层管理人员的知识、能力、经验等都集中在某个特定的产业方面，而且积极进取，比较适应于采用纵向或横向一体化战略的情况。

(2)分析型经营组合管理者。这部分高层管理者有分析头脑，有多种产业的知识，能管理多样化的产品线，风格比较保守，适应于采用稳定型战略的情况。

(3)谨慎型利润计划者。这部分高层管理者有生产或工程背景，有预算控制和执行标准化程序的经验，风格比较保守，适应于采用稳定型战略的情况。

(4)转向专家。这部分高层管理者有迎接挑战、为弱小企业寻找出路的经验，比较适应于采用紧缩型战略的情况。

(5)职业的清算专家。这部分高层管理者善于为破产企业办理清算事宜，适应于采用清算战略的情况。

事实上，选择与所实施战略相匹配的高层管理人员是一件非常困难的事情，企业经常无法找到实施某项战略的管理者。企业需要有一个继承性规划，通过开发和培养来储备一批后备人才，他们熟悉企业的生产经营和文化，长期参与企业战略的制定和实施，较易于解决与战略相适应的问题。

思考与练习

1. 简述战略实施的主要任务。
2. 如何理解战略和结构的交互关系？
3. 企业文化是如何影响企业战略实施的？
4. 高层管理人员的领导风格对企业战略实施有何具体影响？举例说明。

第六章

公司治理

学习目标

1. 公司治理的有关理论；
2. 公司治理的基本原则；
3. 董事会的职权及其在公司治理中的作用；
4. 董事会与高级管理层的角色分离；
5. 独立董事、审计委员会在公司治理中的作用；
6. 机构投资者的行动主义与公司治理；
7. 信息披露在公司治理中的作用；
8. 注册会计师审计在公司治理中的作用(包括政府及有关监管机构的审计在公司治理中的作用)。

思政目标

树立迎难而上的精神。

寻求外部资金来推进快速成长的公司通常会选择在公开的资本市场上筹集资金，将公司所有权分拆成相等份额的股票或将公司的债务分拆成相等份额的债券。随着股票或债券的发售，公众及机构投资者通过购买股票或债券把资金投入到公司中。这些股东并不介入公司的日常经营，而是把经营资源和经营公司的责任委托给公司管理层。由于管理层处在“内部”的位置上，因此他们能够获得比公众及其他机构投资者更多的有关公司财务状况和总体经营的信息。

所有者和管理层的这种信息不对称，与贪婪和个人动机相结合，可能会导致管理层为了个人利益而不恰当地利用投入的资源，或截留、或不准确地报告信息。非理性的投机行为以及缺乏有效的公司治理导致了 20 世纪 20 年代灾难性经济危机的爆发，并在进入 21 世纪之交再次重演。2001 年美国安然公司、世界通信公司等全球著名公司宣告破产，使得全球都在关注公司治理失败的问题，以及有效的公司治理应该起到的制止失败的作用，有关国家迅速出台了加强和改进公司治理的法律或建议。美国国会出台了《萨班斯法案》(2002)，英国则发布了《希格斯报告》(2003)和《史密斯报告》(2003)。中国证监会亦于 2002 年发布了《上市公司治理准则》。经济合作与发展组织(OECD)亦随后发布了《OECD 公司治理准则》(2004)。在国家和超国家层面上，自发或强制的公司治理准则和政策文件的发布，表明全球各国都在积极推进公司治理改革。本书将主要介绍公司治理的基本理论和基本制度安排，以及如何避免管理层利益在公司中占主导地位，实施有效的治理机制使公司战略更好地实现股东的利益。

第一节 公司治理的基本理论

“治理”的英文 governance 来自拉丁语 steering，原意思是引领导航，它意味着公司治理的职能是指导而不是控制。

一、公司治理的概念

由于存在资本市场，公司可以方便地筹集到必要的投资资本，以便拓展新市场，提供充足的研发资金，购置生产新产品所需的建筑物、技术和设备。另外，公司的资本需求量通常超出了任何个人或小型投资者群体所拥有的资源。资本市场允许公司出售标准份额的所有权（即股票）或者标准份额的债务（即债券），从而能够从一群投资者和债权人那里筹集到巨额的资本。投资者和债权人之所以参与公开的证券交易市场，是因为他们相信他们能够赚取比选择其他的投资方案更好的回报。因此，“公众公司”就是把它们的股票或债券销售给公众，从而给公众一份基于该公司资源经管所获得的正当利益的公司。公开上市的结果是外部投资者变成“缺席的所有者”，缺席的所有者把公司的日常经营交付给一个执行管理团队，其成员是那些具有经营公司的才能却缺乏足够的财力自己创业的管理专家。

由于管理层涉及经营的各个方面，从过去的业绩到未来的计划和预测，他们拥有的信息远远超过了缺席的所有者可以获得的信息。这种信息上的不均衡、不对称，人性的贪婪和自利可能把管理层引导到错报企业真实业绩和经营状况的位置上。管理层向缺席的所有者和其他市场参与者高报公司的价值，给他们带来的回报将会很大。在 20 世纪 90 年代后期股票市场的泡沫中，管理层中的 CEO 们收到价值数千万乃至数亿美元的报酬是司空见惯的。这些巨额的报酬以股票的形式体现出来，它们在某些情况下是因为管理层通过财务报表或其他沟通方式向市场进行虚假陈述而被高估价值。需要有适当的公司治理政策和程序来确保管理层为缺席的所有者和整个社会的最大利益而努力。例如，人性的贪婪和缺乏足够的公司治理实务的牵制，就驱使安然公司的管理层在公司崩溃之前通过欺诈性地抬高股票价值而进账数百万美元。

公司治理从一个研究问题到演化成为一个独立的学科发展了很长时间，理论界、政策制定机构、实务界对其概念目前尚没有统一的定义。现有的公司治理概念可以区分为两大类别，即狭义定义和广义定义。从狭义角度定义看，公司治理是公司及其股东的关系，是监督和控制过程，以保证公司管理层的行为同股东的利益相一致。从广义定义看，公司治理不仅包括了监督和控制公司及其所有者之间的关系，也包括了监督和控制公司与其他广泛的利益相关者的关系，这些利益相关者包括雇员、客户、供应商、债权人，甚至社会公众等。尽管公司治理的定义存在一定的差异，但其含义至少包括了以下三个方面的基本特征：

(1)公司治理是一种规范公司所有者、董事会和管理层的制度安排。公司治理是用来管理利益相关者之间的关系，决定并控制企业战略方向和业绩的一套机制。公司治理的核心是寻找各种方法确保有效地制定战略决策，管理潜在利益冲突的各方之间的秩序。公司治理是在合法、合理、可持续性的基础上实现股东价值最大化，同时确保公平对待每一个利益相关者。因此，公司治理反映了企业的文化、政策、如何处理利益相关者之间的关系及其价值观。

(2)公司治理是一种对公司内部和外部的制衡体系，以保证公司对所有利益相关者履行受托责任，并且以一种对社会负责的方式开展各地区的业务经营活动。有效的公司治理能够解决缺席的所有者和管理层之间信息不对称的矛盾。良好的公司治理创造了一个机制，确保对投入资本的恰当经管和如实报告公司的经营状况和业绩。

(3)公司治理的目的是用来帮助所有人员及其所执行的所有程序和活动，确保公司资产得到恰当经管。公司治理是某些程序的实施和执行，这些程序的目的是确保那些管理公司的人为了缺席的所有者的最大利益而恰当地运用他们的时间、才能和资源。这些程序包含公司业绩的所有方面，包括风险管理、经营和营销战略、内部控制、遵守法律和法规、公共关系沟通和财务报告。良好的公司治理有一些重要的目标。它通过创造能够激励管理层最大化投资报酬率、提高经营效率和确保产量长期增长的环境来提高企业业绩；通过创造员工、管理层和董事会之间的经营活动中的公平、透明度和问责制来确保企业顺应股东和社会的利益。

长期良性生存发展是衡量一个企业成功的重要指标，而良好的治理为公司长期生存和发展提供了必要的环境。公司的发展需要投资，良好的公司治理提高了公众对企业的信心。当今，全球资本已经没有国界的限制，可以自由流动。所有国家，包括发达国家和发展中国家之间存在着激烈的竞争，以吸引全球的企业家来创造高质量、高收入的就业机会。这些企业家需要大量的资本流入。他们认识到，一个有效的治理模式能够更好地吸引投资。

财务报告是内部和外部用来测试有效经营和监督公司战略、管理和资源的一个通用的依据。公司治理各个方面的关系可用如下金字塔形状表示，如图 6-1 所示。

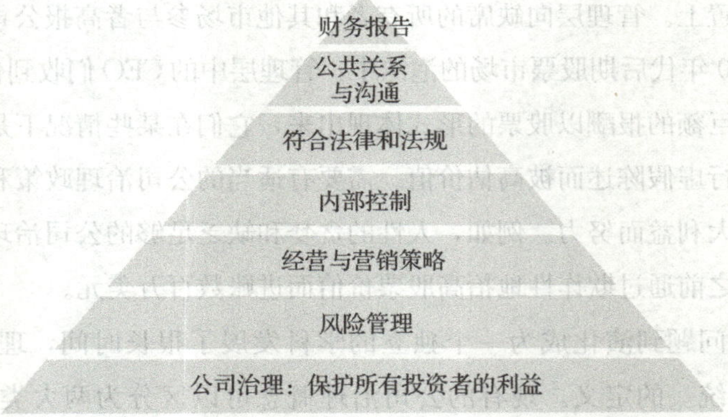

图 6-1　公司治理的范围

二、委托代理理论

委托代理理论(Principal-agent Theory)产生于 20 世纪 30 年代，美国经济学家伯利和米恩斯因为洞悉企业所有者兼具经营者的做法存在着极大的弊端，于是提出“委托代理理论”，倡导所有权和经营权分离，企业所有者保留剩余索取权，而将经营权让渡。“委托代理理论”早已成为现代公司治理的逻辑起点。

1976 年，詹森和麦克林第一次对委托代理理论作出了详细的理论阐述。他们定义公司的管理者为“代理人”，股东为“委托人”。“委托人”将公司的日常经营决策权委托给公司董事，即公司的“代理人”。这种公司的所有权体系就导致了这样一种结果：代理人不一定是从委托人的最大利益出发来作出决策。委托代理理论的首要假设就是委托人和代理人的目标有冲突。这与传统的财务理论有很大的差别，即传统的财务理论认为，公司的目标就是使股东财富最大化。但在实践中并不完全如此。公司的高级管理人员可能更喜欢追求个人目标，如获取可能的最高奖金、拥有更多的带薪休假等他们自身确定的个人利益。公司高级管理人员的这种利己主义倾向，可能导致公司专注于那些能够在短期内产生利润的项目和投资，而不是通过长期经营能够在未来使股东财富最大化的项目。

公司高级管理人员的这种选择有时被称为短期行为，短期行为是指缩短用于投资决策的时间维度的倾向，或者提高贴现率，使其高于适合公司资本的机会成本的贴现率水平。公司的短期压力一般来自外部主导型的公司，也有的来自机构投资者团体。机构投资者更关心快速地从投资组合中实现利润，而不关心所投资公司长期的生存和发展。机构投资者为了得到更高的投资回报，无视他们这种行为对高级管理人员的影响，而对管理者施加压力，使其在这种压力下专注于短期的投资回报。在这种公司治理环境下，高级管理人员试图为自己寻求尽可能多的额外津贴（如带薪休假、豪华办公设备等），以作为他们薪水的补充，这又会导致股东财富的缩减。股东财富的缩减在委托代理理论中被称为“剩余损失”。

因此，产生了一个问题是：股东如何控制公司的管理层。委托代理理论的另一个重要假设是委托人想要检验、核实代理人的行为是困难的，并且这种成本也很高。有研究指出，解决代理问题包括要在管理层和公司股东之间建立一条最佳契约的“纽带”（无论是明确的还是暗含的）。这些契约包括管理层的薪酬契约和公司债务契约。这些契约尝试协调管理层和股东的利益冲突。尽管建立这些契约也会产生代理成本，但是成本也来自代理人一方。管理层热衷于向股东证明，在经营中他们是负责的并且遵循股东财富最大化的目标。例如，管理层在公司的年度报告中可能会提供关于风险管理的额外信息，这将使会计过程的成本增加。他们可能为安排同主要股东的会议而增加额外的开支。同这些活动相关的成本，被称为事前约束成本。

代理问题产生的总代理成本包括以下组成部分：委托人的监管成本、代理人的约束成本以及他们的剩余损失。导致委托人所期望的行为同代理人行为之间的分歧的一个主要原因是两者对风险的态度不同。管理层和股东偏好不同的行为方式，因为他们对风险的态度不同，这就会产生一个风险分摊问题。

在委托代理理论之下，股东监管公司管理层以及帮助他们解决代理冲突的直接方式包括：首先，作为公司的所有者，股东可以在年度股东大会上行使表决权来影响公司的运营方式。通过在年度股东大会上投票，股东可以影响所投资公司的董事会的构成。同样，许多其他方面的问题都可以由股东投票决定。有人指出，现行公司治理体系的弱点，即所有权的责任是由那些不想要这些责任并且也不会要求这些责任的人决定的。我们对某些股票进行投资是因为他们能给我们带来好的回报，与此同时，也带来相应的责任。当然也有研究表明，基金经理等机构投资者开始对公司治理产生更大的兴趣，在年度股东大会上行使表决权。

与股东表决权相关的接管机制是另外一种控制公司管理层的方式。接管机制对规范公司管理层的行为方式具有非常重要的意义。如果股东对公司的管理层结构不满意，他们可以通过投票换人来接管公司。显然管理层不愿意丢掉自己的职位，因此接管的威胁本质上是对管理层的一种规范力量。

核心机构投资者可以影响其所投资管理层的另外一种方式是一对一会议，即一位来自投资方的代表和一位来自公司管理层代表之间的会议。一般而言，机构投资者并不想介入公司经营决策，但这种一对一会议和管理层决策制定之间有着明显的联系。而且，这些会议的内容和结果都涉及重要的法律问题。如果公司管理层把任何价格敏感的信息(例如，那些一旦拿去做交易就会影响股票价格的信息)披露给机构投资者，如果这些投资者在信息未公布之前，将这些信息拿去做交易，就违反了法律，构成了"内幕交易"，从而引起法律纠纷。

如果市场机制和股东表达自己观点的能力不足以监管和控制管理层的行为，那么就需要某种规则或者规范指引。从长远来看，产品市场的竞争将会迫使公司最大限度地降低成本。作为降低成本的一部分，公司会引入一些规范，包括公司治理机制，使得公司能够以最低的成本增加外部资本，从而通过竞争机制解决公司治理问题。

三、利益相关者理论

1984 年，弗里曼出版了《战略管理：利益相关者管理的分析方法》一书，明确提出了利益相关者管理理论。利益相关者包括公司股东、雇员、供应商、客户、债权人、公司附近的社区以及公众，甚至有极端拥护者认为还应该包括环境、动物物种以及人类的后代。利益相关者管理理论是指企业的经营管理者为综合平衡各个利益相关者的利益要求而进行的管理活动。与传统的股东至上主义相比较，该理论认为任何一个公司的发展都离不开各利益相关者的投入或参与，企业追求的是利益相关者的整体利益，而不仅仅是某些主体的利益。

弗里曼从管理学的角度提出了公司治理的利益相关者理论。该理论指出，随着社会的发展，公司在社会中的角色得到了越来越多的重视，公司对雇员、环境、当地社区以及它们的利益相关者的影响成为争论的焦点。

利益相关者理论是一个广泛的研究领域，融合了哲学、伦理、政治理论、经济学、法律和组织社会学。利益相关者理论的基础是公司的规模庞大，对社会的影响很普遍，因此公司不但要对股东负责，而且还应该对更多的社会部门履行受托责任。

利益相关者关系可以看成是一种交换关系，利益相关者团体对公司作出了"贡献"，并且自己的利益能够通过"激励"而被满足。实际上，每个利益相关者都代表了部分隐性和显性的契约关系，正是这些契约关系构成了公司。

公司与利益相关者的关系是当前政治和社会环境中的新问题。社会和环境活动团体积极地鼓励公司改善对利益相关者的态度，并在商业运营中承担社会责任。鼓励公司承担社会责任的动机来自于公司完全有道德义务以遵守伦理的方式行事，并假定公司应承担社会责任，以满足所有的利益相关者的利益。

应当指出，一家公司只有同时考虑利益相关者和股东的利益，才能实现长期利润最大化，并最终实现股东财富最大化。

四、公司治理的参与各方

(一)公司内部的公司治理直接参与者

执行管理层、董事会和审计委员会是主要负责公司治理的方面。它们都处在公司内部。

执行管理层。投资者和债权人(公众公司的缺席的所有者)把公司的日常经营和活动都托付给执行管理层。管理层在考虑公司的活动和政策时，有责任按照缺席的所有者的最大利益行事。

董事会。董事会一般由5～19人组成。他们集体拥有帮助指导一家公司的专长和经验。董事会成员一般由股东大会选出，以确保管理层按照缺席的所有者的最大利益行事。董事会作为管理层的重要顾问来运作，但是除了聘任和解聘高级执行官以外，它并不参与公司实际上的日常经营，而是在确定公司经营、财务和营销战略的过程中，利用其专长来帮助管理层。董事会还就沟通和财务报告向管理层提供咨询。如果运作有效，董事会就能够提供清晰、客观的指导，并监督管理层的业绩和行为。

审计委员会。审计委员会是董事会的一个下属委员会。董事会设立审计委员会的目的是监督会计和财务报告过程，以及内部和外部审计师。

(二)公司治理的促进者

鉴于恰当的公司治理是在公众公司内部运作的，所以董事会、审计委员会和执行管理层应当负主要责任；但是，他们并不能实施针对他们自身的公司治理的所有方面。尽管上述各方积极地履行他们的职责，仍需要4个关键的促进者来恰当地执行和监控有效的公司治理。这些角色包括内部审计师、外部审计师、分析师(包括财务分析师)和缺席的所有者。

(1)内部审计师。内部审计师对一个公司的财务系统提供质量控制。在一家公众公司中，内部审计师负责保证内部控制存在且有效地运行。他们在监控和管理公司的经营、信息系统、财务报告和与舞弊有关的风险方面起着重大作用。此外，内部审计职能部门可以证实治理结构和过程在公司指南和外部法规之内有效地运作。调查舞弊和其他违法行为是内部审计师行使的另一项职能。如果得到恰当地实施，内部审计职能可以作为董事会审计委员会和管理层用来保证公司的财务信息得以恰当地搜集和报告的一个主要工具。内部审计师直接向审计委员会报告最为理想。

(2)外部审计师。尽管内部审计部门有助于确保对现行准则和法规的遵守，监管机构还是要求所有公众公司的财务报表都要经过独立的外部审计事务所的审计。外部审计师可以根据内部审计职能的客观和胜任程度适当地依赖内部审计师的工作。外部审计师的独立性和客观性有助于他们向投资者准确提供财务报表。外部审计师由审计委员会聘任，并直接向其报告。

(3)分析师。证券分析师通过检查财务报告和与公众公司有关的其他信息，以及为这些公司发布盈利预测和股票投资建议(即买入、持有或卖出的具体建议)，在证券市场中发挥着重要的作用。

(4)缺席的所有者。向公众公司提供资金的投资者和债权人是缺席的公司所有者，他们把公司管理的所有方面，从战略定位到日常的业务经营，都托付给执行管理团队。尽管缺席的公司所有者可以对管理层经营企业的能力和诚信度给予相当的信任，但是投资者最终要对他们在作出投资决策时所利用的信息的获取、理解和分析负责。

当今，投资者和债权人需要他们所赖以获取信息的那些人承担更大的责任。一些最有实力的投资者是“机构投资者”，它们积极地跟踪公司的业绩和财务报告，它们有能力对董事会和管理层施加相当程度的影响。

(三)证券监管机构和准则制定机构

公司治理的适当推行要求各方的共同参与和合作。证券监管机构、财务审计准则制定机构、审计准则和审计师职业道德准则制定机构，将有助于确保实行公司治理中的各个方面公允、统一地参与和合作。

(1)证券监管机构。一般而言，为了确保对证券市场的有效监管，各国政府均设立专门的证券监管机构，负责监督和监管所有公开交易的公司和交易市场，该职责的广泛性，一般均直接或间接拥有公司治理的外部监督职能。如美国国会于 1934 年授权成立了证券交易委员会(SEC)，中国 1991 年成立证监会等。

(2)财务会计准则制定机构。为了确保公众作出投资决策时能使用统一的财务信息，自 1973 年开始，各国均成立了专门的财务会计准则制定机构，以使上市公司的财务会计报告实现标准化。

(3)审计准则和审计师职业道德准则制定机构。审计准则制定机构一般为注册会计师协会，或类似机构。由于强制的财务报表披露要求，所有的公众公司都要求经过一家独立的会计师事务所审计。会计师事务所在执行公众公司审计业务时，必须遵守审计准则和职业道德准则，同时亦要求确保公众公司遵守财务会计准则。因此，注册会计师协会虽然是一个行业组织，但仍在公司治理方面发挥着重要的监督作用。

此外，21 世纪初发生的震惊全世界的舞弊事件及随后发生的金融危机，部分国家的政府部门又新设了独立的公众公司审计与会计监督机构，以更有效地保护投资者的利益。例如，美国成立了公众公司会计监督委员会(PCAOB)，英国成立了专门的财务报告委员会(FRC)。

五、公司治理的基本原则

公司治理中有一个非常重要的部分是面对受托责任，对股东和其他人的数据披露、审计及控制机制。公司治理的负责人应该遵守各方面的原则。有效的公司治理原则主要包括以下内容。

公司治理的基本原则

(一)建立完善的组织结构

企业治理结构的设计应符合《公司法》及其他法律法规的要求，一般涉及股东(大)会、董事(大)会、监事会和管理层。

确认并公布董事会和管理层各自的作用和责任是奠定企业管理和监督的坚实基础的方法之一。换句话说，公司组织的设计应使董事会能够为企业提供战略指导，并对管理层进行有效的监督，明确和规范董事会成员和高级管理层各自的作用和责任，以促进董事会和管理层对于公司及其股东承担责任，并确保权力的平衡，避免个人权力不受约束。

(二)明确董事会的角色和责任

设计一个有效率、规模适当和信守承诺的董事会可以使其充分履行职责和义务。一个有效的董事会有利于履行法律赋予董事的职责，能够正确理解和解决企业中现有和新出现的问题，可以有效地审查和挑战管理层的业绩及行使独立的判断，能增加企业价值。

（三）提倡正直及道德行为

良好的公司治理最终需要诚信的人员。每个企业应该确定自身适用的政策，以影响董事和关键管理人员的适当行为。行为守则是一种引导董事及主要管理人员的有效方式，并能够表明对企业的道德承诺。企业可建立一套行为守则，以指导董事、首席执行官、首席财务官及任何其他关键管理人员的行为。如果企业明确声明董事和关键管理人员能够遵守行为守则，投资者的信心就会得到增强。

此外，企业还可以披露董事、经理和员工对公司证券进行交易的政策。如果没有充分了解企业在这方面的政策，公众对该企业的信心就会下降。这项政策的目的是防止拥有内幕信息的人员，包括董事、首席执行官、首席财务官、工作人员等利用拥有内幕信息对公司证券进行交易。“内幕信息”是有关企业的财务状况、战略或行动等，如果一经公开就可能会严重影响公司证券价格。

企业应考虑采取适当的遵守标准和程序，以促进实施上述的政策，并建立内部审查机制，以评估遵守情况和有效性。

（四）维护财务报告的诚信及外部审计的独立性

企业应要求首席执行官和首席财务官，以书面形式向董事会报告财务状况。企业的财务报告在所有重大方面，按照有关的会计准则真实、公允地反映了企业的财务状况和经营成果。

同时，企业应该设置一个独立的组织结构以核实和维护企业财务报告的诚信，以保证企业的财务状况得到真实可靠的披露。它要求建立一个审查和授权的结构，该结构应当包括审计委员会和能够确保独立性的外部审计师。

特别是对大型企业而言，审计委员会可能比董事会更加有效地维护公司财务报告的诚信。独立的审计委员会的存在已经被国际公认为良好公司治理的一个重要特征。

审计委员会应审查企业财务报告的诚信和监督外部审计师的独立性。审计委员会应当向董事会报告的内容包括：审计委员会的作用和责任事项；评估外部报告和支持外部报告的管理程序；挑选、任命和轮换外部审计师的程序；对聘用和解聘外部审计师的建议；对外部审计师的独立性和表现的评估；对业绩和内部审计客观性的评估；对风险管理、内部遵守情况和系统控制的审查结果。

保持外部审计师的独立性就是确定他们在为企业提供审计服务的同时，没有向企业提供某些可以影响其独立性的非审计服务。在某些情况下，可能出现审计师忘记了其作为股东代理人的基本职能，并忽略了自身在公众利益方面的作用。如果投资者不能相信审计师的专业标准和市场诚信，那么他们将失去对金融市场的信心。这将反映在股票价格下降和资本成本增加上。因此，在审计监督方面的投资，甚至花费更多的审计直接成本是完全值得的。

（五）及时披露信息和提高透明度

所有投资者都有了解公司重大信息的权利。企业应及时向投资者披露重要信息，这被认为是一种改善公司治理的有效方式。披露有助于提高公众理解企业的结构和行为、企业的环境政策和业绩以及道德标准及他们在社区中的关系。

(六)尊重股东的权利

企业应当保持和股东的有效沟通，使他们随时能够得到公司的信息及企业的计划，便于他们参加股东大会。为了尊重股东的权利，企业应当设计和公布沟通政策，以帮助投资者获取信息，促进和股东之间的有效沟通，并鼓励股东参与股东大会。此外，企业应该考虑如何更好地利用新技术，方便更有效地解决不能亲自出席会议的股东的问题。

(七)确认利益相关者的合法权益

企业对于非股东的利益相关者，如员工、客户或顾客和社会等等的法律及其他义务。人们越来越接受这样一个观点，即企业可以通过管理自然、人文、社会和其他形式的资本来更好地为利益相关者创造价值。这种情况下，企业对其经营行为中责任的承诺就非常重要。

(八)公平的薪酬和责任

企业应保证薪酬具有充分合理的水平和结构，以及其与公司和个人绩效的关系。这意味着，企业必须采取能够吸引和挽留人才、激励董事及员工的薪酬政策，以促进公司业绩的提高。业绩和薪酬之间具有明确的关系，企业披露现行的薪酬政策，以使投资者能够了解并理解管理层的薪酬：

(1)这些政策的成本和收益；

(2)董事和主要管理人员的薪酬同企业业绩之间的关系。充分有效地披露薪酬政策是薪酬报告的基本要求。维护股东和市场的利益要求管理层薪酬和其成本效益具有一个透明的易理解的框架。

第二节　投资者和董事会在公司治理中的作用

一、所有权结构与公司治理

无论是委托代理理论，还是利益相关者理论所研究的所有权结构基本都是少量的大股东、大量的中小股东的情况，由于大量中小股东的缺席，使得公司的所有权与控制权相分离，从而产生了代理问题，使得公司治理成为股东及其他利益相关者关注的问题。

(一)公司治理应当保护和促进股东权利行使

股权投资者具有当然的所有者权利，即对于企业的知情权和对企业的影响权。一个公众公司的一股股票可以被买进、卖出或转让。一股股票赋予投资者根据投资数量的有限责任而能够参加股东大会和投票的权利，能够参与企业的利润分享。

在现实中，企业无论如何不可能由股东投票来管理。股东是由利益、目标、投资水平和能力不同的个人和机构组成的，而企业的管理必须能够迅速地作出经营决定。鉴于迅速变动和转换的市场中公司事务的复杂性和现实性，股东不可能承担起管理企业行为的责任。企业战略和运作的责任明显地落在董事会和由董事会选择、推动，在必要时由董事会替换的管理团队身上。

股东影响公司的权利集中在一些基本的问题上，比如：选择董事会成员；修改影响公司董事会组成的方法；修改公司的组织文件和内部规章条律；批准特别的交易。这些权利大多已经有相应的法律规定，另外像选择和批准审计师、直接任命董事会成员、抵押股份的决定、批准利润分配方案等，亦通过公司章程予以确立。

一般而言，公司治理应使股东的下列权利得到行使：

(1)股东的基本权利。包括：①安全登记所有权的方法；②转让和交易股票；③及时、定期地从公司得到相关和真实的信息资料；④参加股东大会和参与投票表决；⑤选举和撤换董事会成员；⑥分享企业利润。

(2)股东应该具有参与权、充分告知权、有关企业重大变更的决策权。这些重大变更包括：①修改法规、公司章程、其他类似的公司管理文件；②授权增发股份；③特别交易，包括转让全部或大部分资产，而这将造成公司被出售的结果。

(3)股东应具备有效的参与机会、能够在股东大会上投票、应当被告知投票规则及投票程序，这将决定股东大会的正常举行。①股东应当及时收到关于股东大会举行的日期、地点、议程等充分信息，也包括关于会议决定事项的充分及时的信息；②股东应当有机会对董事会提出问题，包括关于年度审计报告、股东大会议程中增加的项目、对提议的决议案、对于适当的限制条件等问题；③在公司治理决策的关键点上，例如选举和任命董事会成员，有效的股东参与执法应该被推进。在董事会成员和关键经理人员的薪酬政策上，股东应该让他们的观点被大家知道。对董事会成员和员工的报酬安排的公正程度应当是股东核准的前提。

(4)股东可以现场投票，可以书面投票，也可以网络投票，三者都赋予投票结果以同等效力。

(5)使某些股东获得与他们所有权不成比例的控制地位的安排，应当被披露。

有些资本结构允许一个股东行使超过在公司的所有权比例的控制权。金字塔结构、交叉持股、限制性股份或加倍投票权等，都能够用来公司决策的能力。

除所有权关系外，股东协议是股东团体常用的手段。个别股东可能只持有总股数中很少的股份，但一致的行动会组成一个有效的多数、甚至在最后成为一个最大的单一团体股东。股东协议通常给予他们的参与者以协议的优先权，以便在其他参与者想要出售他们的股份时，可以优先购买这些股份。股乐协议也可以包括这样的条款，如：要求这些接受协议的人为了一个指定的时段而暂时不出售他们的股份。股东协议能够涵盖如何选择董事会和董事长这样的问题。协议也能够要求参与者集体投票。一些国家已经建立一些机制，以便在必要时精确地监控这些股东协议并限制它们的持续时间。

投票上限限制了股东投票的数量，而不管股东可能在实际上持有股份数量的多少。投票上限因而重新分配了对公司的控制权，并可能会影响股东参与股东大会的意愿。

由于这些机制具有重新分配股东影响公司政策的能力，股东有理由期望所有这些资本结构和安排的信息被披露。

(6)公司控制权应以有效率和高透明的方式运作。

1)用来规范在资本市场上获得公司控制权和非常规交易，如披露并购和公司主要资产的出售等程序，以便投资者理解他们的权利和追索权。

2)交易应该在透明的价格和公平的条件下进行，以便保护所有股东的权利。

3)反并购机制不应作为董事会和管理层免受监督的借口。

(二)公司治理应当保证所有股东得到公平待遇

公司治理应当保证所有股东的公平待遇，包括少数股东和国外的股东。股东都应该在他们的权利受损时获得有效补偿的机会。

投资人的资金不被公司管理层、董事会成员或控股股东滥用和侵占是资本市场信心的重要因素。在保护投资者的规定中，能够有效地区分“事前”和“事后”的股东权利。“事前”权利是先发制人的权利和对于某些决策的合格多数。“事后”权利是指权利一旦被侵害时准许寻求赔偿。在法律和规章制度执行很弱的地方，一些国家建立了适当强化股东“事前”权利的措施，比如为了在股东大会议程放置条款而降低股份所有权的门槛，或者在某些重要的决策中要求有超过50%的股东通过，但这些措施并不涉及政府如何管理外国直接投资的政策问题。

股东可执行其权利的途径之一是能够对经营管理层和董事会成员发起法律和行政诉讼程序。经验显示，决定股东权利受保护程度的重要因素，是能否找到一个有效的方法，用合理的成本避免过多拖延地获得被损害权益的补偿。当股东有合理的依据证明他们的权利已经受到侵害，法律制度能够提供给他们提起诉讼的机制，这可以强化中小投资者的信心。提供这样的执行机制是立法者和监管者的重要职责。

鼓励投资者在法庭质询公司的行为，这样的法律制度存在着一定的风险，也许会造成滥讼。因而许多法律系统引进了保护经营管理层和董事会成员免受滥讼的规定，包括：监测股东申诉的充分性，对管理层和董事会成员行为(如商业判断规则)的所谓安全港，以及信息披露的安全港等。最终必须在投资者寻求法律救济与防止滥讼之间求得平衡。许多国家发现解决争端的有效方法是在争议的最初阶段，由证券监管机构或其他监管主体举行的听证会或仲裁程序来裁决。

(1)同一类别、同一系列的股东应当得到同样的公平待遇。

1)在同一类别任何系列内，所有的股份都应该具有同样的权利。所有的投资者在他们购买之前都应该获得有关全部类别和系列股份所赋有的权利的信息。在投票权上的任何改变都应该由受到负面影响的股份类别核准。

2)对于控股股东滥用行为造成的利益上的直接或间接损害，小股东应当受到保护，并且应该有有效的补偿方法。

3)选举应该在有表决权的股权所有者协商同意的方式上由托管人和代理人投票。

4)普通股东大会的过程和程序应该对所有股东都公平对待。

5)公司程序不应使得投票过分复杂。

(2)禁止内部交易和滥用内部权利的交易。当与公司有密切关系的个人(包括控股股东)利用关系来损害公司和投资人的利益时，滥用内部权利的交易就发生了。当内部交易操纵资本市场时，即构成证券法律所严格禁止的“内幕交易”。公司治理应当有效禁止此类滥用内部权利的交易。

(3)在直接影响到企业的交易或事件中，无论董事会成员和关键经营人员直接、间接或在第三人利益上对于董事会具有实质性利益的事件都应当公开。

近年来，由于经济的快速发展，公众公司的机构投资者队伍不断发展壮大，公众公司的所有权结构开始从个人转向机构投资者，包括养老基金、保险公司、单位信托基金、投资信托基金等。以1996年英国公众公司的持股统计为例，保险公司和养老基金拥有英国公众公司股权比例合计达53.8%，单位信托基金和投资信托基金为8.5%，银行为0.2%，个人投资者为18%，海外投资者为12.8%。而在1963年，个人投资者的持股比例则高达54%。美国公众公司情况亦与此相同，机构投资者成为上市公司的主要拥有者。随着机构投资者的实力不断壮大，机构投资者将不可避免地参与到公众公司的管理决策中，公司治理的特征亦发生了很多变化。

二、董事会的职权及其在公司治理中的作用

公司治理结构应确保董事会对公司的战略指导和对经营管理层的有效监督，同时确保董事会对公司和股东的忠诚，确保股东的回报；避免各种利益冲突，平衡各方需求。确保公司运作符合现行法律法规；承担公平对待其他相关者利益的职责；他们还必须遵守环境和社会的标准，具体有以下内容。

(1)董事会成员的行为应当建立在一个充分可靠信息的基础上，履行谨慎义务和忠诚义务。根据公司和股东的最大利益职责，董事会应该根据公司利益行事，同时兼顾股东、员工和公共事务等，防止经营管理层侵占公司最大利益。

谨慎义务要求董事会成员基于完全信息，忠实、诚信、勤勉和审慎地履行职责。董事会成员在商业决策中的失误和谨慎责任相联系。董事会成员必须履行完全的信息披露义务，并加强对管理层的监管职能。

忠诚义务，要求董事会成员平等对待股东、关联交易的经营人员等。忠诚义务至关重要，它是关系到公司治理能否有效实行的前提和基础。

(2)如果董事会的决策可能对不同的股东团体产生不同影响，董事会应平等地对待所有股东。在履行其职责时，董事会不应被视作不同支持者的个别代表的集合体，尽管个别董事会成员可能确系部分股东提名选出。如果控股股东存在，而他又能够在事实上选取所有董事会成员，那么该原则就尤为重要。

(3)董事会应该建立高水平的伦理道德标准。董事会在塑造整个公司的道德伦理形象中发挥着关键性作用，他们不仅要身体力行，同时还要约束和监督关键经营人员和整个经营管理层。高水平的道德伦理标准符合公司的长远利益，它会在日常运作和长期合作中为公司赢得信誉和诚信。公司的这些道德伦理规范会明确限制包括在公司股份交易上的某些获取个人利益的行为。尽管法律约束是根本性的约束，但道德伦理行为框架本身已经超越了仅仅遵守法律的界限。

(4)董事会对公司事务应该能够进行客观独立的判断．为了执行其监督经营管理层、防止利益冲突、平衡公司内部各种需求的职能，董事会要有能力作出客观的判断，这意味着董事会在组成结构上，对于经营管理层的独立性和客观性。

在不同的国家所具有的不同董事会结构、公司所有权形式和不同的实践方式，需要通过不同的途径达到客观性要求。在很多情况下，为了保证客观性，则要求一定数量的董事会成员不得被本公司或分支机构雇用，不得通过重要商业的、家庭的及其他的连带关系与本公司或其经营管理层发生紧密联系。

1)董事会应该考虑指派足够数量的、有能力的非执行董事，对潜在的利益冲突的事项行使客观独立

判断的任务。这些关键的责任例子是确保财务和非财务报告的完整性、审核关联交易、任命董事会成员、确定关键经营主管人员和董事会的报酬等。

2)当董事会设立专业委员会时，他们的任命、构成和工作程序应该定义明确并由董事会公告。为了评估这些专门委员会，市场需要清晰地了解他们的目标、职责和组成。这些信息的披露尤为重要。信息披露不应扩展到委员会提供的商业交易秘密等事项。

3)董事会成员应该承诺有效地履行他们的职责。在过多的董事会中任职，会影响董事会成员履行职责。公司会考虑董事的多重身份是否会影响董事会的有效运作，并向股东披露有关信息。公开披露董事参加董事会的记录、董事的行为以及他们的薪酬情况，都有助于合法性的实现。为了改善董事会的运作及其成员的绩效，越来越多的公司正在鼓励培训其董事会成员，并在个别公司中鼓励董事会成员进行自我评定。

4)为了履行职责，董事会成员应该有渠道掌握准确、关键、及时的信息以作出市场决策。非执行董事不如重要管理人员熟知企业信息。让他们和诸如公司秘书、内部审计人员等重要管理者接触，有助于非执行董事发挥作用。

三、董事会与高级管理层的角色分离

基于董事会的独立性要求，以确保董事会独立履行判断的职能，就要求有足够数量的董事会成员独立于经营管理层。董事会主席和首席执行官的角色分离，这种角色分离可以帮助平衡权利，强化董事会的责任和独立于经营管理层的判断能力。独立性不仅要求董事会作为股东利益的代表，还要求不能与经营管理层有紧密的经济关系，更要求有严格的考核制度来确保董事会的客观决策。

(一)董事会应该履行的关键职能

(1)审查和指导制定公司战略、重要的行动计划、风险对策、年度预算和商业计划、制定绩效目标、监督目标的执行和企业绩效的实现、监督重要的资金支出、收购和出售等行为。包括确认公司为了达到其目标而能够接受的风险类别和程度，因而董事会对风险进行管理，使风险不超出预期水平非常重要。

(2)监控公司的治理实践成效，在需要的时候加以方向上的干预。董事会对公司治理的监督包括：不断地审核公司内部制度，以确保所有管理者的责任清晰。很多国家除了要求定期对公司治理实际情况的监督和公开披露外，还建议甚至规定董事会要对自身运作、董事会成员以及首席执行官或董事长进行评估。

(3)选择人员、确定报酬、监控关键的经营主管人员，在必要的时候，更换关键的经营主管人员；监督更替计划。在二级结构的董事会中，监督董事会同时负责指定一般情况下由大多数主要经营人员组成的管理董事会。

(4)协调关键经营主管人员和董事会的薪酬，使之与公司和股东长期利益保持一致。在越来越多的国家中，董事会制定和披露董事以及关键经营人员的薪酬政策被视为有益的实践。该薪酬政策明确了管理者业绩和报酬之间的关系，同时制定了强调长期利益而非短期绩效的评价标准。

(5)保证董事会的选聘和任命过程的正规化、透明性，促进了股东在提名和选举董事会成员中的积极作用。董事会确保提名和选举过程受到普遍认可，并发掘出具有适当知识水平、竞争力和专业知识，能够为公司增加价值的董事会成员。

(6)监管经营管理层、董事会成员和股东之间潜在的利益冲突，这包括公司财产的滥用和关联交易中的舞弊行为。监督包括财务报告和公司资产的使用。该职能有时由内部审计人员来执行，企业官员也有责任提出一般性建议，他们同样具有向董事会报告相关问题的重要职责。公司有关道德方面的规章制度应该支持这种举报行为，同时对个人予以法律保护。

(7)确保公司的会计、财务(包括独立的审计)报告的真实性，确保恰当的控制系统到位，特别是风险管理系统、财务和运作控制，确保按照法律和相关标准执行。为了确保基本报告和监督系统的真实性，董事会要在整个机构内明确清晰的责任义务。董事会也要接受高级管理人员的适当监督。一种方式是通过直接向董事会负责的内部审计系统，内部审计人员直接向董事会的一个独立审计委员会报告，或者向类似协调外部审计关系的机构报告，这些机构有时可以作出和董事会类似的反馈。董事会应该对于确保财务报告系统的真实性承担最终责任。公司还被鼓励建立一些内部程序，用以强化其遵守法律、法规和相关标准。为了有效地实施，激励体系一定要给予遵守这些道德观念和职业标准的行为予以奖励，让违背者承担后果并受到惩罚。这些内部程序还应尽可能地在子公司实施。

(8)监督信息披露和对外沟通的过程。董事会需要明确建立其自身和经营管理层关于信息披露和交流的职能与责任。在一些公司中，现在已设立直接向董事会汇报的投资关系专员。

(二)董事会和管理层的作用

董事会应该以书面形式明确董事会与管理层之间的权责分工，董事会保留和授权管理层的事项的性质必然取决于企业的规模、复杂程度和所有权结构，以及其传统和企业文化。

披露职责分工有助于那些受公司决策影响的人更好地了解公司董事会和管理层各自的责任。例如，披露包括对于董事会主席、主要独立董事及行政总裁之间责任的解释。企业应当定期审查责任平衡，确保职能分工适合公司的需要。

董事会通常负责监督公司，包括企业控制和问责机制，任免首席执行官或相应职位，批准任免财务总监或相应职位，最终批准管理层关于企业的发展战略和业绩目标，审查和批准风险管理系统以及内部遵守行为守则和法律的情况，监测高管的业绩和战略的执行情况，审批和监督主要资本支出、资本管理、并购及资产剥离的过程，审批和监督财务及其他报告。

(三)董事个人责任的分配

企业对董事及高级管理人员的期望通过正式的任命书列明了关键条款，说明他们的任期、职责、权力和责任，并有权终止其职务。

董事会主席负责领导董事会，以便有效地组织和行使董事会的职能，并促进董事会成员之间以及董事会和管理层之间的建设性和相互尊重的关系。

董事会主席的角色还应扩展至配合独立董事的工作，促进执行董事与独立董事之间建立良好的关系，并对企业领导的责任进行明确的分工。董事会主席和首席执行官之间的分工应经过董事会的同意，并记录在一份职责声明中。首席执行官不应该兼任同一家公司的董事会主席。

对于投资者及其他外部的利益相关者或委托人，董事会主席是公司的代表。他常为企业建立“公众形象”，特别是当企业必须公开为自己进行辩解的时候。与此相关的是，董事会主席的角色还包括与股东的沟通，这种沟通是以法定的年报形式进行的。

四、独立董事、审计委员会在公司治理中的作用

公司治理实践方面最重要的部分之一就是董事会的独立性。独立性之所以关键，是因为它可以确保董事会在为利益相关者的最佳利益行动时保持足够的客观性。此外，独立性在确保董事会能够恰当行使其监督或管理的首要责任方面起着关键的作用。

董事会中独立董事不少于三分之一。独立董事是指独立于公司股东且不在公司内部任职，并与公司或公司经营管理者没有重要的业务联系或专业联系，能对公司事务作出独立判断的董事。应用在上市公司的层面，独立董事在担任上市公司独立董事之后不再担任该公司任何其他职务，并与上市公司的大股东之间不存在妨碍其独立作出客观判断的利害关系。

(一)独立董事的独立性

董事会应根据董事会成员披露的信息定期评估每个董事的独立性，以及将每个独立董事所申报的相关信息在企业年度报告中作出披露。此外，每位董事的任期对于独立性的评估也是非常重要的，企业也应在年度报告中披露每位董事的任期及独立董事的变动。下列情形可能会影响独立董事的独立性：

(1)最近 5 年内曾是公司或控股公司的雇员；

(2)近 3 年曾经在与公司重要部门有直接或者间接业务联系的公司工作，或者曾在与公司有上述关系的公司担任合伙人、股东、董事或者高级管理人员；

(3)曾经收取过公司除董事津贴以外的额外薪酬，参与过公司的股票期权计划、绩效计划或者是公司的养老金计划的成员；

(4)直系亲属担任公司的顾问、董事或高级管理人员；

(5)与其他董事通过其他公司存在交叉任职或者有重要关系；

(6)代表公司的某个重要股东；

(7)在董事会第一次选举时起在董事会中的任职超过 6 年。

如果董事会在某名董事存在上述关系或环境的情况下，仍将其确定为独立董事，则董事会应当说明确定的具体原因。

(二)独立董事的角色

独立董事的职责可以分为四种不同的角色，即战略角色、监督或绩效角色、风险角色和人事管理角色。

(1)战略角色是指独立董事有权利也有责任为企业的战略成功作出贡献。企业中管理层必须具有清晰的战略方向，而独立董事应当利用他们的大量经验，来确保已选定的战略是稳健的。他们可能会对战略的任何方面提出质疑，并提出建议帮助完善战略。

(2)监督或绩效角色是指独立董事应当使执行董事对已制定的决策和企业业绩承担责任。在这方面，他们应当代表股东的利益，并致力于消除股东价值降低的可能性。

(3)风险角色是指独立董事应当确保企业设有充分的内部控制系统和风险管理系统。

(4)人事管理角色是指独立董事应对董事会执行成员管理的有关职责进行监督。这一般涉及公司董事、高级管理人员等的任命和薪酬问题，也可能包括合同或纪律方面的问题及接班人计划。

(三)审计委员会在公司治理中的作用

一般来说，审计委员会是董事会下设的专门委员会之一，其组成成员应全部由独立的非执行董事组成，他们至少拥有相关的财务经验。审计委员会负责人应当具备相应的独立性、良好的职业操守和专业胜任能力。

审计委员会应承担任命、重新任命或解聘、外聘审计师的主要责任，监督新审计师的选择过程，批准外聘审计师的业务条款及审计服务的报酬。审计委员会应复核审计师的审计工作范畴，并确信该审计范畴是充分的，并确保于每次年审开始之时已为审计制定了适当的计划。审计委员会执行审计工作完成后的复核。

审计委员会订立了年度程序，以确保外聘审计师的独立性和客观性。审计委员会确信本企业未雇用审计小组成员的家庭成员，审计小组成员与本企业无财务、雇佣、投资或业务关系。另外，审计委员会还从审计师处获取信息，以维持独立性及对相关专业规定的遵守情况进行监察。

审计委员会还应为企业制定关于由外聘审计师提供非审计服务的政策，并向董事会提出相关建议。提供非审计服务时，不得损害审计师的独立性或客观性。审计委员会应制定一项政策，明确外聘审计师不得提供的服务类型，并且说明外聘审计师能够提供的无须请示审计委员会的服务。

同时，由于会计师事务所与审计委员会之间存在有组织的沟通问题，因此企业管理层更愿意将问题及时汇报给审计委员会和董事会，以避免其感觉“意外”，这样也加强了信息在审计委员会和董事会中的流通。

如果董事会没有采纳审计委员会对聘用、续聘和解聘会计师事务所的意见和建议，公司应当在年度报告中作出说明，并在推荐或续聘的文件中解释董事会作出其他选择的说明。如果会计师事务所同时提供非审计服务，则应在年度报告中就如何保证注册会计师的客观性和独立性向股东作出解释说明。

五、机构投资者的行动主义与公司治理

一般而言，公司所有者中的机构投资者希望获得公司较为稳定的利润分配，并不谋求控制公司的发展战略与经营政策。考虑到行使所有权的成本和收益，早期的机构投资者一般很少参与公司的经营决策过程。这是导致公司出现代理问题的一个重要原因。

(一)机构投资者行动主义的内涵

随着公司股东中机构投资者规模的扩大，机构投资者的所有权不再被视作是被动的，而通过股东大会表决参与公司的管理，这就形成了机构投资者的行动主义，从而使公司治理变得更加有效。机构投资者的行动主义内涵包括如下内容：

(1)机构投资者与所投资公司的董事会举行一对一的例会。

(2)机构投资者积极在股东大会中行使表决权。

(3)机构投资者积极关注所投资公司的董事会成员构成。

(4)机构投资者联合向公司管理层提出公司战略和经营建议。

机构投资者行动主义可以有效改善公司治理。机构投资者行动主义的目的是影响所投资公司的未来发展，包括公司战略、公司经营绩效、公司兼并或转让战略、内部控制失效、不恰当的薪酬计划、公司履行社会责任的方式等。

(二)机构投资者行动主义改善公司治理的方式

经济合作组织(OECD)建议机构投资者应按以下方式改善公司治理：

(1)机构投资者的表决权应当披露他们涉及投资的全部公司的治理和投票的策略，包括决定使用他们投票权的适当程序。机构投资者持有公众公司股份的情况日益普遍。公司治理和公司监管的有效性和可靠性将更多依靠机构投资者，他们能够得到对于他们股东权益更有用的信息、更有效地在其所投资公司行使所有权的职能。对于担任受托人地位的机构投资者，如个人养老基金、人寿保险公司等，其行使投票权时已经部分或全部考量了其所承担的客户利益价值。机构投资者参与公司管理，应当披露以下信息，包括：

1)涉及环境的外在策略要求；

2)介入公司管理的方法；

3)如何评估投票权策略的效果等。此外，机构投资者还可以在股东大会上与公司建立持续对话的机制，尽管公司应当公平地对待所有的投资者，以及不对机构投资者泄露可用于市场的信息，但机构投资者和公司之间的对话通常可以更加清楚地了解关于公司正在运作和将来的经营远景等市场信息。当作为受托的机构投资者已经揭示和披露公司治理政策时，有效地执行就需要他们留出适当的人选和财物资源，按照他们的收益人和资产组合公司期望的方式来推动这个政策。

(2)机构投资者以受托人地位行使投票权，应当披露如何应对影响其行使关键表决权的利益冲突情形。以其持有的股份投票和行使关键表决权时，机构投资者的动机在某些场合可能不同于直接的所有者。这种不同有时可能有其商业上的合理性，但也有可能源于利益上的冲突。在受托人机构是一个子公司，或者是另一个金融机构的关联企业，特别是一个完整的金融集团时，这种利益的冲突就表现得非常明显。当该种利益冲突产生于实质性的商业关系时，机构投资者应当予以确认和披露，如通过协议管理证券公司的基金等。机构投资者应同时披露其在行使关键表决权时，采取了哪些最大限度地降低潜在负面影响的措施，如剥离给基金管理层的红利与来自该机构投资者之外的新经营收益之间的关系。

(3)在不滥用的情况下，大股东、机构投资者和个人投资者可以对有关股东的基本权利进行相互协商。在公司所有权分散的情况下，由于小股东持有股份太少，其采取股东行动主义监控公司治理的作用有限，且成本较高。而且，小股东采取的监控行为发挥作用时，其他没有投入的股东也会有收益(即搭便车者)，因此小股东通常处于公司治理中的较低监控地位。对于机构投资者，特别是处于受托人地位的金融机构而言，由于其可以在股权投资的数量上和多样化投资方面具有很大的选择权，其在公司治理中的监控地位显然较高。

当然必须注意到，投资者之间的合作很可能导致操纵市场、不受任何并购规则取得公司的控制权，甚至规避竞争法律约束。因此大多数国家均禁止或限制机构投资者之间在投票策略上的合作，并严密监控股东之间的协议。因此，机构投资者之间在投票策略上的必要合作，必须满足如下条件：

1)合作不涉及公司控制问题；

2)合作不会与公司的市场效益和公平相抵触；

3)合作不涉及操纵市场；

4)机构投资者与其他方面的投资者之间的合作必须公开。

第三节　信息披露和外部监督在公司治理中的作用

透明度是运作良好的公司治理体系的基本要素。面向利益相关者的公司信息披露是实现公司透明度的主要手段。

一、信息披露在公司治理中的作用

信息披露对有效的资本市场职能是重要的。信息披露是指公司所提供的一系列不同形式的信息，如董事会报告、管理层讨论与分析，包括利润表、资产负债表、现金流量表、股东权益变动表以及其他规定项目在内的年度报告，还包括自发的公司与其利益相关者的沟通形式，如管理预测、分析师报告、股东大会、新闻快讯、公司网站上的信息以及其他诸如独立的环境或社会报告书等。改进信息披露会带来透明度的改善，而透明度则是全球公司治理改革的最重要目的之一。

(一)信息披露在公司治理中的基本作用

资本市场的生命线是信息，而相关信息流动不通畅反映了市场的不完善，因此，公司的活动越透明，其证券的估值越精确。提高和改进信息披露，可以使公司向股东提供更有价值的信息，减少信息不对称，从而有效节约代理成本。

委托代理理论认为信息不对称的存在导致管理层比现在和潜在的投资者更加了解公司的活动和财务状况。利益相关者理论同样指出，由于不充分的信息使得包括股东在内的所有利益相关者处于信息不对称的地位。没有结构化的信息披露体系，尤其是财务报告，股东很难得到投资公司合适而可靠的信息。这种信息不对称导致了道德风险和逆向选择问题。

只要能够保证经常的和相关的公司信息被披露，股东就可以更好地监管公司的管理。会计和审计职能是运作良好的公司治理体系的基本要素。会计和审计自 1721 年英国南海公司事件发生后就被认为是监管股东和管理层关系的重要手段，并且发展成为一种监管机制，投资者需要根据公司的财务信息来作出决策，公司的财务报告已经成为减少公司与投资者之间信息不对称的重要手段。在公司治理中，会计信息披露是监管公司与管理层契约的核心，成为约束管理层行为的必要手段。而市场中充斥大量的无效信息，决定了必须有强制性的信息披露要求。

公司财务会计信息披露在公司治理中发挥了控制机制的作用。财务会计信息可以帮助外部投资者约束其所投资公司的管理层，激励他们为股东的利益服务。在实践中，财务会计信息是由公司管理层编制的，很可能被管理层所操纵。在这种情况下，蓄意操纵的财务会计信息，掩盖了公司的实际情况，反而起到了加剧代理问题的作用。因此，“诚实”的信息披露将会形成更加透明的组织，从而有效降低代理成本。正是在这种观点的支持下，公司信息披露是立法强制要求的。在较为严格的法律环境下，董事会和管理层都必须对公司的信息披露承担更多的责任。

(二)信息披露对公司治理的作用机制

财务会计信息帮助股东监督和控制公司管理层的作用机制，是通过公司绩效和管理层薪酬的直接联系实现的。委托代理理论指出，减少代理问题的一种方法是要求股东以及其他资金提供者与公司管理层签订明确(或隐含)的契约，管理层按要求披露契约的履行情况相关的信息，从而使股东能够评估管理层利用公司资源为股东及其他资金提供者利益服务的程度，进而实现监管作用。

在实践中，公司管理层的薪酬与公司绩效有一定的关系，有些公司绩效的测量方法已经用于衡量管理层的绩效。在这种情况下，公司股东与管理层之间的薪酬合同，更显著地依赖于公司所公开披露的财务会计信息。

(三)信息披露的基本要求

(1)信息应该按照高质量的会计、财务和非财务公告的标准制作和披露。高质量的信息披露标准的采用使公司提供可靠性、可比性更强的报告，使投资者可以深入了解公司的业绩，从而提高了投资者对公司的监管能力。信息披露的质量很大程度上依赖于信息编制、披露的标准。目前全球各国正在致力于发展高质量、国际承认的信息标准，这些标准可以提高不同国家财务报表的透明性和可比性。这些标准的编制过程应该是公开、独立、公众化的，私营部门和其他利益团体，如行业协会和独立专家都应参与到这一编制过程中来。各国国内的信息质量标准可以在与国际承认的会计准则一致的基础上编制。

(2)信息传播的途径应确保信息使用者能够平等、及时、便捷地获取信息。信息的传播渠道与信息本身同等重要。信息的披露通常有法可依，然而将信息归档及获取信息却可能成为麻烦和成本高昂的问题。随着信息技术的普及，信息传播开始采用电子化信息存档和数据修复系统储存公司的法定公告，XBRL语言的应用，可以将包括股东情况的公司各种信息整合后存档。互联网和其他信息科技提供了增进信息传播的速度和针对性。

此外，为了增强公司治理的持续性，很多国家都规定了持续性信息披露要求，包括定期的信息披露和在特别的基点上被明确规定的持续的或即时的信息披露。对于持续性、即时性信息披露，无论表述为“尽可能快的”或是规定一个最大时间期限，最好的方法是“立即”披露所有重大事态发展。国际证监会组织(IOSCO)《关于上市公司持续性披露及重大事态发展报告的原则》阐明了上市公司对持续性披露及重大事态发展报告的一般性原则。

(3)公司治理结构应当采用提供和推广分析报告，或者由分析员、经纪人、评估中介等提供建议方式作为有效的补充信息披露方法。由于这些分析报告和建议关系到投资者的决策，因此在其中不应该出现有损于其公正性的重大利益冲突。除了对审计师的独立性和专业能力的要求、信息发布的及时便捷以外，在很多国家还同时采取措施确保相关专业服务的真实可信。如果这些专业服务诚实守信，并且在利益冲突中保持中立，则会有力地激励和促进公司董事会遵循良好的公司治理原则。

二、信息披露的内容

信息披露的内容包括但不限于三大部分：一是财务会计信息，包括企业的财务状况、经营成果、股权结构及其变动、现金流量等。财务会计信息主要被用来评价公司的获利能力和经营状况。二是非财务会计信息，包括企业经营状况、企业目标、政策、董事会成员和关键管理人员及其薪酬、重要可预见的风险因素、公司治理结构及原则等。非财务会计信息主要被用来评价公司治理的科学性和有效性。三是审计信息，包括注册会计师的审计报告、监事会报告、内部控制制度评估等。审计信息主要被用于评价财务会计信息的可信度及公司治理制衡状况。向投资者披露信息的最主要方法之一就是通过企业的年度报告。此外，良好的公司治理披露通常还包括超过最低法定或者监管要求的自愿性披露。加强公司治理披露，可以通过下列途径实现：

(1)为了告知股东公司治理结构、政策和执行的力度，上市公司及大型非上市公司可在其年度报告中提供一份公司治理的声明。这份有关公司治理的声明应当在年度报告中单独列报，并给予和董事报告同样的重视。

(2)为了提高董事薪酬的可比性和透明度，尤其是薪酬与企业业绩的关联程度，应当在“绩效基础”和“非绩效基础”之间分析董事的薪酬，并披露有关董事股票期权的资料。

公司应当至少披露以下重要信息：

1)公司财务和业绩状况。审计后的财务报表(一般包括资产负债表、利润表、现金流量表、股东权益变动表以及财务报表注释)显示了公司的财务业绩和财务状况，是最为广泛使用的企业信息来源。就现行的财务报表形式，应用财务报表有两个主要的目标：一是使开展合理的监管成为可能；二是提供证券估价的基础。管理层对公司运营情况的讨论和分析通常在年报中予以叙述，如果结合相应的财务报表对此进行分析阅读，这些信息十分有用。投资者尤其对那些可能预示公司前景的信息感兴趣。

事实表明，公司治理的失败有很多因素，其中披露的信息未能展示企业全貌有很重要的影响，尤其是在用资产负债表外的项目为关联企业提供担保或类似的委托事项的情况。因此在高质量的财务会计标准下对与整个集团公司相关的交易情况予以披露十分重要，其中包括披露或有负债、表外交易、特殊利益实体的信息。

2)公司经营目标。除公司的商业目标以外，鼓励公司披露与商业道德、环境及其他与公众责任相关的政策。这些信息可能使投资者和其他信息使用者更好地评价公司在为实现经营目标所做的努力中与其所在的社会之间的关系。

3)主要股权和投票权。投资者的一项基本权利是了解公司的所有权结构和他们与其他股权所有者权利的相对关系。这项知情权可以扩展到对一个集团公司结构以及集团内部关系的了解。这些信息的披露可以保证集团的经营目标、性质和结构透明公开。国家有关规定在某些所有权变更时披露所有权信息，包括披露主要股东及其他对公司有控制力，或可能通过特别投票权、股东协议、持有大量股权、具有重大交叉持股关系或交叉担保等方式直接或间接控制公司的股东。

为确保投资者的上述权利，并为发现潜在的利益冲突及相关的关联交易和内部交易，历史股权记录必须包含由于股权变更而受益的股权所有者信息。对于主要股权由中介机构持有的情况，有关受益的股权所有者的信息应该至少可以通过制定规章的机构或执行机构，或通过评判裁决过程获取。

4)对董事会成员和关键经营人员的薪酬政策和董事会成员的信息。包括他们的资格、选择程序、在其他公司兼任董事情况以及他们是否被董事会确认为独立董事。

投资者需要了解董事会成员和主要经营人员的情况来评估他们的经验、资格并判断他们之间是否存在潜在的可能影响判断力的利益冲突。对于董事会成员来说，还应披露他们的资格、在公司的股份、是否兼任其他公司董事以及公司是否确认他们是独立董事。披露是否兼任其他公司董事是非常重要的，它不仅表明了该董事会成员经验资历和其安排时间时可能受到的限制，同时也显示了潜在的利益冲突，以及在何种程度上各公司的董事会间存在关联。这些信息必须在股东大会作出任何决定之前予以披露，当情况有重要变化时应该追踪披露。

董事会成员和经营人员的报酬也是股东关心的问题，尤其受到关注的是他们的报酬和公司业绩之间的联系。公司一般会披露董事会成员和主要经营人员的薪酬信息，这样投资者可以评判薪酬计划的成本收益性以及激励政策，例如期权计划、业绩评估。个人情况的披露(包括合约期满和退休的规定)也是非常必要的，包括披露高级管理人员以及某些特定职位人员的报酬。

5)关联交易。对于市场来说，了解公司在经营过程中是否平等对待所有股东的利益很重要。为此公司必须向市场全面披露所有个人性质或集团性质的关联交易，包括这些交易是以内部价格成交还是以一般市场价格为基础。一些地方甚至将此列为法律规定。关联方包括对公司达到控制或共同控制的实体、重要股东及其家庭成员以及主要管理人员。

涉及主要股东(或其密切的家庭成员)的交易，无论是直接交易还是间接交易，是最难处理的交易类型。披露的信息内容应该包括控制关系的性质，关联交易及类似交易的性质和规模。由于许多交易的不透明性，可能需要交易的受益方向董事会通告交易，再由董事会向市场披露。董事会的一项重要任务是防止公司躲避自我监督。

6)可预期的风险因素。财务信息的使用者和市场参与者需要合理预期重大风险的信息，包括行业及地域的特定风险；对经营产品的依赖性的风险；金融市场的风险，包括利率和汇率的风险；与衍生产品和表外交易有关的风险；对环境责任的有关风险。当然，公司披露的信息不宜过多，只要可以使投资者充分了解企业重大的可预见风险即可。

7)关于员工和其他利益相关者的问题。公司应当对外提供那些可能对公司业绩有重大影响的、与员工和其他利益相关者有关的重大事件的信息。披露的信息应包括经营管理层和员工的关系，与其他利益相关者的关系，如贷款人、供货商和其他社会团体。公司应当披露人力资源管理的信息，包括人力资源管理政策，如人力资源发展和培训的计划、员工轮换的速度，以及员工持股计划等，这些可以传递公司与其市场竞争者之间竞争力强弱的相关信息。

8)治理结构和政策包括公司治理规范或政策的详细内容，以及它们实施的程序。对公司治理结构和政策的披露，特别是对权利在股东、经营管理层和董事会成员间的分布情况的披露，对评价公司的治理水平非常重要。根据透明性原则，股东大会的举办程序应该保证恰当的选票计数和记录，并保证大会结果及时公开。

三、注册会计师审计在公司治理中的作用

公司治理体系中，注册会计师审计提供了一个必不可少的环节，帮助股东及利益相关者有效监督公

司的管理活动，从而提高公司信息披露的透明度。

(1)年度审计报告应当由独立的、有能力的、有资格的注册会计师制作，以便给董事会和股东提供一个外部的客观保证。

财务报告应在尊重事实的基础上公正地反映公司的财务状况和业绩。审计报告可以证明财务报表是否真实地反映了公司的财务状况，除此之外，审计报告中还应陈述其对公司编写财务报表方法的看法。这可以给公司提供一个良好的管理环境。

从委托代理理论分析，审计职能是公司治理机制的重要组成部分。对公司编写的财务报表，由注册会计师每年进行外部客观地审计，可以有效提高公司信息披露的质量和可靠性，从而增强股东及利益相关者对公司透明度的信任。在这个意义上说，年度财务报表的注册会计师审计制度是公司治理的基石。

许多国家引进了不同的方法来增强审计人员的独立性和其对股东而言的可信度。其中一项是通过引入其他独立机构或人员来加强对审计人员的监督。国际证监会组织(IOSCO)2002 年发布的《审计人员监督准则》认为有效的审计人员监督工作应包括互相制约的机制，监督机构最好能代表公众的利益，由适当的成员组成，具有完善的责任权利的规定和不受审计方面控制的充足资金，以便其更好地开展工作。

随着注册会计师对公司审计制度的发展和应用，公众及利益相关者逐渐意识到，保证审计人员具备足够的专业能力成为一种迫切的需要。在一些情况下，需要一个注册过程帮助审计人员确认他们的资格，还需要后续的培训以及工作经历来保证审计人员具备适当水准的专业能力以胜任其职业。

(2)外部注册会计师应对股东负责，并对公司负有义务，在审计中具备专业审慎的素养。

外部审计人员由独立审计委员会或与之相当的机构推荐并由股东大会直接任命。它同时强调了外部审计人员应具备应有的职业素养和谨慎态度，这是其对公司负有的义务，而不是对可能与其工作有接触或合作的公司经营管理层。注册会计师对公司财务报表的年度审计不是对公司财务报表数据的准确性提供绝对的保证，也不保证公司能够持续经营，而是对年度财务报表是否真实、公允发表意见。

(3)注册会计师在审计中的独立性。

越来越普遍的情况是，外部审计人员由董事会所属的独立审计委员会或与之相当的机构推荐，再由股东直接任命。国际证监会组织(IOSCO)《关于审计人员独立性及公司治理在监督审计人员独立性中作用的准则》中有如下叙述：“应构建一个有关审计人员独立性标准的框架，其中包括各种禁令、限制和其他的程序、制度和披露方法，以防止下述可能威胁审计人员独立性的因素：个人利益、自我监督、热心主张、亲密关系及恐吓威胁。”

审计委员会或与之相当的机构的职责在于监督内部审计工作，并负责公司与外部审计人员的总体关系，其中包括外部审计人员向公司提供的非审计性服务。外部审计人员向公司提供非审计性服务可能会显著削弱其独立性并影响到其审计工作。为防止审计人员可能产生的这种不良倾向，一些国家现在要求披露向外部审计人员支付的非审计性服务报酬，并加强审计人员独立性条款的设定。一些国家制定了更直接的规定，限制审计人员从某一客户获得的非审计性收入的比例，或限制其审计收入中来自某单一客户的比例。

在审计公司财务报表过程中，注册会计师不可避免地与公司管理层之间形成亲密关系，甚至形成与公司管理层发展更多合作关系的愿望。这种情况下，必须保持注册会计师的独立性，以使注册会计师与公司管理层之间达成一种平衡：注册会计师与公司管理层之间进行合作而不是对立，与此同时注册会计师又必须以对股东服务作为基本立场和出发点。

公司股东及利益相关者非常关注承担公司审计的注册会计师的独立性。在《萨班斯法案》颁布前的2001年底，美国迪士尼公司开始注意到公司股东及利益相关者对公司与其注册会计师之间的咨询协议的争论。股东关心的是迪士尼支付给注册会计师的咨询费是财务报表审计费的5倍左右(2001年迪士尼支付的审计费是870万美元，而支付的非审计服务费则高达4300万美元)。咨询收入的规模使一些投资者质疑注册会计师是否能独立地审核该公司的财务报表。最终迪士尼公司在2002年1月宣称不再与承担其财务报表审计的注册会计师签订新的咨询合约。

注册会计师对公司提供的审计服务，一般只构成了注册会计师与其客户公司的部分交易，非审计服务是另外一个重要的组成部分。由于安然事件的发生，各国都对注册会计师同时提供非审计服务作出了更多的限制规定，甚至法国、比利时和意大利全面禁止注册会计师为上市公司客户提供非审计服务。

四、政府及有关监管机构在公司治理中的作用

政府及有关监管机构一直在公司治理中发挥着极其重要的推动作用和促进作用。一个有效的公司治理结构所要确保的必要条件是：所有市场参与者在建立他们私人的契约关系时都是可信赖的，适当和有效的法律、规章和制度都构筑于这个基础之上。一个典型的公司治理结构包括法律的基本原理、规章制度、自律机制、主动的承诺，以及由一个国家特殊的环境、历史和传统形成的商业习惯。

(一)通过制定法规规范公司治理参与各方的权利、责任和义务

(1)在一定范围内划分不同职权的责任，应该是明确无误的并确保公众利益的实现。公司治理的要求和实践，明显受到一系列法律的影响，包括公司法、证券法、会计和审计标准、破产法、合同法、劳工法以及税法等。在这样的环境下，法律变化的影响可能招致无意识的重叠，甚至是冲突，这样的风险可能阻碍公司治理关键目标的顺利推进。政府及监管机构在依据法律制定相关法规时必须充分识别与此相关的风险，并在法规制定过程中采取措施予以预防。

有效地执行法律法规需要在不同的政府及有关监管机构之中清晰划分监控、实施和执行的责任，以使有相互补充关系的政府及有关监管机构得到相互尊重，这有助于提高效率。同时，必须在国家的法规权限之间，有效避免重叠和潜在的矛盾，以防止出现法律规章的真空地带，并有效降低多重监管和遵守的成本。

(2)在一定的范围内影响到公司治理结构的法律和规章要求，应当在法律规定、透明度、可操作性上协调一致。如果新的法律和规章是必需的，应该制定针对所有的团体的有效的强制执行方式。在制定相关规定时，立法机构应充分征求政府、其他公司监管机构和其他利益相关者的意见，确保建立保护不同团体权利的机制。相关法律政策措施应充分考虑全部成本效益原则，以有效避免法律规则无法实施和可能无意中妨碍或扭曲市场的情况，并规定对公司不诚实行为和违反法规者的处罚措施。

(二)通过制定信息披露制度保障公司的透明度

信息披露制度，是上市公司为保障投资者利益和接受社会公众的监督而依照法律规定必须将其自身的财务变化、经营状况等信息和资料向政府监管部门报告，并向社会公开或公告，以便使投资者充分了

解情况的制度。

一个强有力的披露制度是以市场为导向的监督企业行为的关键，是股东有效行使其表决权的先决条件。拥有规模庞大且交易活跃的股票市场的国家的经验表明，披露可能是影响企业行为也是保护投资者的强大工具。一个强有力的披露制度也能够帮助吸引资本和保持资本市场的信心。股东及潜在投资者需要获得充分详细的持续、可靠和可比的资料，以评估管理层的领导能力和获得对估值、所有权和投票权作出明智决策的能力。不足或不明确的信息可能会妨碍市场的功能，增加资本成本和导致错误的资源分配。我国《证券法》规定，发行人、上市公司依法披露的信息，必须真实、准确、完整，不得有虚假记载、误导性陈述或者重大遗漏，中国证券监督管理委员会据此制定了比较详细的《上市公司信息披露管理办法》。

同时，作为公司信息披露的核心，也制定了针对财务报表的会计准则和与此相关的审计准则。并在全球推动旨在提高公司透明度的总体目标下，进一步完善高质量的全球通用会计准则。

信息不完全是指决策所依赖的信息在总量上是不充分的、在交易主体之间的分布是不均匀的、与客观事实存在偏差的情况，具体可分为信息不充分、信息不对称和信息不准确的情形。信息的不完全性是市场经济的一般问题。信息完全是完全竞争市场的一个重要理想假设。但现实的资本市场很难完全满足有效市场的所有理论前提。“信息的不完全性”和相应发生的“信息成本”会影响到市场机制运行的结果，影响到市场均衡状态和经济效率，甚至是市场失灵。信息不完全还会引发“道德风险”(如偷懒和机会主义)，即鼓励代理人的懈怠行为，导致资本市场的低效率。因此，中国政府 2021 年发布的《上市公司信息披露管理办法》建立强制性的资本市场信息披露制度，使发行公司公开的资料真实、及时而且完整，并及时提供给投资者参考。而且这种强制信息披露制度会随着客观条件的变化及时进行修订。

“逆向选择”是指在某种程度上，证券的购买者无法区分高价值证券和低价值证券，主要原因是难以全面收集和分析相关的全部信息。甚至在某些时候为取得信息所花费的成本已经超过了因能作出正确区分而获得的利益。这在经济学上被称为“搜寻成本”。降低搜寻成本的途径只有要求各市场主体提供更多的信息，并且增强信息披露的准确性。市场的信心是建立在更多信息和更准确信息的基础上的。资本市场监管的目的是实现保护投资者和促进资源配置，以增强市场的公众信心。为了实现这一目标，必须采用信息披露制度。

(三)通过执行法律法规促进公司治理的不断改善

政府及相关监管部门通过执行已经制定的法律法规，促进公司治理的不断完善。

(1)规范董事会的运作，来强调发挥董事会在监督管理层的行为和保证给投资者提供信息的可靠性方面发挥关键作用。

(2)过对公司财务报告的监管，阻止公司发布不完善的信息，处罚违反财务会计准则和审计准则的会计师事务所和上市公司，确保终结公司的任何不恰当信息，以有效保护投资者及公众的利益。

(3)执行信息披露制度，规范上市公司除财务报告以外的其他信息，充分防范选择性信息披露和内幕交易，确保信息的公开披露，以维护公平、公正的信息传递环境。

随着公众公司越来越多，公司事件和披露信息的数量增长迅速，监管、制定规则和执行部门需要配备更多能够提供有效监管且具有适当调查能力的合格工作人员。吸收更多的此类工作人员将会增强公司治理监管的质量与独立性。

思考与练习

1. 简述委托代理理论与利益相关者理论。
2. 说明董事会和投资者在公司治理中的作用。
3. 试述信息披露在公司治理中的作用及信息披露的内容。
4. 说明注册会计师审计在公司治理中的作用。

第七章

企业风险与风险管理

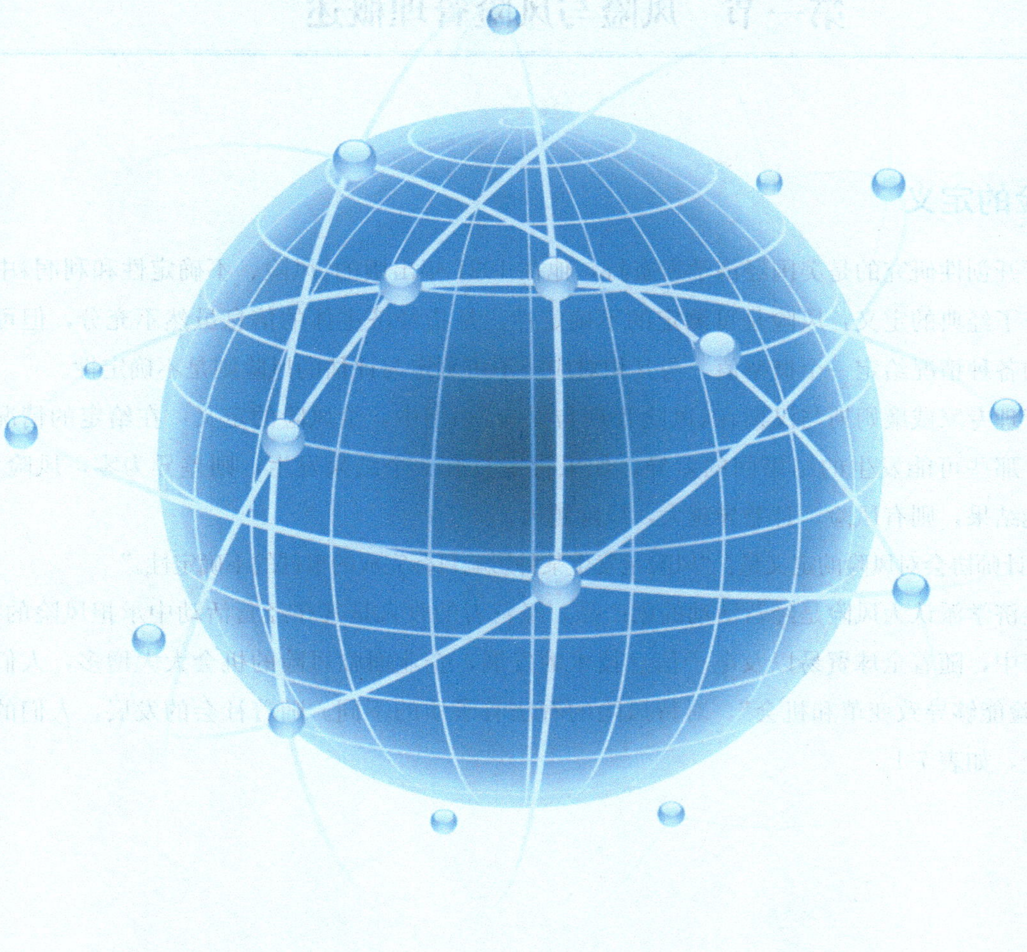

学习目标

1. 企业面对的风险种类；
2. 风险管理基本流程；
3. 企业风险管理体系；
4. 风险管理技术与方法；
5. 风险管理成本与效益。

思政目标

培养学生积极向上、敢打敢拼的精神。

第一节　风险与风险管理概述

一、风险的定义

对风险进行开创性研究的是美国经济学家奈特，他在1921年出版的《风险、不确定性和利润》中对风险和不确定性作了经典的定义：风险是可测定的不确定性，是指经济主体的信息虽然不充分，但可以对未来可能出现的各种情况给定一个概率值。与其相对应，不可测定与评估的风险则是不确定性。

美国风险管理专家威廉姆斯与汉斯在《风险管理与保险》一书中，给风险的定义：在给定的情况下和特定的时间内，那些可能发生的结果间的差异。如果肯定只有一个结果发生，则差异为零，风险为零；如果有多种可能结果，则有风险，且差异越大，风险越大。

国际内部审计师协会对风险的定义是："风险是发生某种影响目标完成的事件的不确定性。"

西方古典经济学派认为风险是经营活动的副产品，经营者的收入是其在经营活动中承担风险的报酬。在现代市场经济中，随着全球贸易以及电子信息技术的发展，企业面临风险的机会大大增多，人们意识到必须重视"风险能够导致变革和机会"，对待风险的看法有了质的不同。随着社会的发展，人们的风险观念发生了转变，如表7-1。

表 7-1 风险观念的改变

	风险内涵	对风险的反应	应对风险机制
现代社会之前	命运、迷信、罪恶	接受、责备	补偿、惩罚、复仇、报应
现代社会	可预测、可度量的负面因素	避免、保护	赔偿、财务
现代市场经济	可管理、可操纵的机会	接受专业的控制建议，并建立自我纠错系统	系统改善

2006 年 6 月，我国国务院国有资产监督管理委员会发布《中央企业全面风险管理指引》，将企业风险定义为"未来的不确定性对企业实现其经营目标的影响"。理解这个定义需要从以下几个方面把握：

(1)企业风险与企业战略相关。由于企业风险正是阻碍企业实现战略目标的各种因素和事项，公司经营中战略目标不同，企业面临的风险也就不同。

(2)风险是一系列可能发生的结果，不能简单地理解为最有可能的结果。由于风险的可能结果不是单一的，而是一系列的，所以理解和评估风险时，"范围"这个概念对应了众多的不确定性。

(3)风险既具有客观性，又具有主观性。风险是事件本身的不确定性，但却是在一定具体情况下的风险，可以由人的主观判断来决定选择不同的风险。

(4)风险总是与机遇并存。大多数人只关注风险不利面，如风险带来的竞争失败、经营中断、法律诉讼、商业欺诈、无益开支、资产损失、决策失误等，因而害怕风险。但"风险本身并不是坏事。对于企业发展而言，风险是必需的，失败是我们学习过程的一个重要部分。我们必须学会在风险可能带来的不利后果中，识别并把握其潜在的机遇"。有风险才有机会，风险是机会存在的基础，一味害怕风险并不能解决问题，反而会因未能利用机遇或竞争优势而导致更大的风险。为此，如果要区别风险中的正面和负面，我们可以把负面的风险称为威胁，而把正面的风险称为机会。面对竞争日益加剧的全球经济环境、不断出现的新技术和新的经营模式、变化的消费观、企业的重组兼并以及永不满足的股东预期，人们只有了解并有能力控制其面临的风险，寻求机遇的行为才能够活跃起来。

(5)在风险理念逐步转变的过程中，人们对风险的研究围绕着以下三个基本问题深化：

1)什么是风险的真相或它的真实性；

2)不利的后果包括哪些；

3)如何规范与测量不确定。

(6)根据研究角度的不同，风险理论可归纳总结为两类学派：

1)客观实体派的风险理论，该学派主要依据保险精算、工程学、经济学与财务理论进行风险理论研究，认为风险是客观的不确定性，是客观存在的实体，是可以预测的，一般以客观概率的概念规范与测量不确定性。一切不利后果，均以货币观点观察与计价。风险真实性的认定，则以数值的高低作为认定基础。

2)主观构建派的风险理论，该学派主要依据心理学、社会学、人类学与哲学进行风险理论研究，认为风险不是测量的问题，它是构建过程的问题。

二、企业面对的风险种类

COSO 的《企业风险管理——整合框架》将企业风险事件的诱因划分为内部因素和外部因素两大类：内部因素包含基础设施、人力资源、流程和技术；外部因素包括经济、政治、社会、自然环境、行业、科技等。因此，企业面对的主要风险分为两大类：外部风险和内部风险。外部风险主要包括政治风险、法律风险、社会文化风险、技术风险、自然环境风险、市场风险、产业风险等。内部风险主要包括：战略风险、操作风险、运营风险、财务风险等。

(一)外部风险

1. 政治风险

政治风险是指完全或部分由政府官员和政府组织行使权力而产生的不确定性。虽然政治风险通常更多地与海外市场风险有关，但这一定义实际上同样适用于国内外所有市场。政府的直接干预也可能产生政治风险。直接干预包括：不履行合同、货币不可兑换、不利的税法、关税壁垒、没收资产和限制将利润带回母国。

政治风险也指企业因一国政府或人民的举动而遭受损失的风险。企业目标与东道国的国民愿望之间如存在冲突，则会产生政治风险。显然，政治风险是全球性企业面临的一个特殊问题，因为它们在全球各地都有经营业务，所以要同时面对来自不同国家的政治风险。东道国政府既对发展和增长持鼓励态度，同时又不想本国受跨国企业的过度影响。极端的情况是，发生战争或企业被没收时，企业可能会损失它们的资产。最可能出现的问题是，从东道国将现金汇回本国的相关规定出现变化。

政治风险常常表现在以下几方面：

(1)外汇管制的规定。通常欠发达国家制定的外汇管制规定更为严格。例如，外币供应实行定量配给，这种措施限制了东道国企业从外国购买商品的能力，并禁止其向外国股东支付股利，从而导致这些企业可能会陷入资金被冻结的局面。

(2)进口配额和关税。规定进口配额可以限制在东道国内的子公司从其控股公司购买以投放到国内市场上销售的商品数量。子公司可以从控股公司进口商品，但是价格比国内生产的产品要高得多。有些时候东道国会要求征收额外税收，即对外国企业按高于本地企业的税率征税，目的是为本地企业提供优势条件。甚至有可能故意征收超高税率，使得外国企业难以盈利。例如，某国近年来不断提高石油和木材的出口关税，导致该国木材及加工业的外国投资企业遭受重大的损失。

(3)组织结构及要求最低持股比例。要求所有投资必须采取与东道国的公司联营的方式，有些东道国政府可决定组织结构。最低持股比例是指某些情况下外资公司的部分股权必须由当地投资人持有，某些行业有持股比例的规定。

(4)限制向东道国的银行借款。限制甚至禁止外资企业向东道国的银行和发展基金按最低利率借款。某些国家仅向本国的企业提供获取外币的渠道，以迫使外资企业将外币带入本国。

(5)没收资产。出于国家利益的考虑，东道国可能会没收外资企业财产。国际法认为，这是主权国的权利，但主权国要按照公平的市场价格迅速地以可自由兑换的货币进行赔偿。问题常常出现在“迅速”和“公平”这两个词所代表的准确含义、货币的选择，以及如果对主权国提出的赔偿不满，企业可以采取哪些措施维护自身权益等方面。

2. 法律风险

这里的法律风险是指法律风险与合规风险，它们都是现代企业风险体系中重要的部分，两者各有不同又各有侧重。二者的目标都是通过加强管理行为来防范可能发生的各类风险、为企业减少风险损失。

(1)法律风险是指企业在经营过程中因自身经营行为的不规范或者外部法律环境发生重大变化而造成的不利法律后果的可能性。通俗来讲，法律风险就是基于法律的原因可能发生的危险及其他不良后果。法律风险通常包括以下三方面：一是法律环境因素，包括立法不完备、执法不公正等；二是市场主体自身法律意识淡薄，在经营活动中不考虑法律因素等；三是交易相对方的失信、违约或欺诈等。

(2)合规风险是指因违反法律或监管要求而受到制裁，遭受金融损失、名誉损害或其他不利影响的可能性。

合规风险和法律风险有时会同时发生，比如银行将会同时面临监管机关的处罚和客户的起诉。但两者有时也会发生分离，比如银行的违规经营被媒体曝光，银行的声誉将面临重大损失，这显然属于合规风险，但其与法律风险无关。需要说明的是，合规风险与法律风险往往不是泾渭分明的，实践中真正把两者区分开较为困难，但有一点是明确的，即合规风险侧重于行政责任和道德责任的承担，而法律风险则侧重于民事责任的承担。

此外，合规风险管理因涉及企业内部的操作风险、市场风险等，对合规人员的要求应当较法律风险知识面要广一些。合规风险管理人员不仅要懂法律，同时还要熟悉企业内部监管规定，精通相关业务流程等，合规管理需要的是综合性的人才。而传统的法律风险的要求则相对单一，是法律专业人员即可。

3. 社会文化风险

文化风险是指文化这一不确定性因素的影响给企业经营活动带来损失的可能。赫斯切认为文化风险产生于那些追求全球投资战略的公司(但这一风险的概念同样适用于在一国市场经营的企业)，因不同的社会习惯而存在的产品市场差异，使人们难以预测哪种产品会在外国市场上受欢迎。赫斯切举例说，在美国、加拿大和英国，早餐麦片极受欢迎，是最盈利的行业之一。但是，在法国、德国、意大利以及其他很多国家，早餐麦片就不怎么受欢迎，利润也不高。文化风险存在并作用于企业经营的更深领域，主要表现为：

(1)跨国经营活动引发的文化风险。跨国经营使企业面临东道国文化与母国文化的差异，这种文化的差异直接影响着企业的管理，构成经营中的文化风险。在一种特定文化环境中行之有效的管理方法，应用到另一种文化环境中，也许会产生截然相反的结果。随着经济全球化进程的加快，各国公司、企业跨文化的经济活动日益频繁，大量跨国公司的出现使一个公司内部的跨文化经营管理活动大量增加。由于文化不同，跨国经营管理中产生了许多误会和不必要的摩擦，影响了公司工作的有效运行。文化因素是各国企业特别是跨国经营企业走向经济全球化时面临的巨大挑战，企业必须具备识别和处理文化风险的能力，才能立于不败之地。

(2)企业并购活动引发的文化风险。并购活动导致企业双方文化的直接碰撞与交流。在并购活动中许多企业往往把注意力集中在金融财务和法律方面，很少关注组织文化可能带来的问题。而许多并购案例证明，文化整合恰恰是并购过程中最困难的任务。尤其对于跨国并购而言，面临组织文化与民族文化的双重风险。因为一个组织的文化是其所有成员共同遵循的行为模式，是保证其成员的行为能够确定地指向组织目标的某种思想体系，如果一个组织之中存在两种或两种以上的组织文化，对于任何一个成员来说，识别组织的目标都将是困难的；同样在为达成组织目标而努力时，判断应当针对不同情境作出何种行为也会是困难的。所以企业并购活动中，如何正确评估所面临的文化差异的基本特征及风险，探寻科学有效的管理策略，是企业并购必须面对和解决的一个重要现实问题。

(3)组织内部因素引发的文化风险。组织文化的变革、组织员工队伍的多元文化背景会导致个人层面的文化风险。越来越多的组织从不同的国家和地区招募员工，广泛开展跨国跨地区的经济合作与往来，从而使组织内部的价值观念、经营思想与决策方式不断面临冲击、更新与交替，进而在组织内部引发多种文化的碰撞与交流。即使没有并购和跨国经营，企业也会面临组织文化与地区文化、外来文化的交流问题以及组织文化的更新问题。所以，由于员工队伍多元化、组织文化变革等内部因素引发的文化风险虽然不如并购和跨国经营中的风险显著，但由于其具有潜伏性和持续性，也会给企业的经营活动造成十分重要的影响。

4. 技术风险

技术风险有广义和狭义之分。广义技术风险是指在某一种新技术给某一行业或某些企业带来增长机会的同时，可能对另一行业或另一些企业形成巨大的威胁。例如，高性能塑料和陶瓷材料的研制和开发严重削弱了钢铁业的获利能力。狭义的技术风险是指技术在创新过程中，由于技术本身的复杂性和其他相关因素变化产生的不确定性而导致技术创新遭遇失败的可能性，包括“纯技术风险及其他过程中由于技术方面的因素所造成的风险”。如技术手段的局限性、技术系统内部的复杂性、技术难度过高、产品寿命的不可预测性、替代性技术的缺乏等原因都可能导致技术创新夭折；此外，如果技术创新目标出现较大起伏，企业现有科研水平一旦不能满足新技术目标的需求，那么技术创新就面临失败的风险，这些风险均属于狭义范畴的技术风险。

从技术活动所处的不同阶段考察，技术风险可以划分为技术设计风险、技术研发风险和技术应用风险。

(1)技术设计风险是指技术在设计阶段，由于技术构思或设想的不全面性致使技术及技术系统存在先天“缺陷”或创新不足而引发的各种风险。如氟利昂在设计之初就存在“缺陷”，其产生的氯原子会不断分解大气中的臭氧分子而破坏臭氧层，只是当初设计者并没有考虑到，随着该类产品在家用电器、日用化工产品、泡沫塑料及消防器材等领域的广泛使用，终于使臭氧层出现空洞的可能性转变成现实。

(2)技术研发风险是指在技术研究或开发阶段，由于外界环境变化的不确定性、技术研发项目本身的难度和复杂性、技术研发人员自身知识和能力的有限性可能导致技术的研发面临着失败的危险。例如，从微观组织结构看，缺乏灵活的技术开发组织形式，缺乏创新观念和创业理念的企业家精神等，都会由于低水平管理、低效率运行使企业的技术研发活动陷入困境，难以实现预期目标。

(3)技术应用风险是指由于技术成果在产品化、产业化的过程中所带来的一系列不确定性的负面影响或效应。例如，外部环境没有良好的社会化服务和技术的聚集效应；或市场对新技术的接受程度不确定；或他人的技术模仿行为；或由于市场准入的技术门槛较低，大量企业涌入致使竞争激烈；或人为的道德诚信问题等都可能使企业面临技术应用风险。

5. 自然环境风险

自然环境风险是指企业由于其自身或影响其业务的其他方造成的自然环境破坏而承担损失的风险。

企业需要关注的不仅包括企业自身对自然环境造成的直接影响，还应包括企业与客户、供应商之间的联系对自然环境造成的间接影响。项目过程可能并不会导致自然环境破坏，但产品本身却可能造成自然环境破坏。

直接的自然环境影响通常比较明显，例如，石油泄漏或排放到河流造成的污染、烟囱排烟产生的空气污染、垃圾处理场的废物倾倒等产生的环境破坏；而间接的自然环境影响就不太明显，例如，公司的产品达到了其使用寿命，则产品的处理就会产生自然环境问题。

6. 市场风险

市场风险一般考虑以下几个方面：

(1)产品或服务的价格及供需变化带来的风险。主要产品或服务的价格出人意料地上涨或下跌，可能使业务面临风险。排除人为因素，价格的变化与供需变化直接相关。例如石油公司和农产品公司，经常会受到价格变动的影响。

(2)能源、原材料、配件等物资供应的充足性、稳定性和价格的变化带来的风险。从供应者角度考察产品或服务价格及供需关系的变化就可能带来这一风险。由于能源、原材料、配件等物资供需关系和价格的变化，企业采购成本就会发生变化，相应的，企业生产成本、营业收入也都会发生变化。

(3)主要客户、主要供应商的信用风险。企业生产产品或提供服务，并将其提供给客户，同时企业会允许客户在一定时间内付款，这一过程被称为赊欠。赊欠会产生不予支付的风险。因而主要客户的信用风险体现为对方在账款到期时不予支付的风险。而企业的生产经营需要各种生产要素，如果供应商不能按照双方协议的要求按时、保质、保量地提供这些生产要素，就产生了供应商的信用风险。

(4)税收政策和利率、汇率、股票价格指数的变化带来的风险。税收风险指由于税收政策变化使企业税后利润发生变化产生的风险。利率风险是指因利率提高或降低而产生预期之外损失的风险。汇率风险或货币风险是由汇率变动的可能性，以及一种货币对另一种货币的价值发生变动的可能性导致的。股票价格风险影响企业股票或其他资产的投资者，其表现是与股票价格相联系的。股票价格风险还影响到企业通过出售股票和相关证券进行融资的能力。

(5)潜在进入者、竞争者、和替代品的竞争带来的风险。波特五种竞争力分析模型中的潜在进入者的威胁、现有企业竞争威胁、替代品的威胁也都是引发风险的主要因素。

企业在进行市场风险分析时，应该对这些风险进行综合分析。例如，对于一家工程承包商来说，当对一项完工时间较长的合同进行投标时，必须对利率、汇率和原材料(商品)价格作出相应假设。除非这些价格的所有变化能完全转移到客户身上，否则承包商必须承担这些风险。对大多数风险而言，时间范围越大，越难预测相关价值，对这些风险进行套期的可能性也越小。承接合同的目的是盈利，就算收到付款，而且作出了合理准确的成本估计，承包商仍可能会因接受付款之前所发生的不利的汇率变动而遭受亏损。此外，这家工程承包商还必须防范原材料供应、劳动力提供、银行贷款以及客户赊欠等环节可能产生的信用风险。

7. 产业风险

产业风险是指在特定产业中与经营相关的风险。这一风险与企业选择在哪个产业中经营直接相关。在考虑企业可能面对的产业风险时，以下几个因素是非常关键的：

(1)产业生命周期阶段。产业会经历导入期、成长期、成熟期及衰退期。处于不同时期的产业具有不同的产业风险。波特认为，在导入期，产业风险非常高；在成长期因为增长可以弥补风险，所以在此阶段可以冒险；在成熟期，企业面临周期性品牌出现的风险；在衰退期，企业经营主要的任务是确定何时以及如何有序地退出市场。

(2)产业波动性。波动性是与变化相关的一个指标。波动性产业是指供需迅速变化上下起伏的产业。波动性产业具有较大的不确定性，使计划和决策变得更难。波动性产业一般包括电子业、软件业、房地产业和建筑业。

(3)产业集中程度。在产业集中度高的产业，特别是在受政府保护的垄断产业中，在位企业具有竞争优势。例如，某些国家公用事业公司或政府所管理的公司面临很小的竞争压力和风险，而在这样的产业中，新进入者就面临着很大的进入障碍和风险。在产业集中度低的产业中，产业内竞争激烈，企业面临着共同的产业风险。而随着大多数国家对垄断产业的改革、国家企业私有化、关税壁垒降低等政策的实施，原本垄断企业的垄断地位被推翻，这些企业就不得不面对新的产业风险。

(二)内部风险

1. 战略风险

(1)战略风险的内涵可以从以下两个方面展开：

1)从战略风险可能导致的结果来看，有整体性损失和战略目标无法实现两种结果。整体性损失包括经济利益损失和非经济利益损失，非经济利益损失指竞争优势减弱、综合排名降低、战略实施能力削弱等。如果将战略目标分成财务类目标和非财务类目标，实际上整体性损失等同为战略目标无法实现，这种分类能够比较具体地反映战略风险的影响结果。

2)从战略风险产生的原因来看，战略风险产生的可能原因有外部环境和战略管理行为及战略成功的必要条件。外部环境如宏观经济和产业环境也可指未预料的外部事件。战略管理行为指战略性决策行为、战略管理活动中的战略行为或一系列未预料的内部事件。战略成功的必要条件指企业资源、能力等。这些都是引起战略风险的可能原因。

(2)我国《企业内部控制应用指引第2号——发展战略》从企业制定与实施发展战略角度阐明企业战略风险具体体现在以下三个方面：

1)缺乏明确的发展战略或发展战略实施不到位，可能导致企业盲目发展，难以形成竞争优势，丧失发展机遇和动力。

2)发展战略过于激进，脱离企业实际能力或偏离主业，可能导致企业过度扩张，甚至经营失败。

3)发展战略因主观原因频繁变动，可能导致资源浪费，甚至危及企业的生存和持续发展。

2. 运营风险

运营风险是指企业在运营过程中，由于外部环境的复杂性和变动性以及主体对环境的认知能力和适应能力的有限性，而导致的运营失败或运营活动达不到预期的目标的可能性及其损失。运营风险并不是指某一种具体的风险，而是包含一系列具体的风险。

运营风险至少要考虑以下几个方面：

(1)企业产品结构、新产品研发方面可能引发的风险；

(2)企业新市场开发，市场营销策略方面可能引发的风险；

(3)企业组织效能、管理现状、企业文化，高、中层管理人员和重要业务流程中专业人员的知识结构、专业经验等方面可能引发的风险；

(4)期货等衍生产品业务中发生失误带来的风险；

(5)质量、安全、环保、信息安全等管理中发生失误导致的风险；

(6)因企业内、外部人员的道德风险或业务控制系统失灵导致的风险；

(7)给企业造成损失的自然灾害等风险；

(8)企业现有业务流程和信息系统操作运行情况的监管、运行评价及持续改进能力方面引发的风险。

3. 操作风险

操作风险是指由于员工、内部程序、基础设施、技术或对运作有影响的类似因素(包括欺诈活动)的失误而导致亏损的风险。

从本质上来说，许多已经识别出的风险是操作方面的。操作风险包括以下几种风险：

(1)员工。员工风险包括员工的雇佣、培训和解雇所涉及的风险。主要的问题是要确保有足够的员工，他们有恰当的能力并且愿意执行企业所要求的任务。员工包括确定公司战略方向、控制资源分配的高级管理层和其他各运营部门的中低层员工。

(2)技术。企业是否存在实施和支持经营活动所必需的系统，是否定期为系统进行检查和评估，是否找出系统运行不佳的情况，系统不佳是否导致企业发生亏损，以及企业是如何确保系统是最新和能够应对经营风险的。

(3)舞弊。企业是否拥有保护自身不受舞弊影响的方法。

(4)外部依赖。企业越来越依赖基础设施、电话、交通系统和能源供应商。如果这些供应商出现问题，企业如何保护各部门运作不会受到影响?

(5)过程/程序。企业未能制定程序操作要求，可能会导致员工在运营操作时采取不正确的行动。

(6)外包。外包通常被看作是减少成本和将企业资源集中在核心业务的方法。但是，很多企业越来越担心将公司的关键业务外包可能会导致的失控。

4. 财务风险

财务风险是指公司财务结构不合理、融资不当使公司可能丧失偿债能力，而导致投资者预期收益下降和陷入财务困境甚至破产的风险。财务风险是企业在财务管理过程中必须面对的一个现实问题，财务风险是客观存在的，企业管理者对财务风险只有采取有效措施来降低风险，而不可能完全消除风险。

三、风险管理概述

(一)风险管理的起源与发展

人类对风险管理理论的研究始于20世纪初的西方工业化国家。企业风险管理大致分为三个阶段：

第一阶段：以“安全与保险”为特征的风险管理。一百多年前，快速发展的航海业面临的海上风险催生了保险业的迅速发展，最初航运企业风险管理的主要措施就是通过保险把风险转移到保险公司，从而规避自身的风险损失。

第二阶段：以“内部控制和控制纯粹风险”为特征的风险管理。1985年，美国COSO开始研究企业如何建立以财务管理为主线的有效的内部控制，1992年该委员会正式发布《COSO内部控制——综合框架》，提出内部控制系统是由控制环境、风险评估、控制活动、信息与沟通、监督五要素组成。

第三阶段：以“风险管理战略与企业总体发展战略紧密结合”为特征的全面风险管理。COSO 于 2004 年 9 月出台了《COSO 企业全面风险管理——整合框架》。2006 年 6 月国资委正式印发《中央企业全面风险管理指引》，标志着我国中央企业建立全面风险管理体系工作的启动。

(二)风险偏好与风险承受度

风险偏好和风险承受度是风险管理概念的重要组成部分。

风险偏好是企业希望承受的风险范围，分析风险偏好要回答的问题是公司希望承担什么风险和承担多少风险。例如：应当与这个公司联盟吗？是否需要套期保值？应当在美国投资吗？应当保持多高的资产负债率？

风险承受度是指企业风险偏好的边界，分析风险承受度可以将其作为企业采取行动的预警指标，企业可以设置若干承受度指标，以显示不同的警示级别。例如：市场表现到什么时候，我们就应当追回投资或一定退出？资产负债率高到什么时候，我们就需要停止投资？

风险偏好和风险承受度概念的提出基于企业风险管理理念的变化。传统风险管理理念认为风险只是灾难，被动地将风险管理作为成本中心；而全面风险管理的理念认为风险具有二重性，风险总是与机遇并存。企业风险管理要在机遇和风险中寻求平衡点，以实现企业价值最大化的目标。因此，风险偏好概念提出的意义在于研究企业风险和收益的关系，明确了企业的风险偏好和风险承受度，就能够把握企业在风险和收益之间的平衡点如何选择。

(三)风险管理的内涵

企业风险管理涉及的风险和机会影响价值的创造或保持。它是一个从战略制定到日常经营过程中对待风险的一系列信念与态度，目的是确定可能影响企业的潜在事项，并进行管理，为实现企业的目标提供合理的保证。整体来说，企业风险管理的内涵包括：

(1)一个正在进行并贯穿整个企业的过程；

(2)受到企业各个层次人员的影响；

(3)战略制定时得到应用；

(4)适用于各种类型和规模的企业，包括考虑风险组合；

(5)识别能够影响企业及其风险管理的潜在事项；

(6)能够对企业的管理层和董事会提供合理保证；

(7)致力于实现一个或多个单独但是类别相互重叠的目标。

四、企业风险管理的特征

企业风险管理具有以下特征：

(1)战略性。尽管风险管理渗透到现代企业各项活动中，但它主要运用于企业战略管理层面，站在战略层面整合和管理企业层面风险是全面风险管理的价值所在。

(2)全员化。企业全面风险管理是一个由企业治理层、管理层和所有员工参与的，对企业所有风险进行管理，旨在把风险控制在风险容量以内，增进企业价值的过程。企业风险管理本身并不是一个结果，而是实现结果的一种方式。在这个过程中，只有将风险意识转化为全体员工的共同认识和自觉行动，才能确保风险管理目标的实现。

(3)专业性。要求风险管理的专业人才实施专业化管理。

(4)二重性。企业全面风险管理的商业使命在于：①损失最小化管理；②不确定性管理；③绩效最优化管理。即当风险损失不能避免时，尽量减少损失至最小化；风险损失可能发生也可能不发生时，设法降低风险发生的可能；风险预示着机会时，化风险为增加企业价值的机会。全面风险管理既要管理纯粹的风险，也要管理机会风险。

(5)系统性。全面风险管理必须拥有一套系统的、规范的方法，来确保所有的风险都得到识别和管理。系统和规范的方法超越了企业自发的管理，它使利益相关者、董事和管理层确信所有的风险都能被识别和理解，而且宝贵的资源能被主动运用在紧迫的风险领域。

尽管企业全面风险管理不是一种激进、全新的管理方法，它是由其他管理方法进化而来的，但是可以看到，近年来企业对风险的理解和处理都发生了重要转变。风险管理新旧理念之间的差异如表 7-2 所示。

表 7-2 风险管理的新旧理念对比

	传统风险管理	全面风险管理
涉及面	主要是财务会计主管和内部审计等部门负责；就单个风险个体实施风险管理，主要是可保风险和财务风险	在高层的参与下，每个成员都承担与自己行为相关的风险管理责任；从总体上集中考虑和管理所有风险(包括纯企业风险和风险机会)
连续性	只有管理层认为必要时才进行	是企业系统的、有重点的、持续的行为
态度	被动地将风险管理作为成本中心	主动积极地将风险管理作为价值中心
目标	与企业战略联系不紧，目的主要是转移或避免风险	紧密联系企业战略，目的是寻求风险优化措施
方法	事后反应式的风险管理方法，即先检查和预防经营风险，然后采取应对措施	事前风险防范，事中风险预警和及时处理，事后风险报告、评估、备案及其他相应措施
注意焦点	专注于纯粹和灾难性风险	焦点在所有利益相关者的共同利益最大化上

风险管理理念从传统风险管理转变为全面风险管理，风险管理的概念、目标、内容以及公司风险管理文化都发生了根本性的变化。

第二节　企业风险管理目标

企业风险管理目标

传统的风险管理与企业战略联系不那么紧，目标主要是转移或避免风险，重点放在对公司行为的监督和检查上，因而传统的风险管理目标一般与实现公司战略目标没有关系。而全面风险管理紧密联系企业战略，为实现公司整体战略目标寻求风险优化措施，因而风险管理目标的设计要充分体现这一思想。

COSO认为企业进行全面风险管理应力求实现以下几个目标。

(1)战略目标：这是企业的高层次目标，与企业使命相关联并支撑其使命；全面风险管理目标必须与企业发展的战略目标相辅相成，战略目标的实现可以通过企业风险管理的风险分析、风险控制等途径实现。

(2)经营目标：指企业应有效且高效率地利用其资源，高效运营。

(3)报告目标：指企业要真实披露企业的经营业绩，确保财务报告真实可靠。

(4)合规目标：指企业要遵守相关法律和法规的规定，合规经营。

COSO的《企业风险管理——整合框架》指出：风险管理目标是指一个企业力图实现什么，而企业风险管理的构成要素则意味着需要什么来实现它们，二者之间有着直接的关系。

我国《中央企业全面风险管理指引》设定了企业风险管理的总体目标，充分体现了这一思想。

1)确保将风险控制在与公司总体目标相适应并可承受的范围内；

2)确保内外部，尤其是企业与股东之间实现真实、可靠的信息沟通，包括编制和提供真实、可靠的财务报告；

3)确保遵守有关法律法规；

4)确保企业有关规章制度和为实现经营目标而采取重大措施的贯彻执行，保障经营管理的有效性，提高经营活动的效率和效果，降低实现经营目标的不确定性；

5)确保企业建立针对各项重大风险发生后的危机处理计划，保护企业不因灾害性风险或人为失误而遭受重大损失。

第三节　企业风险管理基本流程

风险管理基本流程包括以下主要工作：

(1)收集风险管理初始信息；

(2)进行风险评估，分为风险辨识、风险分析、风险评价三个步骤；

(3)制定风险管理策略，包括风险承担、风险规避、风险转移、风险转换、风险对冲、风险补偿、风险控制；

(4)提出和实施风险管理解决方案，分为外部方案和内部方案；

(5)风险管理的监督与改进。

一、收集风险管理初始信息

风险管理基本流程的第一步，要广泛地、持续不断地收集与本企业风险和风险管理相关的内部、外部初始信息，包括历史数据和未来预测。应把收集初始信息的职责分工落实到各有关职能部门和业务单位。

收集初始信息要根据所分析的风险类型具体展开。

1. 分析战略风险

企业应广泛收集国内外企业战略风险失控导致企业蒙受损失的案例，并至少收集与本企业相关的以下重要信息：

(1)国内外宏观经济政策以及经济运行情况、企业所在产业的状况、国家产业政策；

(2)科技进步、技术创新的有关内容；

(3)市场对该企业产品或服务的需求；

(4)与企业战略合作伙伴的关系，未来寻求战略合作伙伴的可能性；

(5)该企业主要客户、供应商及竞争对手的有关情况；

(6)与主要竞争对手相比，该企业的实力与差距；

(7)本企业发展战略和规划、投融资计划、年度经营目标、经营战略，以及编制这些战略、规划、计划、目标的有关依据；

(8)该企业对外投融资流程中曾发生或易发生错误的业务流程或环节。

2. 分析财务风险

企业应广泛收集国内外企业财务风险失控导致危机的案例，并至少收集本企业的以下重要信息：

(1)负债或有负债、负债率、偿债能力；

(2)现金流、应收账款及其占销售收入的比重、资金周转率；

(3)产品存货及其占销售成本的比重、应付账款及其占购货总额的比重；

(4)制造成本和管理费用、财务费用、营业费用；

(5)盈利能力；

(6)成本核算、资金结算和现金管理业务中曾发生或易发生错误的业务流程或环节；

(7)与本企业相关的产业会计政策、会计估算、与国际会计制度的差异与调节等信息。

3. 分析市场风险

企业应广泛收集国内外企业忽视市场风险、缺乏应对措施导致企业蒙受损失的案例，并至少收集与本企业相关的以下重要信息：

(1)产品或服务的价格及供需变化；

(2)能源、原材料、配件等物资供应的充足性、稳定性和价格变化；

(3)主要客户、主要供应商的信用情况；

(4)税收政策和利率、汇率、股票价格指数的变化；⑤潜在竞争者、竞争者及其主要产品、替代品情况。

4. 分析运营风险

企业应至少收集与该企业、本行业相关的以下信息：

(1)产品结构、新产品研发；

(2)新市场开发，市场营销策略，包括产品或服务定价与销售渠道，市场营销环境状况等；

(3)企业组织效能、管理现状、企业文化，高、中层管理人员和重要业务流程中专业人员的知识结构、专业经验；

(4)期货等衍生产品业务中曾发生或易发生失误的流程和环节；

(5)质量、安全、环保、信息安全等管理中曾发生或易发生失误的业务流程和环节；

(6)因企业内部、外部人员的道德风险致使企业遭受损失或业务控制系统失灵；

(7)给企业造成损失的自然灾害以及除上述有关情形之外的其他纯粹风险；

(8)对现有业务流程和信息系统操作运行情况的监管、运行评价及持续改进能力；

(9)企业风险管理的现状和能力。

5. 分析法律风险

企业应广泛收集国内外企业忽视法律法规风险、缺乏应对措施导致企业蒙受损失的案例，并至少收集与该企业相关的以下信息：

(1)国内外与该企业相关的政治、法律环境；

(2)影响企业的新法律法规和政策；

(3)员工道德操守的遵从性；

(4)该企业签订的重大协议和有关贸易合同；

(5)该企业发生重大法律纠纷案件的情况；

(6)企业和竞争对手的知识产权情况。

企业还要对收集的初始信息进行必要的筛选、提炼、对比、分类、组合，以便进行风险评估。

二、进行风险评估

完成了风险管理初始信息收集之后，企业要对收集的风险管理初始信息和企业各项业务管理及其重要业务流程进行风险评估。风险评估包括风险辨识、风险分析、风险评价三个步骤。

(1)风险辨识是指查找企业各业务单元、各项重要经营活动及其重要业务流程中有无风险，有哪些风险。风险分析是对辨识出的风险及其特征进行明确的定义描述，分析和描述风险发生可能性的高低、风险发生的条件。风险评价是评估风险对企业实现目标的影响程度、风险的价值等。

进行风险辨识、分析、评价，应将定性与定量方法相结合。定性方法可采用问卷调查、集体讨论、专家咨询、情景分析、政策分析、行业标杆比较、管理层访谈、由专人主持的工作访谈和调查研究等。

定量方法可采用统计推论(如集中趋势法)、计算机模拟(如蒙特卡洛分析法)、失效模式与影响分析、事件树分析等。进行风险定量评估时,应统一制定各风险的度量单位和风险度量模型,并通过测试等方法,确保评估系统的假设前提、参数、数据来源和定量评估程序的合理性和准确性。要根据环境的变化,定期对假设前提和参数进行复核和修改,并将定量评估系统的估算结果与实际效果进行对比,据此对有关参数进行调整和改进。

(2)风险分析应包括风险之间的关系分析,以便发现各风险之间的自然对冲、风险事件发生的正负相关性等组合效应,从风险策略上对风险进行统一集中管理。企业在评估多项风险时,应根据对风险发生可能性的高低和对目标的影响程度的评估,绘制风险坐标图,对各项风险进行比较,初步确定对各项风险的管理优先顺序和策略。

(3)风险评价应由企业组织有关职能部门和业务单位实施,也可聘请有资质、信誉好、风险管理专业能力强的中介机构协助实施。

企业应对风险管理信息实行动态管理,定期或不定期实施风险辨识、分析、评价,以便对新的风险和原有风险的变化重新评估。

三、制定风险管理策略

风险管理基本流程的第三步是制定风险管理策略。风险管理策略是指企业根据自身条件和外部环境,围绕企业发展战略,确定风险偏好、风险承受度、风险管理有效性标准,选择合适的风险管理工具的总体策略,并确定风险管理所需人力和财力资源的配置原则。

企业在制定风险管理策略时,要根据风险的不同类型选择其适宜的风险管理策略。例如,一般认为,对战略、财务、运营、政治风险、法律风险等,可采取风险承担、风险规避、风险转换、风险控制等方法。对能够通过保险、期货、对冲等金融手段进行理财的风险,可以采用风险转移、风险对冲、风险补偿等方法。

制定风险管理策略的一个关键环节是企业应根据不同业务特点统一确定风险偏好和风险承受度,即企业愿意承担哪些风险,明确风险的最低限度和最高限度,并据此确定风险的预警线及相应采取的对策。确定风险偏好和风险承受度,要正确认识和把握风险与收益的平衡,防止和纠正两种错误倾向:一是忽视风险,片面追求收益而不讲条件、范围,认为风险越大、收益越高的观念和做法;二是单纯为规避风险而放弃发展机遇。

四、提出和实施风险管理解决方案

按照风险管理的基本流程,制定风险管理策略后的工作是制定实施风险管理解决方案,也就是执行前一阶段制定的风险管理解决策略。在这一阶段,企业应针对各类风险或每一项重大风险制定风险管理解决方案。方案一般应包括风险解决的具体目标,所需的组织领导,所涉及的管理及业务流程,所需的条件、手段等资源,风险事件发生前、中、后期所采取的具体应对措施以及风险管理工具。

(一)风险管理解决方案的两种类型

风险管理解决方案可以分为外部和内部解决方案。

1. 外部解决方案

外部解决方案一般指外包。企业经营活动外包是利用产业链专业分工，提高运营效率的必要措施。企业许多风险管理工作可以外包出去，如企业借助投资银行、信用评级公司、保险公司、律师事务所、会计师事务所、风险管理咨询公司等专业机构，将有关方面的工作外包，可以降低企业的风险，提高效率。外包方案，应注重成本与收益的平衡、外包工作的质量、自身商业秘密的保护以及防止自身对外包产生依赖性等，并制定相应的预防和控制措施。

2. 内部解决方案

内部解决方案是后面要阐述的风险管理体系的运转。在具体实施中，一般是以下几种手段的综合应用：风险管理策略、组织职能、内部控制（包括政策、制度、程序）、信息系统（包括报告体系）、风险理财措施。

内部解决方案应满足合规的要求，坚持经营战略与风险策略一致、风险控制与运营效率及效果相平衡的原则。针对重大风险所涉及的各个管理及业务流程，制定涵盖各个环节的全流程控制措施；对其他风险所涉及的业务流程，要把关键环节作为控制点，采取相应的控制措施。

内部控制是通过有关企业流程的设计和实施的一系列政策、制度、程序和措施，控制影响流程目标的各种风险。内部控制是全面风险管理的重要组成部分，是全面风险管理的关键机制。一般说来，内部控制系统针对的风险是可控纯粹风险，其控制对象是企业中的个人，控制目的是规范员工的行为，控制范围是企业的业务和管理流程。

企业制定内控措施，一般至少包括以下内容：

（1）建立内控岗位授权制度。对内控所涉及的各岗位明确规定授权的对象、条件、范围和额度等，任何组织和个人不得超越授权作出风险性决定。

（2）建立内控报告制度。明确规定报告人与接受报告人，报告的时间、内容、频率、传递路线、负责处理报告的部门和人员等。

（3）建立内控批准制度。对内控所涉及的重要事项，明确规定批准的程序、条件、范围和额度、必备文件以及有权批准的部门和人员及其相应责任。

（4）建立内控责任制度。按照权利、义务和责任相统一的原则，明确规定各有关部门和业务单位、岗位、人员应负的责任和奖惩制度。

（5）建立内控审计检查制度。结合内控的有关要求、方法、标准与流程，明确规定审计检查的对象、内容、方式和负责审计检查的部门等。

（6）建立内控考核评价制度。具备条件的企业应把各业务单位风险管理执行情况与绩效薪酬挂钩。

（7）建立重大风险预警制度。对重大风险进行持续不断的监测，及时发布预警信息，制定应急预案，并根据情况变化调整控制措施。

（8）建立健全以总法律顾问制度为核心的企业法律顾问制度。大力加强企业法律风险防范机制建设，形成由企业决策层主导、企业总法律顾问牵头、企业法律顾问提供业务保障、全体员工共同参与的法律风险责任体系。完善企业重大法律纠纷案件的备案管理制度。

（9）建立重要岗位权力制衡制度，明确规定不相容职责的分离。主要包括：授权批准、业务经办、会计记录、财产保管和稽核检查等职责。对内控所涉及的重要岗位可设置一岗双人、双职、双责，相互制约；明确该岗位的上级部门或人员对其应采取的监督措施和应负的监督责任；将该岗位作为内部审计的重点等。

企业应当按照各有关部门和业务单位的职责分工，认真组织实施风险管理解决方案，确保各项措施落实到位。

(二)关键风险指标管理

关键风险指标管理是对引起风险事件发生的关键成因指标进行管理的方法。关键风险指标管理可以管理单项风险的多个关键成因，也可以管理影响企业主要目标的多个主要风险因素。例如，假设公司现在关心的主要目标是年度盈利指标，那么，影响该目标的风险因素有许多，包括年度销售额、原材料价格、制造成本、销售成本、投资收入、利息、应收账款等。

1. 关键风险指标管理的步骤

一般分为以下六步：

(1)分析风险成因，从中找出关键成因。

(2)将关键成因量化，确定其度量，分析确定导致风险事件发生时该成因的具体数值。

(3)以该具体数值为基础，以发出风险信息为目的，加上或减去一定数值后形成新的数值，该数值即为关键风险指标。

(4)建立风险预警系统，即当关键成因数值达到关键风险指标时，发出风险预警信息。

(5)制定出现风险预警信息时应采取的风险控制措施。

(6)跟踪监测关键成因的变化，一旦出现预警，即实施风险控制措施。

2. 关键风险指标分解

企业的指标要分解到企业的各个职能部门和业务单位，对于关键风险指标也一样。但是，对于关键风险指标的分解要注意职能部门和业务单位之间的协调。关键是从企业整体出发把风险控制在一定范围内。对一个具体单位而言，不可采用“最大化”或“最小化”的说法。比如，信用管理部门负责信用风险的管理，如果其强调最小化信用风险，紧缩信用，则会给负责扩大市场占有率的市场和销售部门造成伤害，从而影响公司整体目标的实现。

五、风险管理的监督与改进

(1)企业应以重大风险、重大事件和重大决策、重要管理及业务流程为重点，对风险管理初始信息、风险评估、风险管理策略、关键控制活动及风险管理解决方案的实施情况进行监督，采用压力测试、返回测试、穿行测试以及风险控制自我评估等方法对风险管理的有效性进行检验，根据变化情况和存在的缺陷及时加以改进。

(2)企业应建立贯穿于整个风险管理基本流程，连接各上下级、各部门和业务单位的风险管理信息沟通渠道，确保信息沟通的及时、准确、完整，为风险管理监督与改进奠定基础。

(3)企业各有关部门和业务单位应定期对风险管理工作进行自查和检验，及时发现缺陷并改进，其检查、检验报告应及时报送企业风险管理职能部门。

(4)企业风险管理职能部门应定期对各部门和业务单位风险管理工作实施情况和有效性进行检查和检

验，要根据在制定风险策略时提出的有效性标准的要求对风险管理策略进行评估，对跨部门和业务单位的风险管理解决方案进行评价，提出调整或改进建议，出具评价和建议报告，及时报送企业总经理或其委托分管风险管理工作的高级管理人员。

(5)企业内部审计部门应至少每年一次对包括风险管理职能部门在内的各有关部门和业务单位能否按照有关规定开展风险管理工作及其工作效果进行监督评价，监督评价报告应直接报送董事会或董事会下设的风险管理委员会和审计委员会。此项工作也可结合年度审计、任期审计或专项审计工作一并开展。

(6)企业可聘请有资质、信誉好、风险管理专业能力强的中介机构对企业全面风险管理工作进行评价，出具风险管理评估和建议专项报告。报告一般应包括以下几方面的实施情况、存在缺陷和改进建议：

1)风险管理基本流程与风险管理策略；

2)企业重大风险、重大事件和重要管理及业务流程的风险管理及内部控制系统的建设；

3)风险管理组织体系与信息系统；

4)全面风险管理总体目标。

第四节　企业风险管理体系

《中央企业全面风险管理指引》指出，企业风险管理体系包括五大体系：风险管理策略、风险管理的组织职能体系、内部控制系统、风险理财措施、风险管理信息系统。

一、风险管理策略

(一)风险管理策略总体定位与作用

1. 风险管理策略的总体定位

(1)风险管理策略是根据企业经营战略制定的全面风险管理的总体策略；

(2)风险管理策略在整个风险管理体系中起着统领全局的作用；

(3)风险管理策略在企业战略管理的过程中起着承上启下的作用，制定与企业战略保持一致的风险管理策略减少了企业战略错误的可能性，如图 7-1 所示。

2. 风险管理策略的总体定位的作用

(1)为企业的总体战略服务，保证企业经营目标的实现；

(2)连接企业的整体经营战略和运营活动；

(3)指导企业的一切风险管理活动；

(4)分解为各领域的风险管理指导方针。

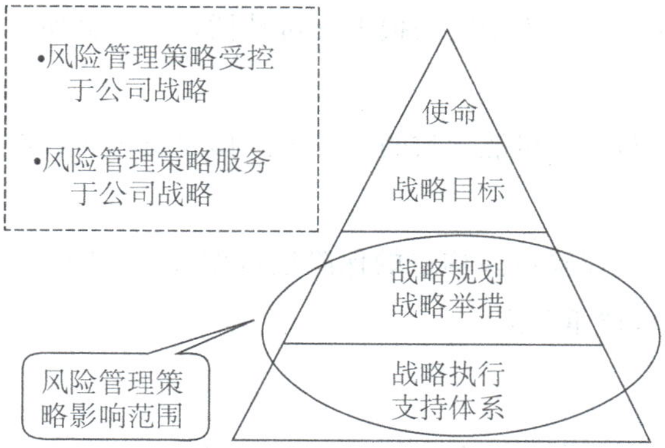

图 7-1 企业经营战略与风险管理策略

(二)风险管理策略的组成部分

(1)风险偏好和风险承受度。明确公司要承担什么风险，承担多少。

(2)全面风险管理的有效性标准。明确怎样衡量我们的风险管理工作成效。

(3)风险管理的工具选择。明确怎样管理重大风险。

(4)全面风险管理的资源配置。明确如何安排人力、财力、物资、外部资源等风险管理资源。

(三)风险管理策略的工具

风险管理策略的工具共有七种：风险承担、风险规避、风险转移、风险转换、风险对冲、风险补偿和风险控制。在实施中，企业要注意策略性工具使用的技术，选择合适的手段。

1. 风险承担

风险承担亦称风险保留、风险自留，是指企业对所面临的风险采取接受的态度，从而承担风险带来的后果。企业面临的风险有很多，通常企业能够明确辨识的风险只占全部风险的少数。风险评估的工作结果对于企业是否采用风险承担影响很大。对未能辨识出的风险，企业只能采用风险承担。

对于辨识出的风险，企业也可能由于以下几种原因采用风险承担：

(1)缺乏能力进行主动管理，对这部分风险只能承担；

(2)没有其他备选方案；

(3)从成本效益考虑，这一方案是最适宜的方案。对于企业的重大风险，即影响到企业目标实现的风险，企业一般不应采用风险承担。

2. 风险规避

风险规避是指企业回避、停止或退出包含某一风险的商业活动或商业环境，避免成为风险的所有人。例如：退出某一市场以避免激烈竞争；拒绝与信用不好的交易对手进行交易；外包某些对工人健康安全风险较高的工作等。

3. 风险转移

风险转移是指企业通过合同将风险转移到第三方，企业对转移后的风险不再拥有所有权。转移风险不会降低其可能的严重程度，只是从一方转移到另一方。例如：

(1)保险：保险合同规定保险公司为预定的损失支付补偿，作为交换，在合同开始时，投保人要向保险公司支付保险费。

(2)非保险型的风险转移：将风险可能导致的财务风险损失负担转移给非保险机构。例如，服务保证书等。

(3)风险证券化：通过证券化保险风险构造的保险连接型证券(ILS)。这种债券的利息支付和本金偿还取决于某个风险事件的发生或严重程度。

4. 风险转换

风险转换指企业通过战略调整等手段将企业面临的风险转换成另一个风险。风险转换的手段包括战略调整和衍生产品等。风险转换一般不会直接降低企业总的风险，其简单形式就是在减少某一风险的同时，增加另一风险。例如，通过放松交易客户信用标准，增加了应收账款，但扩大了销售。企业可以通过风险转换在两个或多个风险之间进行调整，以达到最佳效果。风险转换可以在低成本或者无成本的情况下达到目的。

5. 风险对冲

风险对冲是指采取各种手段，引入多个风险因素或承担多个风险，使这些风险能够互相对冲，使风险的影响互相抵销。常见的情况有资产组合使用、多种外币结算的使用和战略上的多种经营等。在金融资产管理中，对冲也包括使用衍生产品，如利用期货进行套期保值。在企业的风险中，有些风险具有自然对冲的性质，应当加以利用。例如，不同行业的经济周期风险对冲。风险对冲必须涉及风险组合，而不是对单一风险；对于单一风险，只能进行风险规避、风险控制。

6. 风险补偿

风险补偿是指企业对风险可能造成的损失采取适当的措施进行补偿。风险补偿表现在企业主动承担风险，并采取措施以补偿可能的损失。风险补偿的形式有财务补偿、人力补偿、物资补偿等。

7. 风险控制

风险控制是指控制风险事件发生的动因、环境、条件等，来减轻风险事件发生时的损失或降低风险事件发生的概率。控制风险事件发生的概率，如室内使用不易燃地毯、山上禁止吸烟等，控制风险事件发生后的损失，如修建水坝防洪、设立质检环节防止次品出厂等。风险控制对象一般是可控风险，如质量、安全和环境风险，以及法律风险中的合规性风险。

(四)确定风险偏好和风险承受度

风险偏好和风险承受度是风险管理策略的重要组成部分，《中央企业全面风险管理指引》指出，“确定风险偏好和风险承受度，要正确认识和把握风险与收益的平衡，防止和纠正忽视风险，片面追求收益而不讲条件、范围，认为风险越大、收益越高的观念和做法；同时，也要防止单纯为规避风险而放弃发展机遇”。

确定企业整体风险偏好要考虑以下因素：①风险个体：对每一个风险都可以确定风险偏好和风险承受度。②相互关系：既要考虑同一个风险在各个业务单位或子公司之间的分配，又要考虑不同风险之间的关系。③整体形状：一个企业的整体风险偏好和风险承受度是基于针对每一个风险的风险偏好和风险承受度。④行业因素：同一风险在不同行业风险偏好不同。

一般来讲，风险偏好和风险承受度是针对公司的重大风险制定的，是企业的重大决策，应由董事会决定。

(五)风险度量

1. 关键在于量化

风险承受度的表述需要对所针对的风险进行量化描述(即定量)。如果不能量化，仅靠直觉的观察或感觉很可能出错，不容易在整个企业统一思想，不能够准确计算成本与收益的关系，也不容易管理，不容易同绩效考核联系起来。很多风险管理手段，如风险理财必须有风险的量化描述。

2. 风险度量模型

风险度量模型是指度量风险的方法。确定合适的企业风险度量模型是建立风险管理策略的需要。企业应该采取统一制定的风险度量模型，对所采取的风险度量取得共识；但不一定在整个企业使用唯一的风险度量模型，允许对不同的风险采取不同的度量方法。所有的风险度量应当在企业层面的风险管理策略中得到评价，比如，对企业战略目标影响的评价。

3. 风险度量方法

常用的风险度量包括：最大可能损失；概率值(损失发生的概率或可能性)；期望值(统计期望值，效用期望值)；在险值(又称 VaR)等。

(1)最大可能损失。最大可能损失指风险事件发生后可能造成的最大损失。企业一般在无法判断发生概率或无须判断概率的时候，使用最大可能损失作为风险的衡量。

(2)概率值。概率值是指风险事件发生的概率或造成损失的概率。在可能的结果只有好坏、对错、是否、输赢、生死等简单情况下，常常使用概率值。

(3)期望值。期望值通常指的是数学期望，即概率加权平均值。所有事件中，每一事件发生的概率乘以该事件的影响的乘积，然后将这些乘积相加得到和。常用的期望值有统计期望值和效用期望值，期望值的办法综合了概率和最大损失两种方法，如图 7-2 所示。

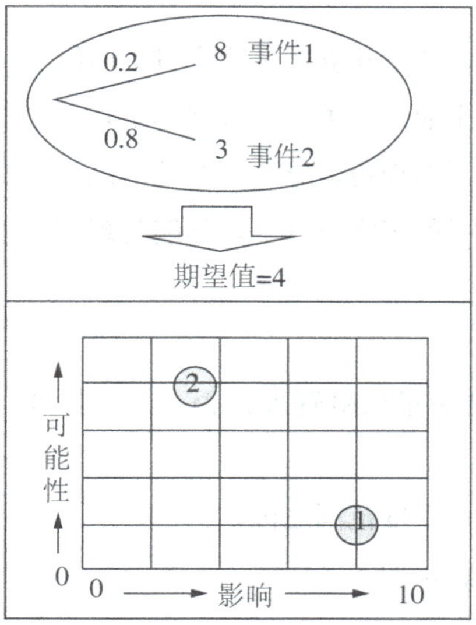

图 7-2 期望值

(4)在险值(VaR)。是指在正常的市场条件下，在给定的时间段中，给定的置信区间内，预期可能发生的最大损失，如图 7-3 所示。在险值具有通用、直观、灵活的特点。在险值的局限性是适用的风险范围小，对数据要求严格，计算困难，对肥尾效应无能为力。

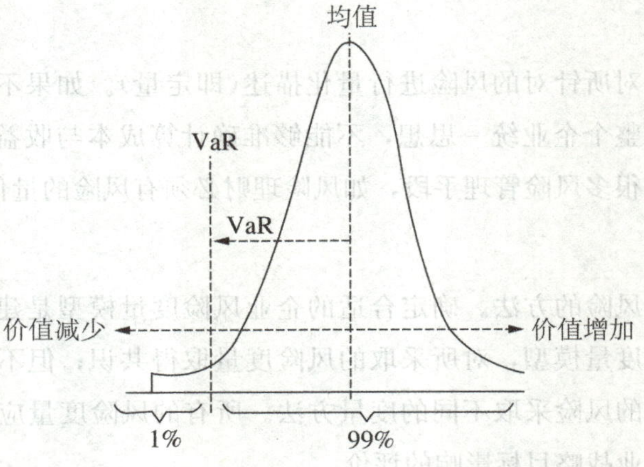

图 7-3　在险值

4. 概率方法与直观方法

以上例子都是建立在概率统计基础上的度量。另外，不依赖于概率统计结果的度量是人们直观的判断，如专家意见。当统计数据不足或需要度量结果包括人们的偏好时，可以使用直观的度量方法。很多情况下，统计和直观的方法会综合使用。例如，首先使用专家意见来缩小范围，取得初始数据，然后再使用统计的度量方法。

5. 选择适当的度量

对不同种类的风险要使用不同的度量模型。对外部风险的度量包括市场指标、景气指数等。对内部运营风险的度量相对来讲比较容易，如各种质量指标、执行效果、安全指数等。

6. 风险量化的困难

(1)方法误差：企业情况很复杂，致使建立的风险度量不能够准确反映企业的实际情况；

(2)数据不足：在很多情况下，企业的有关风险数据不足，质量不好；

(3)信息滞后：企业的信息传递不够理想，导致需要的信息未能及时到达；

(4)管理偏差：在数据和管理水平的现实条件下，不能与现实的管理连接产生效用。

(六)风险管理的有效性标准

风险管理的有效性标准是指企业衡量风险管理是否有效的标准。风险管理有效性标准的作用是帮助企业了解：

(1)企业当前的风险是否在风险承受度范围之内；

(2)企业风险状况的变化是否符合预期。

风险管理有效性标准的原则如下：

(1)针对企业的重大风险，能够反映企业重大风险管理的现状；

(2)对照全面风险管理的总体目标，在所有五个方面保证企业的运营效果；

(3)在企业的风险评估中应用，并根据风险的变化随时调整；

(4)用于衡量全面风险管理体系的运行效果。

(七)风险管理的资源配置

风险管理的资源包括人才、组织设置、政策、设备、物资、信息、经验、知识、技术、信息系统、资金等。由于全面风险管理覆盖面广，资源的使用一般是多方面的、综合性的。企业应当统筹兼顾，将资源用于需要优先管理的重大风险。企业资源分内部和外部。

(八)确定风险管理的优先顺序

《中央企业全面风险管理指引》指出，企业根据风险与收益相平衡的原则以及各风险在风险坐标图上的位置，进一步确定风险管理的优先顺序，明确风险管理成本的资金预算和控制风险的组织体系、人力资源、应对措施等总体安排。

1. 风险管理的优先顺序

风险管理的优先顺序决定企业优先管理哪些风险，决定企业各方面资源的优先配置。风险管理的优先顺序体现了企业的风险偏好。因此，要找到一种普适性的方法来确定风险管理的优先顺序是很困难的。一个很重要的原则是，风险与收益相平衡的原则，在风险评估结果的基础上，全面考虑风险与收益。要特别重视对企业有影响的重大风险，要首先解决“颠覆性”风险问题，保证企业持续发展。

2. 确定风险管理的优先顺序

根据风险与收益平衡原则，确定风险管理的优先顺序可以考虑以下几个因素：

(1)风险事件发生的可能性和影响；

(2)风险管理的难度；

(3)风险的价值或管理可能带来的收益；

(4)合规的需要；

(5)对企业技术装备、人力、资金的需求；

(6)利益相关者的要求。

(九)风险管理策略检查

《中央企业全面风险管理指引》指出，企业应定期总结和分析已制定的风险管理策略的有效性和合理性，结合实际不断修订和完善。其中，应重点检查依据风险偏好、风险承受度和风险控制预警线实施的结果是否有效，并提出定性或定量的有效性标准。

风险管理策略要随着企业经营状况的变化、经营战略的变化、外部环境风险的变化而调整。风险管理策略定期检查的频率依赖于企业面临的风险。企业经营战略回顾时应该同时总结和分析风险管理策略。要重新评估风险以便确认风险管理策略的有效性。必要时，调整有效性标准。制定风险管理策略要注意整个全面风险管理体系的配合，如是否有强有力的组织职能支撑，经济上是否划算，技术上能否掌握等等。因此，一个好的风险管理策略往往要到解决方案完善后才能完成。

二、风险管理组织体系

企业风险管理组织体系主要包括规范的公司法人治理结构、风险管理职能部门、内部审计部门和法律事务部门以及其他有关职能部门、业务单位的组织领导机构及其职责。

风险管理组织体系

(一)规范的公司法人治理结构

企业应建立健全规范的公司法人治理结构，股东(大)会(对于国有独资公司和国有独资企业，即指国资委，下同)、董事会、监事会、经理层依法履行职责，形成高效运转、有效制衡的监督约束体系。对于国有独资企业和国有控股企业应当建立外部董事、独立董事制度，外部董事、独立董事人数应超过董事会全部成员的半数，以保证董事会能够在重大决策、重大风险管理等方面作出独立于经理层的判断和选择。

董事会就全面风险管理工作的有效性对股东(大)会负责。董事会在全面风险管理方面主要履行以下职责：

(1)审议并向股东(大)会提交企业全面风险管理年度工作报告；

(2)确定企业风险管理总体目标、风险偏好、风险承受度，批准风险管理策略和重大风险管理解决方案；

(3)了解和掌握企业面临的各项重大风险及其风险管理现状，作出有效控制风险的决策；

(4)批准重大决策、重大风险、重大事件和重要业务流程的判断标准或判断机制；

(5)批准重大决策的风险评估报告；

(6)批准内部审计部门提交的风险管理监督评价审计报告；

(7)批准风险管理组织机构设置及其职责方案；

(8)批准风险管理措施，纠正和处理任何组织或个人超越风险管理制度做出的风险性决定的行为；

(9)督导企业风险管理文化的培育；

(10)全面风险管理的其他重大事项。

(二)风险管理委员会

具备条件的企业，董事会可下设风险管理委员会。该委员会的召集人应由不兼任总经理的董事长担任；董事长兼任总经理的，召集人应由外部董事或独立董事担任。该委员会成员中需有熟悉企业重要管理及业务流程的董事，以及具备风险管理监管知识或经验、具有一定法律知识的董事。

风险管理委员会对董事会负责，主要履行以下职责：

(1)提交全面风险管理年度报告；

(2)审议风险管理策略和重大风险管理解决方案；

(3)审议重大决策、重大风险、重大事件和重要业务流程的判断标准或判断机制，以及重大决策的风险评估报告；

(4)审议内部审计部门提交的风险管理监督评价审计综合报告；

(5)审议风险管理组织机构设置及其职责方案；

(6)办理董事会授权的有关全面风险管理的其他事项。

企业总经理对全面风险管理工作的有效性向董事会负责。总经理或总经理委托的高级管理人员，负责主持全面风险管理的日常工作，负责组织拟订企业风险管理组织机构设置及其职责方案。

（三）风险管理职能部门

企业应设立专职部门或确定相关职能部门履行全面风险管理的职责。该部门对总经理或其委托的高级管理人员负责，主要履行以下职责：

(1)研究提出全面风险管理工作报告；

(2)研究提出跨职能部门的重大决策、重大风险、重大事件和重要业务流程的判断标准或判断机制；

(3)研究提出跨职能部门的重大决策风险评估报告；

(4)研究提出风险管理策略和跨职能部门的重大风险管理解决方案，并负责该方案的组织实施和对该风险的日常监控；

(5)负责对全面风险管理有效性的评估，研究提出全面风险管理的改进方案；

(6)负责组织建立风险管理信息系统；

(7)负责组织协调全面风险管理日常工作；

(8)负责指导、监督有关职能部门、各业务单位以及全资、控股子企业开展全面风险管理工作；

(9)办理风险管理的其他有关工作。

（四）审计委员会

企业应在董事会下设立审计委员会，企业内部审计部门对审计委员会负责。内部审计部门在风险管理方面，主要负责研究提出全面风险管理监督评价体系，制定监督评价相关制度，开展监督与评价，出具监督评价审计报告。

（五）企业其他职能部门及各业务单位

企业其他职能部门及各业务单位在全面风险管理工作中，应接受风险管理职能部门和内部审计部门的组织、协调、指导和监督，主要履行以下职责：

(1)执行风险管理基本流程；

(2)研究提出本职能部门或业务单位重大决策、重大风险、重大事件和重要业务流程的判断标准或判断机制；

(3)研究提出本职能部门或业务单位的重大决策风险评估报告；

(4)做好本职能部门或业务单位建立风险管理信息系统的工作；

(5)做好培育风险管理文化的有关工作；

(6)建立健全本职能部门或业务单位的风险管理内部控制子系统；

(7)办理风险管理其他有关工作。

（六）下属公司

企业应通过法定程序，指导和监督其全资、控股子企业建立与企业相适应或符合全资、控股子企业自身特点、能有效发挥作用的风险管理组织体系。

三、内部控制系统

内部控制系统是指围绕风险管理策略目标，针对企业战略、规划、产品研发、投融资、市场运营、财务、内部审计、法律事务、人力资源、采购、加工制造、销售、物流、质量、安全生产、环境保护等各项业务管理及其重要业务流程，通过执行风险管理基本流程，制定并执行的规章制度、程序和措施。

四、风险理财措施

风险管理体系中的一个重要部分是风险理财措施。

(一)风险理财的一般定义

风险理财是用金融手段管理风险。例如：

(1)公司为了转移自然灾害可能造成的损失而购买巨灾保险；

(2)公司在对外贸易中产生了大量的外币远期支付或应收账款，为了对冲利率变化可能造成的损失，公司使用了外币套期保值，以降低汇率波动的风险；

(3)公司为了应对原材料价格的波动风险，在金属市场上运用期货进行套期保值；

(4)公司为了应对可能的突发事件造成的资本需求，与银行签订了应急资本合同。

以上这些措施都属于风险理财措施。

1. 风险理财的历史发展

最初的风险理财只是准备金，然后有了保险、期货等金融市场的单一方法。20 世纪 80 年代财产保险和责任保险承保能力的不足，迫使许多公司开始考虑传统保险的替代品，如自保或专属保险公司、对财务损失的应急借款协议等。20 世纪 80 年代开始，随着金融混业经营的发展，金融和保险之间的联系变得越来越密切，特别是 90 年代以来，投资银行等其他金融机构也通过新的融资安排提供急需的保险。衍生产品的出现和金融市场的管制放松呈现出金融一体化加速的趋势。

20 世纪 90 年代对巨灾保险的需求导致了保险期货和期权的发展。人们开始在投资组合中使用结构化证券，比如利率指数化的债券，大量新型的风险理财产品进入市场。全球经济一体化的发展，全球产业链的再分工，发达国家的产业升级加速，使得大量的、非金融跨国公司进入金融领域。传统产业与金融业的融合，形成新一轮的规模更大的“混业经营”，传统产业链中的许多风险金融化，衍生产品蓬勃发展。

2. 风险理财的必要性

风险理财是全面风险管理的重要组成部分。对于可控的风险，所有的风险控制措施，除了规避风险在特定范围内完全有效外，其余均无法保证不会发生。因此，即使对于可控风险，也存在重大损失的可能，只有风险控制而无风险理财，仍然不能提供合理的保证，使人安心。风险理财可以针对不可控的风险。风险理财的发展迅速，形式灵活，覆盖的风险面广，有很多创新，日益成为企业经营中不可回避的重要内容。

3. 风险理财的特点

(1)风险理财的手段既不改变风险事件发生的可能性，也不改变风险事件可能引起的直接损失程度。

(2)风险理财需要判断风险的定价，因此量化的标准较高，即不仅需要风险事件的可能性和损失的分布，更需要量化风险本身的价值。

(3)风险理财的应用范围一般不包括声誉等难以衡量其价值的风险，也难以消除战略失误造成的损失。

(4)风险理财手段技术性强，许多风险理财工具本身有着比较复杂的风险特性，使用不当容易造成重大损失。

4. 风险理财创造价值

传统的风险理财是损失理财，即为可能发生的损失融资，补偿风险造成的财务损失。传统的风险理财的目的是降低公司承担的风险。与损失理财相反，公司可能通过使用金融工具来承担额外的风险，改善公司的财务状况，创造价值。例如，一家公司在公司应收账款的限度之内，加大一般客户的交易份额，并对其收取较高的信用费用。又如，一家矿产公司在市场上通过期货的方式出卖产品，增加收入的稳定性，提高回报。因此，风险理财对机会的利用是整个经营战略的有机组成部分和战略举措。

(二)风险理财的策略与方案

风险管理策略的七大工具包括：风险承担、风险规避、风险转移、风险转换、风险对冲、风险补偿、风险控制。风险理财是运用金融手段来实施这些策略的。

1. 选择风险理财策略的原则和要求

(1)与公司整体风险管理策略一致。选择风险理财的策略，要与公司整体风险管理策略通盘考虑。应根据公司风险管理整体策略确定的风险偏好和承受度确定风险理财的目标，并量化风险的特性及其价值。要考虑到诸如对公司的资产负债率等方面的影响，以及对诸如“零容忍度”的具体安排等问题。

(2)与公司所面对风险的性质相匹配。本章第一节内容阐述了公司面对的外部和内部各种类型的风险，这些风险性质差异很大，适宜使用的风险管理手段都不尽相同。要采用与公司所面对风险的性质相匹配的风险理财手段。

(3)选择风险理财工具的要求。风险理财工具有多种，如准备金、保险、应急资本、期货、期权、其他衍生产品等，企业在选择这些风险理财工具时，要考虑如下几点：合规的要求、可操作性、法律法规环境、企业的熟悉程度、风险理财工具的风险特征、不同的风险理财手段可能适用同一风险。

(4)成本与收益的平衡。公司进行风险管理时要注意风险管理的成本与收益的平衡，同样，选择风险理财策略时，也要考虑这一原则。风险理财的基础是对风险的定价，相对于其他的风险管理手段，风险理财的成本与收益比较容易计算，但是要注意纠正忽视风险价值的心理。

风险理财的方案可以简单，也可以复杂，如下面两个例子，见图 7-4 与图 7-5。

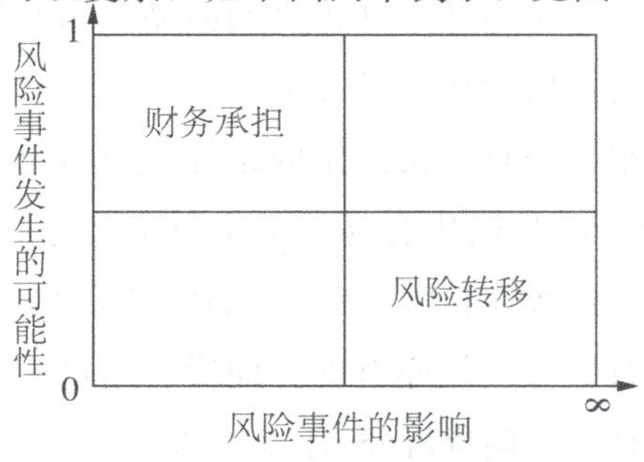

图 7-4　简单的风险理财方案

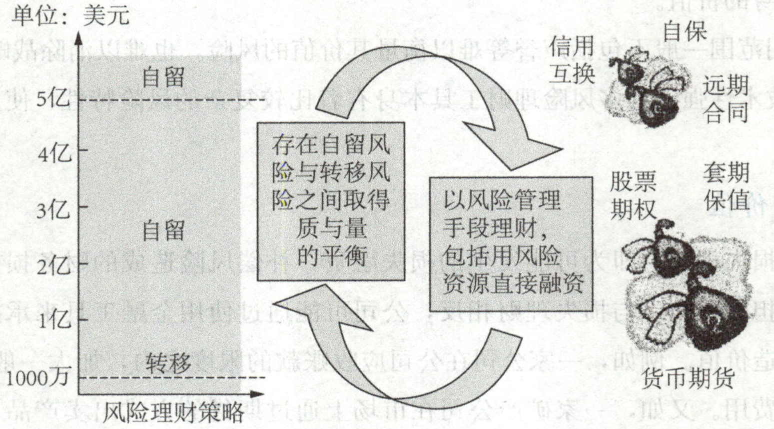

图 7-5　复杂的风险理财方案

企业选择的风险理财方案的复杂程度要考虑风险的性质、企业的资源能力等多方面因素。

2. 对金融衍生品的选择

在企业选择风险理财的策略与方案时，涉及对金融衍生品的选择。

(1)金融衍生品的概念和类型。金融衍生品是其价值决定于一种或多种基础资产或指数的金融合约。常用金融衍生品包括：远期合约、互换交易、期货、期权等。

1)远期合约。远期合约指合约双方同意在未来日期按照固定价格交换金融资产的合约，承诺以当前约定的条件在未来进行交易的合约，会指明买卖的商品或金融工具种类、价格及交割结算的日期。远期合约与期货不同，其合约条件是为买卖双方量身定制的，通过场外交易达成，而后者则是在交易所买卖的标准化合约。远期合约主要有远期利率协议、远期外汇合约、远期股票合约。

2)互换交易。互换交易主要指对相同货币的债务和不同货币的债务通过金融中介进行互换的一种行为。金融互换曾被西方金融界誉为 20 世纪 80 年代以来最重要的金融创新。1982 年后得到了迅速的发展。目前，许多大型的跨国银行和投资银行机构都提供互换交易服务。其中最大的互换交易市场是伦敦和纽约的国际金融市场。

互换交易的种类包括利率互换、货币互换、商品互换和其他互换。利率互换是指双方同意在未来的一定期限内根据同种货币的同样的名义本金交换现金流，其中一方的现金根据浮动利率计算出来，而另一方的现金流根据固定利率计算。货币互换是指将一种货币的本金和固定利息与另一货币的等价本金和固定利息进行交换。商品互换是一种特殊类型的金融交易，交易双方为了管理商品价格风险，同意交换与商品价格有关的现金流。它包括固定价格及浮动价格的商品价格互换和商品价格与利率的互换。其他互换是指股权互换、信用互换、期货互换和互换期权等。

3)期货。期货是指在约定的将来某个日期按约定的条件(包括价格、交割地点、交割方式)买入或卖出一定标准数量的某种资产。期货合约是期货交易的买卖对象或标的物，是由期货交易所统一制定的，规定了某一特定的时间和地点交割一定数量和质量商品的标准化合约。

通常期货集中在期货交易所进行买卖，但亦有部分期货合约可通过柜台交易进行买卖。期货是一种衍生性金融商品，按现货标的物的种类，期货可分为商品期货与金融期货两大类。

期货合约的主要类型有商品期货、外汇期货、利率期货和股票指数期货。商品期货是指标的为实物商品的期货；外汇期货的标的物是外汇，如美元、欧元、英镑、日元等；利率期货是标的资产价格依赖于利率水平的期货合约，如长期国债、短期国债、商业汇票；股票指数期货的标的物是股价指数。

4)期权。期权是在规定的一段时间内，可以以规定的价格购买或者出卖某种规定的资产的权利。期权是在期货的基础上产生的一种金融工具，这种金融衍生工具的最大魅力在于，可以使期权的买方将风险锁定在一定的范围之内。从其本质上讲，期权实质上是在金融领域中将权利和义务分开进行定价，使得权利的受让人在规定时间内对于是否进行交易行使其权利，而义务方必须履行。在期权交易时，购买期权的一方称作买方，而出售期权的一方则叫作卖方；买方即是权利的受让人，而卖方则是必须履行买方行使权利的义务人。

按交易主体划分，期权可分为买方期权和卖方期权两类：买方期权，是指赋予期权持有人在期权有效期内按履约价格买进(但不负有必须买进的义务)规定的资产的权利。卖方期权，是指期权持有人在期权有效期内按履约价格卖出(但不负有必须卖出的责任)规定的资产的权利。

期权合约指以金融衍生产品作为行权品种的交易合约。期权合约的内容一般包括：标的资产，是指期权能够买入或者卖出的约定标的物；执行价格，是指行权时，可以以此价格买入或卖出约定标的物的价格；到期日，期权有效期截止的时间；行权方式，如果在到期日之前的任何时间以及到期日都能执行，称这种期权为美式期权。如果只能在到期日执行，称为欧式期权；期权价格，是指为获得该期权，期权的持有人付出的代价。

(2)运用衍生品进行风险管理的主要思路。

三种思路：增加自己愿意承担的风险、消除或减少自己不愿承担的风险、转换不同的风险。

(3)衍生品的特点。

优点：准确性、时效性、使用方便、成本优势、灵活性，对于管理金融市场等市场风险具有不可替代的作用；弊端：衍生产品的杠杆作用很大，因而风险很大，如用来投机可能会造成巨大损失。

(4)运用衍生品进行风险管理需满足的条件。

1)满足合规要求；

2)与公司的业务和发展战略保持一致；

3)建立完善的内部控制措施，包括授权、计划、报告、监督、决策等流程和规范；

4)采用能够准确反映风险状况的风险计量方法，明确头寸、损失、风险限额；

5)完善的信息沟通机制，保证头寸、损失、风险敞口的报告及时可靠；

6)合格的操作人员。

(三)损失事件管理

损失事件管理是指对可能给企业造成重大损失的风险事件的事前、事后管理的方法。损失的内容包括企业的资金、声誉、技术、品牌、人才等。

1. 损失融资

损失融资是为风险事件造成的财务损失融资，是从风险理财的角度进行损失事件的事后管理，是损失事件管理中最有共性，也是最重要的部分。企业损失分为预期损失和非预期损失，因此损失事件融资也相应分为预期损失融资和非预期损失融资。预期损失融资一般作为运营资本的一部分，而非预期损失融资则是属于风险资本的范畴。

2. 风险资本

风险资本即除经营所需的资本之外，公司还需要额外的资本用于补偿风险造成的财务损失。传统的风险资本表现形式是风险准备金。风险资本是使一家公司破产的概率低于某一给定水平所需的资金，因此取决于公司的风险偏好。例如，一家公司每年最低运营资本是5亿元，但是有5%的可能性需要7.5亿元维持运营，有1%的可能性需要10亿元才能维持运营。换句话说，如果风险资本为2.5亿元，那么这家公司的生存概率就是95%，而5亿元的风险资本对应的则是99%的生存概率，如图7-6所示。

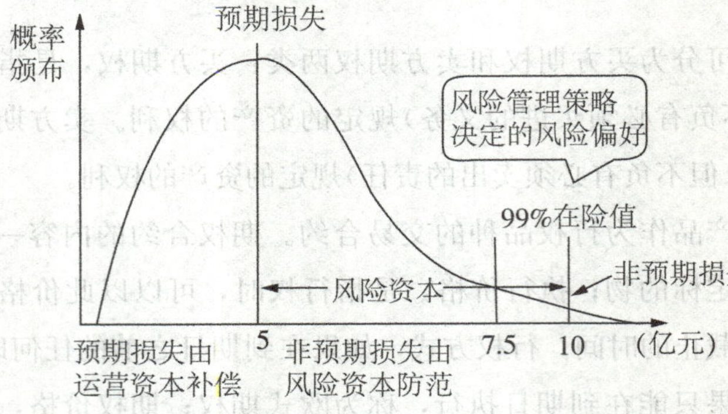

图7-6　风险资本作为风险成本

3. 应急资本

(1)应急资本是风险资本的表现形式之一。应急资本是一个金融合约，规定在某一个时间段内、某个特定事件发生的情况下公司有权从应急资本提供方处募集股本或贷款(或资产负债表上的其他实收资本项目)，并为此按时间向资本提供方缴纳权力费，这里特定事件称为触发事件。应急资本费用、利息和额度在合同签订时约定。图7-7显示了某公司应急资本的结构。

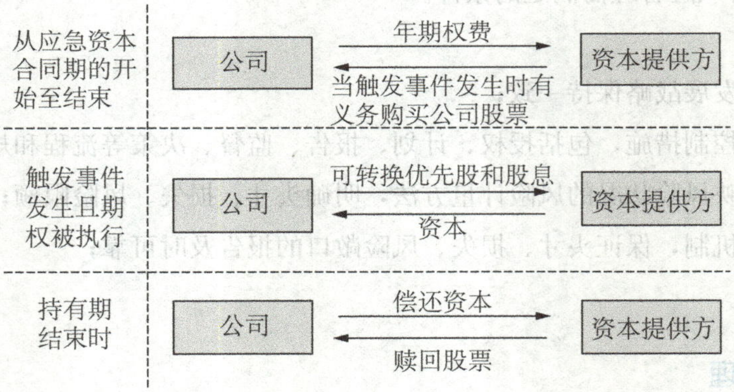

图7-7　某公司应急资本的结构

(2)应急资本具有如下特点：1)应急资本的提供方并不承担特定事件发生的风险，而只是在事件发生并造成损失后提供用于弥补损失、持续经营的资金。事后公司要向资本提供者归还这部分资金，并支付相应的利息。2)与保险不同，应急资本不涉及风险的转移，是企业风险补偿策略的一种方式。3)应急资本是一个在一定条件下的融资选择权，公司可以不使用这个权利。4)应急资本可以提供经营持续性的保证。

4. 保险

保险是一种金融合约。保险合同规定保险公司应为预定的损失支付补偿（也就是为损失进行融资），作为交换，在合同开始时，购买保险合同的一方要向保险公司支付保险费。保险合同降低了购买保险一方的风险，因为他把损失的风险转移给了保险公司。而保险公司则是通过损失的分散化来降低自己的风险。例如，保险公司可以通过出售大量的涉及多种类型损失的保险合同来降低自己的风险。

可保风险是纯粹风险，机会风险不可保。表 7-3 显示了保险的主要类型和适应企业风险的类型。

表 7-3　保险的主要类别

风险	保单类型	简要描述
财产	商业财产险	由于火灾、爆炸、暴风雨及其他风险因素造成的直接损失
	企业收入损失险	由于财产损失事件使经营中断而造成的收入损失
	汽车物理损失险	汽车的物理损害和失窃
责任	商业一般责任险	涉及房屋、产品及许多合同责任风险标的的一般责任保险
	汽车责任险	汽车事故造成的责任
	员工赔偿和雇主责任险	依据法律应支付给受伤或生病雇员的福利；雇主责任险针对的是员工赔偿险中未包括的某些损害赔偿
多种财产	商业综合险	包括财产、责任、汽车及其他的一揽子保单，例如商业一揽子保单和业主保险
海险	海运险	与海关相关的船舶、货物、运营的损失及对他人的责任
	内陆航运险	通过内陆、水路运输的货物损失及对他人的责任
雇员福利	人寿保险	向雇员提供人寿保险给付的团体人寿保险
	医疗保险	向雇员提供医疗费用给付的团体医疗费用保险
	伤残保险	向雇员提供短期或长期伤残给付的团体伤残保险

保险市场的运行结构如图 7-8 所示。运用保险这种工具实施风险转移策略只符合一定的条件。

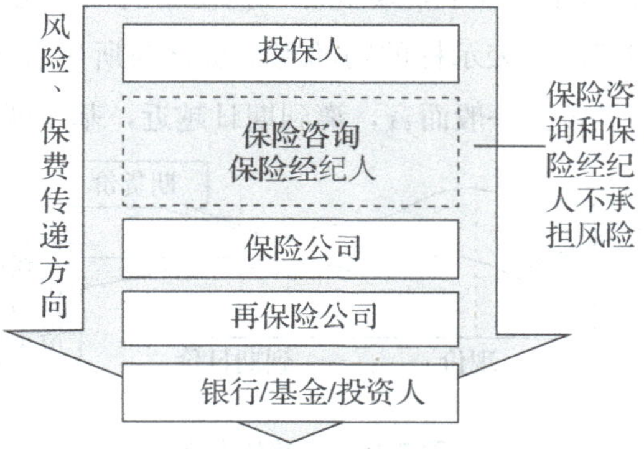

图 7-8　保险市场

5. 专业自保

专业自保公司又称专属保险公司，是非保险公司的附属机构，为母公司提供保险，并由其母公司筹集保险费，建立损失储备金。几乎所有的大跨国公司都有专业自保公司。专业自保的特点是：由被保险人所有和控制，要承保其母公司的风险，但可以通过租借的方式承保其他公司的保险。图 7-9 显示了纯专业自保公司的结构。

专业自保公司的优点是：降低运营成本，改善公司现金流，保障项目更多，公平的费率等级，保障的稳定性，直接进行再保险，提高服务水平，减少规章的限制，国外课税扣除和流通转移。专业自保公司的缺点是：内部管理成本，资本与投入，管理人员的新核心，损失储备金不足和潜在损失，税收检查，成本增加或减少其他保险的可得性。

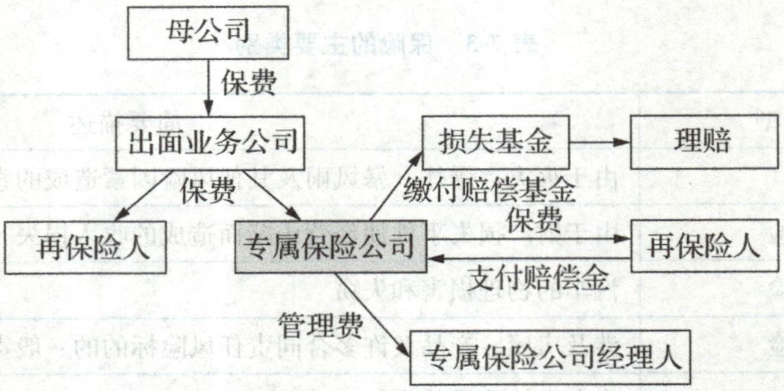

图 7-9 纯专业自保公司的结构

(四)套期保值

1. 套期保值与投机

套期保值是指为冲抵风险而买卖相应的衍生品的行为，与套期保值相反的便是投机行为。套期保值的目的是降低风险，投机的目的是承担额外的风险以盈利。套期保值的结果是降低了风险，投机的结果是增加了风险。一般来说，不能从衍生品的交易本身判断该交易是否为套期保值或投机，要考虑它的头寸。

2. 期货套期保值

(1)期货价格与现货价格。在特定情况下，期货合约会在到期日兑现标的物。期货价格表现的是市场对标的物的远期预期价格。“基差”用来表示标的物的现货价格与所用合约的期货价格之差。基差在期货合约到期日为零，在此之前可正可负。一般而言，离到期日越近，基差就越小，如图 7-10 所示。

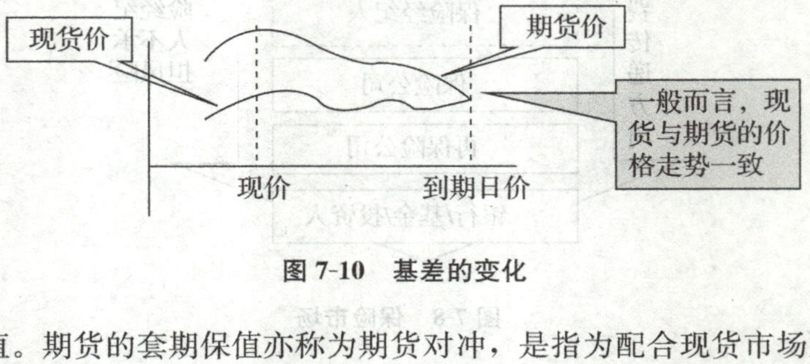

图 7-10 基差的变化

(2)期货的套期保值。期货的套期保值亦称为期货对冲，是指为配合现货市场上的交易，而在期货市场上做与现货市场商品相同或相近但交易部位相反的买卖行为，以便将现货市场的价格波动的风险在期货市场上抵消。

期货的套期保值交易之所以有利于回避价格风险，其基本原理就在于某一特定商品的期货价格和现货价格受相同的经济因素影响和制约。利用期货套期保值有两种方式：空头期货套期保值：如果某公司要在未来某时间出售资产，可以通过持有该资产期货合约的空头来对冲风险。如果到期日资产价格下降，现货出售资产亏损，但期货的空头获利。如果到期日资产价格上升，现货出售获利（相对于合约签订日期），但期货的空头亏损。多头套期保值：如果要在未来某时买入某种资产，则可采用持有该资产期货合约的多头来对冲风险。

利用期货套期保值一般涉及两个时间的四个交易。表 7-4 至表 7-7 分别显示了商品期货、外汇期货、利率期货、股指期货四种期货空头套期保值和多头套期保值的例子，从中可以看到期货套期保值是怎样降低风险的。

表 7-4　商品期货空头套期保值实例

日期	现货市场	期货市场
2015 年 7 月 1 日	签订合同承诺在 12 月提供 1000 桶原油给客户，因此购买现货原油 1000 桶，每桶价格 55 美元	在期货交易所卖出 12 月到期的原油期货 1000 桶，每桶价格 56 美元
2015 年 12 月 31 日	现货市场每桶原油价格是 37 美元。按现货价格提交客户 1000 桶原油	当月原油期货价格接近现货价格，为每桶 37 美元，按此价格买进原油期货 1000 桶
结果	每桶亏损 18 美元，共损失 18000 美元	每桶盈利 19 美元，共盈利 19000 美元

表 7-5　外汇期货多头套期保值实例

日期	现货	期货
2015 年 8 月 1 日	买入 500000 欧元 汇率为 1 欧元＝1.16 美元 价值 580000 美元	开仓卖出 20 份 12 月期欧元期货合约，每份合约 25000 欧元 汇率为 1 欧元＝1.162 美元 价值 581000 美元
2015 年 12 月 31 日	卖出 500000 欧元 汇率为 1 欧元＝1.098 美元 价值 549000 美元	平仓买入 20 份欧元期货合约，每份合约 25000 欧元 汇率为 1 欧元＝1.10 美元 价值：550000 美元
结果	亏损 31000 美元	获利 31000 美元

表 7-6　利率期货多头套期保值实例

日期	现货市场	期货市场
2015 年 7 月 1 日	贴现率为 10%（国库券市场价格为 90 美元），准备把 20000000 美元投资于 3 个月期美国国库券	以 89.5 美元的价格买进 30 张 3 月份到期的美国国库券期货合约
2015 年 8 月 1 日	收到 20000000 美元，以 93 美元的价格买进 3 个月期的美国国库券	以 92 美元的价格卖出 30 张 3 月份到期的美国国库券期货合约
结果	20000000×（7%－10%）×90/360＝－150000 亏损 150000 美元	（92－89.5）×100×25×30＝187500 获利 187500 美元

表 7-7 股指期货空头套期保值实例

日期	现货市场	期货市场
2015 年 6 月 1 日	某投资者持有股票市值合计为 2000 万元，沪深：300 现货指数 5076 点	沪深 300 股指初始保证金 12%，每点 300 元。该投资者开仓卖出 IF1509 合约 10 份，成交价格 5090 点，合约市值为 5090×300×109×12%＝19973160 元
2015 年 8 月 31 日	沪深 300 现货指数跌到 3366 点，指数下跌 1710 点，跌幅 1710/5076＝33.69%，该投资者持有的股票市值减少：2000×33.69%＝673.8 万元	以 3370 点平仓买入 109 手沪深 300 股指 IF509 合约 10 份，合约价值为 3370×300×109×12%＝13223880 元
结果	股票市值缩水 673.8 万元	获利 674.92 万元(未考虑交易手续费)

(3)期货投机的风险。期货投机是指基于对市场价格走势的预期，为了盈利在期货市场上进行的买卖行为。由于远期市场价格的波动性，与套期保值相反，期货的投机会增加风险。

例如，假设原油市场现价每桶 75 美元，而公司判断原油市场在半年后会大跌至每桶 50 美元。因此公司卖出 100 万桶半年后交割的原油期货，卖出价格每桶 80 美元。如果市场发展如公司预期，公司将盈利 3000 万美元。但半年后，原油价格上涨为每桶 100 美元，公司因此亏损 2000 万美元。假设半年后，原油价格涨为每桶 120 美元，则公司亏损将为 4000 万美元。

3. 期权套期保值

(1)利用期权套期保值。期权作为对冲的工具可以起到类似保险的作用。例如，现持有某股票，价格为 100 美元，为了防止该股票价格下降造成的损失，而购进在一定期间内、行权价格为 100 美元的卖方期权。假设成本为 7.5 美元。此时该股票期权组合的收益曲线如图 7-11 所示。从该曲线的形状可以看出期权对冲风险的作用。

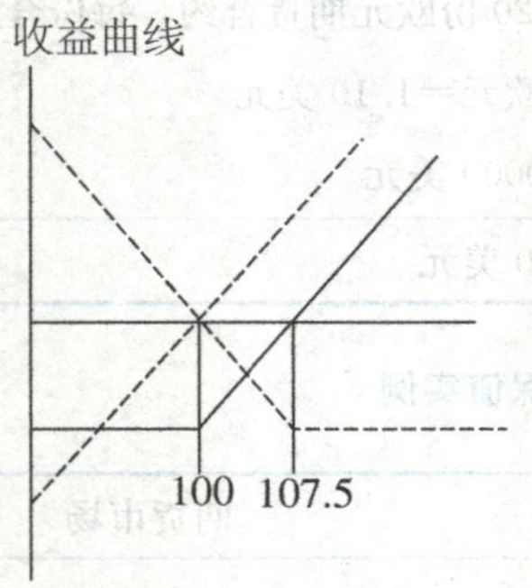

图 7-11 期权套期保值

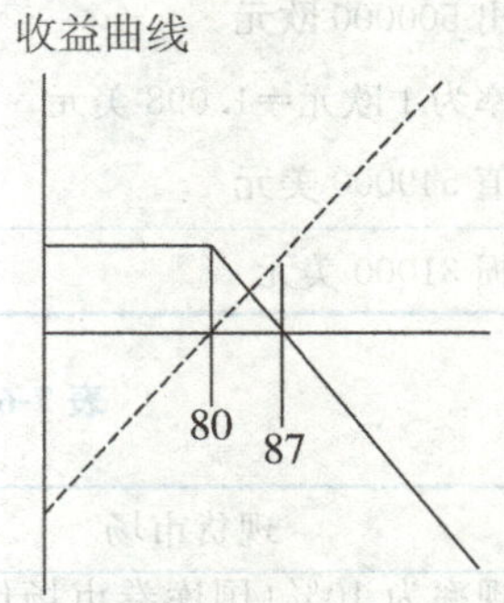

图 7-12 期权投机的风险

(2)期权投机的风险。期权也可以作为投机的工具，但风险更大。例如，公司判断半年内原油价格不会超过每桶 80 美元，因此卖出半年期行权价格为每桶 80 美元的原油期货的买方期权，价格为 7 美元。该期权的收益曲线如图 7-12 所示。如果半年内原油价格不超过 80 美元，交易对手不会行权，公司将盈利每桶 7 美元；如果原油价格高于 80 美元，但不超过 87 美元，对手行权，公司仍将盈利，盈利小于 7 美元；

如果原油价格高于 87 美元，交易对手行权，公司将亏损。

综上所述，运用风险理财措施要明确以下几点：风险理财是全面风险管理的重要组成部分，在对许多风险的管理上，有着不可替代的地位和作用；风险理财形式多样，应用灵活，时效性强，具有许多其他手段不可比拟的优点；风险理财技术性强，需要专门的人才、知识、组织结构、程序和法律环境；风险理财手段的不当使用，包括策略错误和内控失灵，可能带来巨大的损失。因此风险理财本身的风险管理尤为重要。

五、风险管理信息系统

企业的管理信息系统在风险管理中发挥着至关重要的作用。企业应将信息技术应用于风险管理的各项工作，建立涵盖风险管理基本流程和内部控制系统各环节的风险管理信息系统，包括信息的采集、存储、加工、分析、测试、传递、报告、披露等。企业应采取措施确保向风险管理信息系统输入的业务数据和风险量化值的一致性、准确性、及时性、可用性和完整性。对输入信息系统的数据，未经批准，不得更改。

风险管理信息系统应能够进行对各种风险的计量和定量分析、定量测试；能够实时反映风险矩阵和排序频谱、重大风险和重要业务流程的监控状态；能够对超过风险预警上限的重大风险实施信息报警；能够满足风险管理内部信息报告制度和企业对外信息披露管理制度的要求。

风险管理信息系统应实现信息在各职能部门、业务单位之间的集成与共享，既能满足单项业务风险管理的要求，也能满足企业整体和跨职能部门、业务单位的风险管理综合要求。企业应确保风险管理信息系统的稳定运行和安全，并根据实际需要不断进行改进、完善或更新。

已建立或基本建立企业管理信息系统的企业，应补充、调整、更新已有的管理流程和管理程序，建立完善的风险管理信息系统；尚未建立企业管理信息系统的，应将风险管理与企业各项管理业务流程、管理软件统一规划、统一设计、统一实施、同步运行。

第五节　企业风险识别

企业风险识别的种类很多，既有定性分析，也有定量分析，这取决于不同风险识别技术和方法的特点。风险定性分析往往带有较强的主观性，需要凭借分析者的经验和直觉，或者是以行业标准和惯例为风险各要素的大小或高低程度定性分级。虽然看起来比较容易，但实际上要求分析者具备较高的经验和能力，否则会因操作者经验和直觉的偏差而使分析结果失准。定量分析是对构成风险的各个要素和潜在损失的水平赋予数值或货币金额，当度量风险的所有要素都被赋值，风险分析和评估过程与结果得以量化。定量分析比较客观，但对数据的要求较高，同时还需借助数学工具和计算机程序，其操作难度较大。

企业风险识别同样也可在企业战略分析中使用。本节主要介绍头脑风暴法、德尔菲法(Delphi Method)、失效模式、影响和危害度分析法(FMECA)、流程图分析法(Flow Chats Analysis)、马尔科夫分析法

(Markov Analysis)、风险评估系图法、情景分析法、敏感性分析法、事件树分析法(ETA)、决策树法、统计推论法。

一、头脑风暴法

头脑风暴法又称智力激励法、Bs法、自由思考法，是指刺激并鼓励一群知识渊博、知悉风险情况的人员畅所欲言，开展集体讨论的方法。头脑风暴法又可分为直接头脑风暴法(通常简称为“头脑风暴法”)和质疑头脑风暴法(也称“反头脑风暴法”)。前者是专家群体决策，尽可能激发创造性，产生尽可能多的设想的方法，后者则是对前者提出的设想、方案逐一质疑，分析其现实可行性的方法。

(一)适用范围

适用于充分发挥专家意见，在风险识别阶段进行定性分析。

(二)实施步骤

(1)会前准备：参与人、主持人和课题任务落实要讨论的风险主题。

(2)风险主题展开探讨：由主持人公布会议主题并介绍与风险主题相关的情况；突破思维惯性，大胆进行联想；主持人控制好时间，力争在有限的时间内获得尽可能多的创意性设想。

(3)风险主题探讨意见分类与整理。

(三)主要优点和局限性

1. 主要优点

(1)激发了想象力，有助于发现新的风险和解决方案；

(2)让主要的利益相关者参与其中，有助于进行全面沟通；

(3)速度较快并易于开展。

2. 局限性

(1)参与者可能缺乏必要的技术及知识，无法提出有效的建议；

(2)由于头脑风暴法相对松散，因此较难保证过程的全面性；

(3)可能会出现特殊的小组状况，导致某些有重要观点的人保持沉默而其他人成为讨论的主角；

(4)实施成本较高，要求参与者有较好的素质，这些因素是否满足会影响头脑风暴法实施的效果。

二、德尔菲法

德尔菲法又称专家意见法，是在一组专家中取得可靠共识的程序，其基本特征是专家单独、匿名表达各自的观点，同时随着过程的进展，他们有机会了解其他专家的观点。德尔菲法采用背对背的通信方式征询专家小组成员的意见，专家之间不得互相讨论，不发生横向联系，只能与调查人员发生关系。通过邀请专家反复填写问卷，收集各方意见，以形成专家之间的共识。

(一)适用范围

适用于在专家一致性意见的基础上，在风险识别阶段进行定性分析。

(二)实施步骤

(1)组成专家小组。按照课题所需要的知识范围，确定专家。专家人数的多少，可根据预测课题的大小和涉及面的宽窄而定，一般不超过 20 人。

(2)向所有专家提出所要预测的问题及有关要求，并附上有关这个问题的所有背景材料，同时请专家提出还需要什么材料。

(3)各个专家根据他们所收到的材料，提出自己的预测意见，并说明自己是怎样利用这些材料并提出预测值的。

(4)将各位专家第一次判断意见汇总，列成图表，进行对比，再分发给各位专家，让专家比较自己同他人的不同意见，修改自己的意见和判断，也可以把各位专家的意见加以整理，请身份更高的其他专家加以评论，然后把这些意见再分送给各位专家，以便他们参考后修改自己的意见。

(5)将所有专家的修改意见收集起来进行汇总，再次分发给各位专家，以便做第二次修改。收集意见和信息反馈一般要经过三四轮。在向专家进行反馈的时候，只给出各种意见，但并不说明发表各种意见的专家的具体姓名。这一过程重复进行，直到每一个专家不再改变自己的意见。

(6)对专家的意见进行综合处理。以上 6 个步骤并非一定都发生，如果在第 4 步专家意见就已经达成一致，则不需要第 5、第 6 步。

(三)主要优点和局限性

1. 主要优点

(1)由于观点是匿名的，因此更有可能表达出那些不受欢迎的看法；

(2)所有观点有相同的权重，避免重要人物占主导地位的问题；

(3)专家不必一次聚集在某个地方，比较方便；

(4)这种方法具有广泛的代表性。

2. 局限性

(1)权威人士的意见影响他人的意见；

(2)有些专家碍于情面，不愿意发表与其他人不同的意见；

(3)出于自尊心而不愿意修改自己原来不全面的意见。德尔菲法的主要缺点是过程比较复杂，花费时间较长。

三、失效模式、影响和危害度分析法

FMECA，即失效模式、影响和危害度分析法，是一种自下而上的分析方法，可用来分析、审查系统的潜在故障模式。FMECA 通过分析每种因素对系统的工作及状态的影响，将每种影响因素按其影响的严重程度及发生概率排序，从而发现系统中潜在的薄弱环节，提出可能采取的预防改进措施，以消除或减少风险发生的可能性，保证系统的可靠性。

(一)适用范围

适用于对失效模式、影响及危害进行定性或定量分析，还可以为其他风险识别方法提供数据支持。

(二)实施步骤

(1)将系统分成组件或步骤，并确认各部分出现明显失效的方式，造成这些失效模式的具体机制，失效可能产生的影响，失效是无害的还是有破坏性的？故障如何检测？

(2)根据失效后果的严重性，将每个识别出的失效模式进行分类并确定风险等级。通常情况下，风险等级可以通过失效模式后果与失效发生的概率的组合获得，并可以定性地、半定量地或定量地表达；

(3)识别风险优先级，这是一种半定量的危害度测量方法，其将失效后果、可能性和发现问题的能力(如果失效很难发现，则认为其优先级较高)进行等级赋值(通常在1～10之间)并相乘来获得危险度；

(4)FMECA将获得一份失效模式、失效机制及其对各组件或者系统或过程步骤影响的清单，该清单将包含系统失效的可能性、失效模式导致的风险程度等结果，如果使用合适的失效率资料和定量后果，FMECA可以输出定量结果。

(三)主要优点和局限性

1. 主要优点

(1)广泛适用于人力、设备和系统失效模式，以及硬件、软件和程序；

(2)识别组件失效模式及其原因和对系统的影响，同时用可读性较强的形式表现出来；

(3)通过在设计初期发现问题，从而避免了开支较大的设备改造。

2. 局限性

除非得到充分控制并集中充分精力，否则研究工作既耗时又开支较大。

四、流程图分析法

流程图分析法是对流程的每一阶段、每一环节逐一进行调查分析，从中发现潜在风险，找出导致风险发生的因素，分析风险产生后可能造成的损失以及对整个组织可能造成的不利影响。流程图是指使用一些标准符号代表某些类型的动作，直观地描述一个工作过程的具体步骤。流程图分析法将一项特定的生产或经营活动按步骤或阶段顺序以若干个模块形式组成一个流程图系列，在每个模块中都标示出各种潜在的风险因素或风险事件，从而给决策者一个清晰的总体印象。在企业风险识别过程中，运用流程图绘制企业的经营管理业务流程，可以将对企业各种活动有影响的关键点清晰地表现出来，结合企业中这些关键点的实际情况和相关历史资料，就能够明确企业的风险状况，是一种动态分析。

(一)适用范围

通过业务流程图方法，对企业生产或经营中的风险及其成因进行定性分析。

(二)实施步骤

(1)根据企业实际绘制业务流程图；

(2)识别流程图上各业务节点的风险因素，并予以重点关注；

(3)针对风险及产生原因，提出监控和预防的方法。

(三)主要优点和局限性

1. 主要优点

流程图分析法是识别风险最常用的方法之一。清晰明了，易于操作，且组织规模越大，流程越复杂，流程图分析法就越能体现出优越性。通过业务流程分析，可以更好地发现风险点，从而为防范风险提供支持。

2. 局限性

(1)使用效果依赖于专业人员的水平；

(2)不能识别企业面临的一切风险；

(3)流程图是否准确，决定着风险管理部门识别风险的准确性；

(4)流程图识别风险的管理成本比较高。

(四)案例

财务费用报销流程中各环节及其风险审核点，如表 7-8 所示。

表 7-8　财务费用报销流程风险分析

流程图	风险审核点	责权部门
报销单据整理粘贴	报销人员根据公司费用报销制度要求，整理好需要报销的发票或单据，并进行整齐粘贴。根据报销内容填写《费用报销单》	报销人员
填写《费用报销单》	报销单填写要求不得涂改，不得用铅笔或红色的笔填写，并附上相关的报销发票或单据。若属于出差的费用报销，必须附上经过批准签字的《差旅费报销单》。采购物品报销需附上总经理签字确认的《采购申请表》	报销人员

续表

流程图	风险审核点	责权部门
部门领导审核	《费用报销单》及相关单据准备完成后，报销人员提交给直接主管审核签字，直接主管须对以下方面进行审核： 费用产生开支的原因及真实性 费用的标准性及合理性 费用的控制等 若发现不符合要求，立即退还给相关报销人员重新整理提报	相关部门领导
财务部确认	部门领导审核签字后，报销人员将报销单据提交给财务部，由财务部门会计人员进行报销费用的确认，主要内容包括： 产生的费用是否符合报销标准 财务是否能及时安排此费用 若发现不符合要求，立即退还给相关人员重新整理提报	财务部主管
财务部负责人审核	财务主管审核签字后，报销人员将报销单据提交给财务部负责人，由财务部负责人进行报销费用的审核，主要内容包括： 单据或票据是否符合财务规范要求 财务人员是否合理按照报销标准审核 若发现不符合要求，立即退还给相关人员重新整理提报	财务部负责人
副总经理批准	财务部审核签字后，报销人员将报销单据提交副总经理（总经理助理）由副总经理进行最后核查，主要内容包括： 部门领导审核的公正性 财务部门审核的严谨性 若副总经理发现不符合要求，立即退还给相关人员重新整理提报	副总经理 （总经理助理）
董事长总经理批准	副总经理（总经理助理）对审核要求的报销单签字后，最后由报销人员呈交董事长（总经理），由总经理进行批准签字。签字后报销人员方可去财务部领款	董事长 （总经理）

五、马尔科夫分析法

如果系统未来的状况仅取决于其现在的状况，那么就可以使用马尔科夫分析法。这种分析通常用于对那些存在多种状态的可维修复杂系统进行分析。马尔科夫分析法是一项定量技术，可以是不连续的（利用状态间变化的概率）或者连续的（利用各状态的变化率）。虽然马尔科夫分析法可以手动进行，但是该技术的性质使其更适合于计算机程序。马尔科夫分析方法主要围绕“状态”这个概念展开。

（一）适用范围

适用于对复杂系统中不确定性事件及其状态改变的定量分析。

(二)实施步骤

(1)调查不确定性事件的各种状态及其变化情况；

(2)建立数学模型；

(3)求解模型，得到风险事件各个状态发生的可能性。

(三)主要优点和局限性

(1)主要优点：能够计算出具有维修能力和多重降级状态的系统的概率。

(2)局限性：

1)无论是故障还是维修，都假设状态变化的概率是固定的；

2)所有事项在统计上具有独立性，因此未来的状态独立于一切过去的状态，除非两个状态紧密相连；

3)需要了解状态变化的各种概率；

4)有关矩阵运算的知识比较复杂，非专业人士很难看懂。

(四)案例

一种仅存在三种状态的复杂系统。功能、降级和故障将分别界定为状态 S_1、状态 S_2 以及状态 S_3。每天系统都会存在于这三种状态中的某一种。表 7-9 的马尔科夫矩阵说明了系统明天处于状态 Si 的概率(i 分别为 1、2 或 3)。

表 7-9　马尔科夫矩阵

		今天状态		
		S_1	S_2	S_3
明天状态	S_1	0.95	0.3	0.2
	S_2	0.04	0.65	0.6
	S_3	0.01	0.05	0.2

上述概率矩阵称为马尔科夫矩阵，也称转移矩阵。注意：每列数值之和是 1，因为它们是每种情况一切可能结果的总和。这个系统可以用图 7-13 所示的马尔科夫图来表示。其中，圆圈表示状态，箭头表示相应概率的转移。

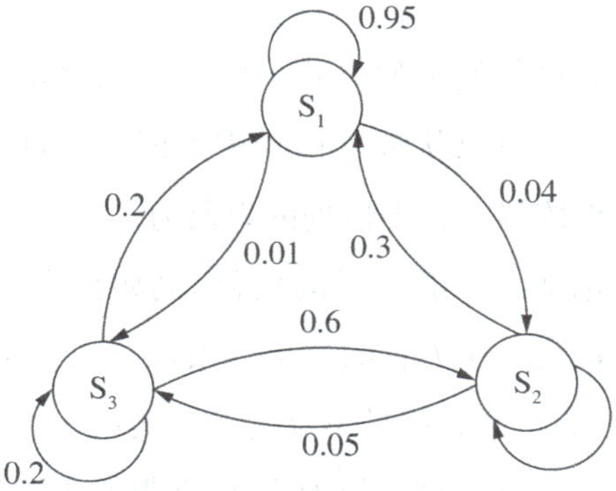

图 7-13　系统马尔科夫图

Pi 表示系统处于状态 i（i 为 1、2、3）的概率，那么需要解下列方程组：$P_1=0.95P_1+0.30P_2+0.20P_3$ (1)

$P_2=0.04P_1+0.65P_2+0.60P_3$ (2)

$P_3=0.01P_1+0.05P_2+0.20P_3$ (3)

这三个方程并非独立的，无法解出三个未知数。

$1=P_1+P_2+P_3$ (4)

联立上述方程组，解得状态 1、2 及 3 的概率分别是 0.85、0.13 和 0.02，即该系统只在 85%的时间里能充分发挥功效，13%的时间内处于降级状态，而 2%的时间存在故障。现实中的系统状态复杂得多，需联立求解的方程也更为复杂，故需要借助计算机程序来完成。

六、风险评估系图法

用以评估风险影响的常见的定性方法是制作风险评估系图。风险评估系图识别某一风险是否会对企业产生重大影响，并将此结论与风险发生的可能性联系起来，为确定企业风险的优先次序提供框架。

(一)适用范围

适用于对风险初步的定性分析。

(二)实施步骤

如图 7-14 所示，根据企业实际绘制风险评估系图。然后分析每种风险的重大程度及影响。与影响较小且发生的可能性较低的风险(在图中的点 2)相比，具有重大影响且发生的可能性较高的风险(在图中的点 1)更加亟待关注。

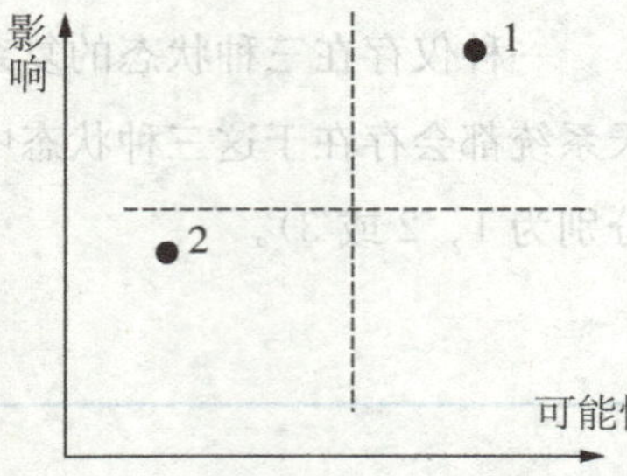

图 7-14　风险评估系图

(三)主要优点和局限性

主要优点：风险评估系图法作为一种简单的定性方法，直观明了。

局限性：如需要进一步探究风险原因，则显得过于简单，缺乏有效的经验证明和数据支持。

七、情景分析法

情景分析可用来预计威胁和机遇可能发生的方式，以及如何将威胁和机遇用于各类长期及短期的风险。在周期较短及数据充分的情况下，可以从现有情景中推断出可能出现的情景。对于周期较长或数据不充分的情况，情景分析的有效性更依赖于合乎情理的想象力。

情景分析需要分析的变化可能包括：外部情况的变化(例如技术变化)；不久将要作出的决定，而这些决定可能会产生各种不同的后果；利益相关者的需求以及需求可能的变化方式；宏观环境的变化(如监管及人口统计等)；有些变化是必然的，而有些是不确定的。有时，某种变化可能归因于另一个风险带来的结果。例如，气候变化的风险正在造成与食物链有关的消费需求发生变化，这样会改变哪些食品的出口会盈利，以及哪些食品可能在当地生产更经济。局部及宏观因素或趋势可以按重要性和不确定性进行列举并排序。应特别关注那些最重要、最不确定的因素。可以绘制出关键因素或趋势的图形，以显示情景可以进行开发的区域。

(一)适用范围

通过模拟不确定性情景，对企业面临的风险进行定性和定量分析。

(二)实施步骤

在建立了团队和相关沟通渠道，同时确定了需要处理的问题和事件的背景之后，下一步就是确定可能出现变化的性质。

对主要趋势、趋势变化的可能时机以及对未来的预见进行研究。

(三)主要优点和局限性

1. 主要优点

对于未来变化不大的情况能够给出比较精确的模拟结果。

2. 局限性

(1)在存在较大不确定性的情况下，有些情景可能不够现实；

(2)在运用情景分析时，主要的难点涉及数据的有效性以及分析师和决策者开发现实情景的能力，这些难点对结果的分析具有修正作用；

(3)如果将情景分析作为一种决策工具，其危险在于所用情景可能缺乏充分的基础，数据可能具有随机性，同时可能无法发现那些不切实际的结果。

(四)案例

以下举例说明一家企业在评估一项投资项目的风险时所进行的情景分析，如表 7-10 所示。

表 7-10　某投资项目未来情景分析

	因素	最佳情景	基准情景	最差情景
影响因素	市场需求	不断提升	不变	下降
	经济增长	增长 5%～10%	增长<5%	负增长
发生概率		20%	45%	35%
结果		投资项目可在 5 年达到收支平衡	投资项目可在 10～15 年达到收支平衡	不确定

八、敏感性分析法

敏感性分析是针对潜在的风险性，研究项目的各种不确定因素变化至一定幅度时，计算其主要经济指标变化率及敏感程度的一种方法。敏感性分析是在确定性分析的基础上，进一步分析不确定性因素对项目最终效果指标的影响及影响程度。敏感性因素一般可选择

敏感性分析法

主要参数(如销售收入、经营成本、生产能力、初始投资、寿命期、建设期、达产期等)进行分析。若某参数的小幅度变化能导致效果指标的较大变化，则参数为敏感性因素，反之则为非敏感性因素。

敏感性分析可以寻找出影响最大、最敏感的主要变量因素，进一步分析、预测或估算其影响程度，找出产生不确定性的根源，采取相应的有效措施；通过计算主要变量因素的变化引起项目评价指标变动的范围，使决策者全面了解项目方案可能出现的效益变动情况，以减少和避免不利因素的影响；通过对可能出现的最有利与最不利的效益变动范围的分析，为决策者预测可能出现的风险程度，并对原方案采取某些控制措施或寻找可替代方案，为最后确定可行方案提供可靠的决策依据。敏感性分析最常用的显示方式是龙卷风图。龙卷风图有助于比较具有较高不确定性的变量与相对稳定的变量之间的相对重要程度。它因其显示形式像龙卷风一样而得名。

(一)适用范围

适用于对项目不确定性对结果产生的影响进行的定量分析。

(二)实施步骤

(1)选定不确定因素，并设定这些因素的变动范围；

(2)确定分析指标；

(3)进行敏感性分析；

(4)绘制敏感性分析图；

(5)确定变化的临界点。

(三)主要优点和局限性

主要优点：为决策提供有价值的参考信息，可以清晰地为风险分析指明方向，可以帮助企业制定紧急预案。

局限性：分析所需要的数据经常缺乏，无法提供可靠的参数变化；分析时借助公式计算，没有考虑各种不确定因素在未来发生变动的概率，无法给出各参数的变化情况，因此其分析结果可能和实际相反。

(四)案例

某企业打算在A市兴建一座大桥，但这个项目的不确定性因素很多，如项目总投资、银行贷款利率、过桥费收入。这些因素变化的可能性较大，例如，工程设计变更、不可抗力、材料价格上涨，从而导致项目的投资增加；银行贷款利率也会在一定范围内变化，因而会较大地影响本工程贷款金额；能否取得优惠贷款，这对资金成本影响很大，进而对工程经济指标也产生影响；根据A市物价局的规定，本大桥开始收费后每三年需要重新报批收费标准，并且过桥车辆数量也会发生增减变化，这些都会导致过桥费收入的变化。这项新建项目总投资、银行贷款利率、过桥费收入都不是投资方所能控制的，因此敏感性分析将这三个因素作为分析对象，分析每一个因素的变化对大桥内部收益率的影响。

敏感性分析法

九、事件树分析法

事件树是一种表示初始事件发生之后互斥性后果的图解技术，其根据是为减轻其后果而设计的各种系统是否起作用，它可以定性地和定量地应用。

(一)适用范围

适用于对故障发生以后，在各种减轻事件严重性的功能或系统影响下，对多种可能后果的定性和定量分析。

(二)实施步骤

(1)事件树首先要挑选初始事件。初始事件可能是粉尘爆炸这样的事故或是停电这样的事件。

(2)按序列出那些旨在缓解结果的现有功能或系统。用一条线来表示每个功能或系统成功(用“是”表示)或失败(用“否”表示)。

(3)在每条线上标注一定的失效概率，同时通过专家判断或故障树分析的方法来估算这种条件概率。这样，初始事件的不同途径就得以建模。

注意，事件树的可能性是有条件的，例如，启动洒水功能的可能性并不是正常状况下测试得到的结果，而是事故引起火灾状况下的结果。事件树的每条路径代表着该路径内各种事项发生的可能性。鉴于各种事项都是独立的，结果的概率用单个条件概率与初始事项频率的乘积来表示。

(三)主要优点和局限性

主要优点：ETA 以清晰的图形显示了经过分析的初始事项之后的潜在情景，以及缓解系统或功能成败产生的影响；它能说明时机、依赖性，以及故障树模型中很烦琐的多米诺效应；它能生动地体现事件的顺序。

局限性：为了将 ETA 作为综合评估的组成部分，一切潜在的初始事项都要进行识别，这可能需要使用其他分析方法(如危害及可操作研究法)，但总是有可能错过一些重要的初始事项；事件树只分析了某个系统的成功及故障状况，很难将延迟成功或恢复事项纳入其中；任何路径都取决于路径上以前分支点处发生的事项。因此，要分析各可能路径上的众多从属因素。然而，人们可能会忽视某些从属因素，如常见组件、应用系统以及操作员等。如果不认真处理这些从属因素，就会导致风险评估产生误差。

(四)案例

如图 7-15 所示，分析初始事件为爆炸之后，在发生火灾、洒水系统工作、火警出动等不确定性事件下产生各种后果的频率。爆炸发生以后(频率为 10^{-2}，即 100 年发生一次)，发生火灾的概率为 0.8，不发生火灾的概率为 0.2；发生火灾后，洒水系统工作的概率为 0.99，不工作的概率为 0.01；在洒水系统工作下，火警激活的概率为 0.999，不激活的概率为 0.001。因此，爆炸发生以后发生火灾、洒水系统工作、火警激活将产生有报警的可控火灾这一结果，其发生频率为 $10^{-2}\times0.8\times0.99\times0.999=7.9\times10^{-3}$。

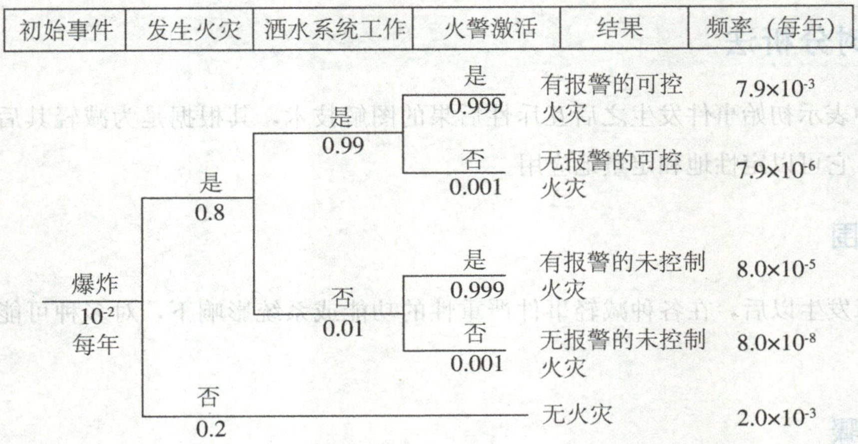

图 7-15　火灾事件树分析

图 7-15 显示当分支完全独立时对简单事件树的简单地计算。ETA 具有散开的树形结构，可用于初始事件后建模、计算和排列（从风险观点）的不同事故情景。ETA 定性分析，有利于群体对初始事项之后可能出现的情景及依次发生的事项进行集思广益，同时就各种处理方法、障碍或旨在缓解不良结果的控制手段对结果的影响方式提出各种看法；而定量分析，这一方法更有利于分析控制措施的可接受性，主要用于拥有多项安全措施的失效模式。

十、决策树法

决策树是考虑到在不确定性的情况下，以序列方式表示决策选择和结果。类似于事件树，决策树开始于初因事项或是最初决策，考虑到多种可能发生的事项及可能作出的决策，它需要对不同路径和结果进行建模。决策树用于项目风险管理和其他环境中，以便在不确定的情况下选择最佳的行动步骤。

(一)适用范围

适用于对不确定性投资方案期望收益的定量分析。

(二)实施步骤

如图 7-16 所示，决策树中的方块代表决策节点，从它引出的分枝叫方案分枝。每条分枝代表一个方案，分枝数就是可能的方案数。圆圈代表方案的节点，从它引出的概率分枝，每条概率分枝上标明了状态及其发生的概率。概率分枝数反映了该方案面对的可能状态数。根据右端的损益值和概率枝的概率，计算出期望值的大小，确定方案的期望结果，然后根据不同方案的期望结果作出选择。计算完毕后，开始对决策树进行剪枝，在每个决策节点删除了最高期望值以外的其他所有分枝，最后步步推进到第一个决策节点，这时就找到了问题的最佳方案。方案的舍弃叫作修枝，被舍弃的方案用记号来表示，最后的决策点留下一条树枝，即为最

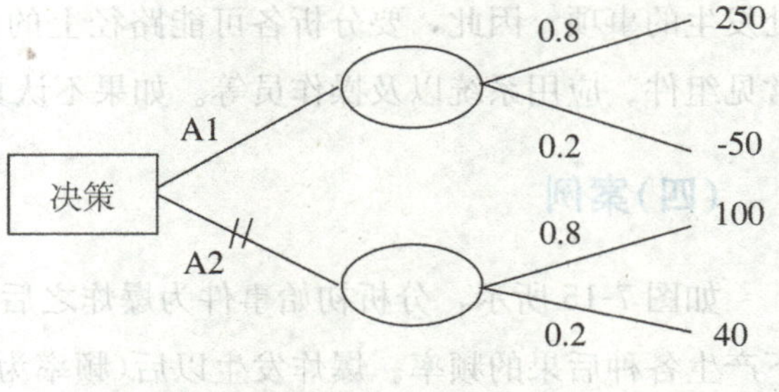

图 7-16　决策树

优方案。

(三)主要优点和局限性

1. 主要优点

(1)对于决策问题的细节提供了一种清楚的图解说明；

(2)能够计算到达一种情形的最优路径。

2. 局限性

(1)大的决策树可能过于复杂，不容易与其他人交流；

(2)为了能够用树形图表示，可能有过于简化环境的倾向。

(四)案例

如图 7-16 所示，A1、A2 两方案投资分别为 450 万元和 240 万元，经营年限为 5 年，销路好的概率为 0.8，销路差的概率为 0.2。A1 方案销路好年、销路差年的损益值分别为 250 万元和－50 万元；A2 方案分别为 100 万元和 40 万元。据此绘制决策树如图 7-16 所示。

A1 的净收益值＝[250×0.8＋(－50)×0.2]×5－450＝500(万元)

A2 的净收益值＝(100×0.8＋40×0.2)×5－240＝200(万元)

选择：因为 A1 大于 A2，所以选择 A1 方案。

剪枝：在 A2 方案枝上打杠，表明舍弃。

十一、统计推论法

统计推论是进行项目风险评估和分析的一种十分有效的方法，它可分为前推、后推和旁推三种类型。前推就是根据历史的经验和数据推断出未来事件发生的概率及其后果。如果历史数据具有明显的周期性，就可据此直接对风险作出周期性的评估和分析，如果从历史记录中看不出明显的周期性，就可用曲线或分布函数来拟合这些数据再进行外推，此外还得注意历史数据的不完整性和主观性。后推是在手头历史数据不完整时采用的一种方法，由于很多项目风险的一次性和不可重复性，所以在这些项目风险评估和分析时常用后推法。后推是把未知的想象的事件及后果与已知事件与后果联系起来，把未来风险事件归结到有数据可查的造成这一风险事件的初始事件上，从而对风险作出评估和分析。旁推法就是利用类似项目的数据进行外推，用某一项目的历史记录对新的类似建设项目可能遇到的风险进行评估和分析，当然这还得充分考虑新环境的各种变化。这三种外推法在项目风险评估和分析中都得到了广泛的采用。

(一)适用范围

适合于各种风险分析预测。

(二)实施步骤

(1)收集并整理与风险相关的历史数据；

(2)选择合适的评估指标并给出数学模型；

(3)根据数学模型和历史数据预测未来风险发生的可能性和损失大小。

(三)主要优点和局限性

主要优点：(1)在数据充足可靠的情况下简单易行；(2)结果准确率高。

局限性：(1)由于历史事件的前提和环境已发生了变化，不一定适用于今天或未来；(2)没有考虑事件的因果关系，使外推结果可能产生较大偏差。为了修正这些偏差，有时必须在历史数据的处理中加入专家或集体的经验修正。

第六节　企业风险管理相关问题

一、风险管理的成本与效益

如前所述，风险具有一项重要的特征，即损失与收益的对称性。人们之所以愿意冒险，最重要的一个原因就是风险能带来相应的回报。正确地估计和计量风险，在对各种可能结果进行分析的基础上，趋利防弊，以求以最小的风险谋求最大的收益，就成为企业风险管理的本质所在。因此，在风险管理过程中，必须要进行成本效益分析。

(一)风险管理的效益

企业风险管理的价值应建立在证明其益处超出了成本。为了实现这一目标，企业需要确定一个企业风险管理框架，并将对该框架的增量投入所获得的有形和无形的利益联系起来。

1. 成本节约

由于来自各种监管机构的冲突或者重叠的监管要求形成了广泛的企业风险管理方法和框架。结果是这些要求分散了企业资源和管理层的注意力。一个满足监管要求的普遍框架和方法应当在企业风险管理动机的范围之内，并可以由于多重独立的对策成本降低而节省可观的费用。

2. 改进产品和服务的周期

产品或服务的销售和运输是所有组织的生命线。着力加强风险管理能力，能为第一线的管理人员提供为特定方提供产品或服务有关的风险评估所需的信息。把风险的成本融入产品定价将会取得更好的业绩，来自特定方的真正盈利将变得透明。如果各部门能够更好地理解企业的风险，在量身定制产品时能更好地满足客户需求，就不会带来过多的风险。

3. 对于整体经济资本的更低要求

企业风险管理的重要好处之一就是改进了对于企业资本要求的估计。众所周知，更好地了解整个企业的风险能够清楚地知道支持某一特定风险承受能力所需的资本(如目标信用评级或偿付能力风险)。支持经济资本框架的企业风险管理的主要好处是先进的风险评估能力和企业投资组合的多样化。这些利益可能会降低对于总的经济资本的要求。在风险调整后的资本回报率的框架中，这种好处将有助于降低分子中的资本费用和提高利润，同时减少总股本，增加风险调整后的报酬。

4. 更好地在业务部门之间进行资源调配

企业风险管理的另一个好处是在业务部门之间更好地进行资源调配，从而建立一个更为真实的业绩衡量机制。风险调整后的业绩衡量办法正日益被用来比较盈利能力。随着风险管理能力的增强，企业能够更清楚地了解风险和利润的关系。随着透明度的提高，管理层和董事会可以对混业经营、产品、未来投资以及资本分配作出更明智的决策。

5. 对融资成本的影响

评级机构在对公司治理和风险管理能力的评估过程中，会进行评级，监督企业财务健康状况以及信誉状况。企业风险管理能够提高对公司治理和风险管理的整体评价，信贷评级提升也有利于企业的风险管理。

6. 有风险意识的经营文化和问责制

风险管理的结果、风险模糊不清的所有权、政治问题以及变化的一般惯性都使得帮助企业理解风险管理具有一定的挑战性。就企业风险管理好处而言，文化的改变应当是最大的好处之一。上面讨论的很多好处都是基于向一个具有更高问责制的风险意识文化的成功转型。

7. 改进管理的重点

企业风险管理可以使一个公司的管理层和董事会将重点放在重要的潜在问题上，而不是对意外风险作出反应。这些好处包括减少或尽量减少“救火”、危机管理或“清算管理”等一切使管理的注意力集中在过去而不是未来的情况。增加管理层的前瞻性将改善决策和形成更好的竞争姿态。

8. 增强信誉和透明度

增强信誉和透明度，通常可以提高股东、监管者、员工和客户对企业的信心。事实上，许多企业认为，企业风险管理带来的名誉方面的好处是更加值得投资的，他们认为向投资者表现出强大的风险管理和良好的监督能力可以成为企业的另一种竞争优势。一些组织认为，企业风险管理带来的透明度能够提高对结果的预测能力，减少突发事件，从而提高他们在客户中的声誉。

9. 提升利润质量

较小的利润波动可能会带来更好的市场声誉和股票价格的提升。通过降低客户、产品或者业务单元的风险集中度，更好地分配整个企业集团中的风险控制，能够降低利润的波动。成功的企业风险管理的重要结果是增强信誉和透明度、提高收入质量和股东价值。

(二)风险管理的成本

风险管理成本是指在风险管理过程中发生的成本，是公司经营成本的一部分。

1. 以风险为基点的分类

以风险为基点的分类应包括预防成本、纠正成本、惩治成本和损失成本。

预防成本是指为了防止风险的发生，而在组织内部采取目标制定、跟踪监督、事项识别和应对防范措施所花费的成本费用，以及因此增加了控制和管理环节而降低了业务效率所造成的直接、间接损失。

纠正成本是指发现了风险苗头而对其实施检查、追究、处置、复原所花费的成本费用。它是以出现风险先兆为前提的。此时的风险行为尚属管理当局控制范围之中，未造成明显的、重要的损失，对组织整体的经营管理或业务活动未构成直接损害，但是如若不对其进行及时纠正，就可能形成越来越严重的威胁，甚至酿成重大事故，纠正成本是预防成本的追加和补充。

惩治成本是指当风险发生，且对组织内部和外部造成了现实危害，因而对其进行处理、处罚、整治而支付的成本费用。惩治不同于纠正。纠正是组织自主地对风险的轻微表现进行调节、纠偏。惩治则是当出现了较为严重的风险事实和不良后果时，为警示而采取的一种行为。惩治成本是一种被动的成本费用列支。

损失成本是风险发生后对企业带来的直接的、间接的、有形的、无形的、经济的、社会的、短期的、长远的、现实的和潜在的经济损失。这种损失有的可以准确确认和计量，有的则难以准确计算。

2. 以风险管理为基点的分类

以风险管理为基点的分类包括：进入成本、维持成本、评估成本和处置成本。进入成本是为建立风险管理能力而付出的代价。这种成本主要是为了技术、工具以及训练而发生。维持成本是为了有效维持组织风险管理的能力，保持风险程序在最新状态而发生的成本。例如，增补训练以保持和发展员工的技巧，以及配合最新发展及新途径以更新程序等费用。评估成本是在风险管理过程中对事项识别、风险评估而发生的成本，包括在风险辨识讨论会或访谈中所消耗的时间与资源和执行风险评估与分析、参加风险审查以及撰写风险报告等而付出的代价。处置成本涵盖执行风险管理计划的行动成本，这些行动原本不在项目计划中，但被认为是必要的，以便切实地应对被辨识出的风险。

(三)公司风险管理的效益与成本分析

风险损失与收益的对称性要求风险管理在建立利益机制的同时也要考虑风险防范机制，使两者相互制约平衡。建立健全风险管理体系需要考虑投入的人力、物力和财力，以及该系统运行成本能否为企业所承受且达到合理的成本效益比。如果风险管理投入过小，可能会增大风险发生的可能性或发生后的损失程度；反之，如果风险管理投入过大，又可能导致其带来的收益不足以补偿风险管理的投入，降低了企业价值。这就要求风险管理在成本效益分析中寻找以实现企业价值最大化为目标的平衡点。

在正常情况下，预防成本和纠正成本投入增大，惩治成本和损失成本就会降低。用最小的成本获得最大化的效益是人类一切活动的原则。遵循成本效益原则，需要在这四种成本中寻找一个最优平衡点。在理论上说这个平衡点就是预防成本、纠正成本、惩治成本和损失成本之和的最低点，也是企业的综合利益最大化的最优点。这个最优点是在防范风险与追求效益的矛盾运动中逐步形成的。预防成本、纠正成本与惩治成本、损失成本是方向和走势相反的曲线，其相交点就是其平衡点。

二、风险管理的障碍与关键挑战

(一)实施风险管理的障碍

虽然企业风险管理有很多重要之处，但是仍然存在局限性。由于人为判断决策本身的局限性，应对风险的决策以及建立控制都需要考虑相对成本和效益。可能出现人为自身的失败，如简单失误或错误所造成的故障随时可能发生，管理层有能力凌驾于企业风险管理决策之上。这些局限性使得董事会和管理层不可能绝对保证实现企业的目标。

企业风险管理要求对风险的看法和管理方式发生转变。因此，为主要的企业变革带来了挑战。此外，建立一个正确的组织模型本身也是一项艰巨的任务。阻碍实施风险管理的例子或事项有：

(1)企业风险管理的目标有时和企业目标并不一致，在这种情况下，就会产生集体或个人之间的摩擦。

(2)风险的管理模式不恰当。企业风险管理的实施需要来自高级管理层的全力支持。建立一种适当的企业风险管理模式并适应公司的目标是至关重要的。不足或不恰当的模式将不会带来期望的商业利益，甚至会影响整个计划。

(3)统计分析的决策支持、工具和系统不太充分。在一个整体风险管理环境中，实施企业风险管理的最终产品要求有效的统计和分析工具来支持，以便进行明智的决策。如果没有这些工具，就可能无法得到最优决策。

(二)实施风险管理的关键挑战

世界上大多数组织实施风险管理的关键挑战包括董事会的支持、责任和问责制、风险计量、与企业战略的关联、同良好公司治理的联系以及增加企业价值的挑战、企业风险管理意识、如何获取管理层认同、在控制方面的自我评价、风险报告、与技术的关联。

1. 董事会支持

有时很难获得董事会和管理层的支持。大多数组织认为管理层有必要表明风险管理的有形收益和获得关键利益相关者的支持。董事会必须将风险管理看作是降低成本的途径，而非增加成本。

2. 责任和问责制

管理层应当考虑整合鉴证活动和风险管理以及合规活动来实施风险管理。这一过程也包括其他职能。此外，首席风险官的存在是非常重要的，因为他/她可以协助管理层监督企业的整体风险，并及时向董事会报告。

3. 风险计量

企业中的风险计量对利益相关者的影响是重要的，从定性到定量估计的计量方法的转变在企业的风险计量及其影响中非常关键。

4. 与企业战略的关系

独立的风险管理是行不通的，它应与企业战略相结合。

5. 增加企业价值的挑战

管理层应当看到建立将战略风险管理与价值创造和竞争优势相联系的流程的必要性。

6. 风险管理意识

为了提高企业中的风险管理意识，管理层应该看到沟通和报告一致的必要性，并运用风险管理方法。应以系统的方式进行风险管理。

7. 管理层认同

管理层的认同有利于接受责任和积极参与，并因此减少变革的阻力。此外，企业在进行风险管理的过程中，应当通过使用分析技术识别、评估、管理风险并在适当情况下与利益相关者沟通记录的企业风险。

8. 与控制自我评价的联系

管理层应该看到，有必要自上而下地整合和比较战略风险管理流程，来完成自下而上的控制自我评估。他们应确定如何有效地管理和执行这些控制。他们必须确定这些流程是否支持或损害了企业的风险管理能力。

9. 风险报告

在风险管理过程中，有必要设计适当的报告，以协助管理并作出适当考虑风险管理原则的决策。其中一个关键性的挑战是在这个领域获得适当的工具，协助识别和报告风险，以确保数据能够易于用作管理信息。

10. 信息技术

一些管理层忽视了信息技术在风险管理中所起的作用。

三、风险管理的文化

风险管理最重要的一方面是将风险意识融合到企业文化和价值观。这也是区分全面风险管理与传统风险管理的主要标志之一。最明显的是，风险应被视为企业战略中一个不可分割的组成部分。风险管理目标应当包含在企业目标之中，并且企业的主要动机应纳入风险评估和风险策略。疲软的风险文化是指其员工都没有意识到风险管理的重要性以及风险管理的作用。这种文化会向风险妥协，这也许是致命的。如果风险管理被看作是日常业务的重要组成部分，很可能会形成强有力的风险文化。这种情况才能进行真正有效的风险管理。

(一)建立风险管理文化的作用

建立风险管理文化的主要作用在于以下三个方面：

1. 沟通

风险管理成功的企业通常都大力强调沟通计划目标。对于改进计划目标的沟通是必不可少的，因为它传达了对于风险管理努力实现和保证与企业整体战略相一致的普遍理解。内部审计流程可以设立一个阶段来确定企业的文化，并为识别企业中的高风险和高成本提供了一个独特的机遇。这样可以让每个员工帮助实施风险管理的优先事项和参与损失控制措施。

2. 协作

把所有的目光集中在同一个方向，并对风险和目标形成共同的理解，成为每一位员工的责任。

3. 联系

一个成功的风险管理计划必须建立起所有利益相关者之间的关系，以确保目标的实现。这往往意味着建立一个技术框架，以便能够分享风险管理信息。例如，许多企业通过内联网发送项目政策和程序，或者通过电子邮件给风险管理人员发送警报。通过使用技术平台，允许企业进一步提高其沟通、合作和连接的能力，从而实现整体目标并进一步改善结果。

(二)建立企业风险管理文化的方针和措施

建立企业风险管理文化的方针和措施应当是：

(1)企业应注重建立具有风险意识的企业文化，促进企业风险管理水平、员工风险管理素质的提升，保障企业风险管理目标的实现。

(2)风险管理文化建设应融入企业文化建设全过程。大力培育和塑造良好的风险管理文化，树立正确的风险管理理念，增强员工风险管理意识，将风险管理意识转化为员工的共同认识和自觉行动，促进企业建立系统、规范、高效的风险管理机制。

(3)企业应在内部各个层面营造风险管理文化氛围。董事会应高度重视风险管理文化的培育，总经理负责培育风险管理文化的日常工作。董事和高级管理人员应在培育风险管理文化中起表率作用。重要管理及业务流程和风险控制点的管理人员和业务操作人员应成为培育风险管理文化的骨干。

(4)企业应大力加强员工法律素质教育，制定员工道德诚信准则，形成人人讲道德诚信、合法合规经营的风险管理文化。对于不遵守国家法律法规和企业规章制度、弄虚作假、徇私舞弊等违法及违反道德诚信准则的行为，企业应严肃查处。

(5)企业全体员工尤其是各级管理人员和业务操作人员应通过多种形式，努力传播企业风险管理文化，牢固树立风险无处不在、风险无时不在、严格防控纯粹风险、审慎处置机会风险、岗位风险管理责任重大等意识和理念。

(6)风险管理文化建设应与薪酬制度和人事制度相结合，有利于增强各级管理人员特别是高级管理人员风险意识，防止盲目扩张、片面追求业绩、忽视风险等行为的发生。

(7)企业应建立重要管理及业务流程、风险控制点的管理人员和业务操作人员岗前风险管理培训制度。采取多种途径和形式，加强对风险管理理念、知识、流程、管控核心内容的培训，培养风险管理人才，培育风险管理文化。

思考与练习

1. 企业风险包括哪些？
2. 企业风险管理目标是什么？
3. 如何进行风险评估？
4. 风险管理策略有哪些？
5. 企业风险管理体系包括哪些方面？
6. 企业风险识别方法有哪些？各自有何优缺点？
7. 风险管理成本与效益有何关系？

参考文献

[1]蓝海林．企业战略管理[M]．4版．北京：科学出版社，2022.

[2]胡茉．欧洲企业管理经典案例解析[M]．上海：上海交通大学出版社，2017.

[3]谭开明，魏世红．企业战略管理[M]．5版．大连：东北财经大学出版社，2019.

[4]蓝海林，等．企业战略管理[M]．2版．北京：中国人民大学出版社，2018.

[5]王铁男，邹波．企业战略管理[M]．3版．北京：科学出版社，2019.

[6]陈志军，张雷．企业战略管理[M]．3版．北京：中国人民大学出版社，2023.

[7]肖智润．企业战略管理方法、案例与实践[M]．3版．北京：机械工业出版社．2021.

[8]齐文浩，李超，佟国光．企业战略管理[M]．北京：北京交通大学出版社．2021.